# 海关行政处罚
## 案例精解

晏山嵘 著

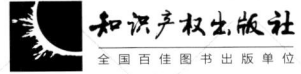

图书在版编目（CIP）数据

海关行政处罚案例精解／晏山嵘著. —北京：知识产权出版社，2016.6
ISBN 978－7－5130－4208－6

Ⅰ.①海… Ⅱ.①晏… Ⅲ.①海关法—行政处罚法—案例—中国 Ⅳ.①D922.221.5
中国版本图书馆 CIP 数据核字（2016）第 114634 号

责任编辑：齐梓伊　　　　　　　责任校对：董志英
封面设计：张　悦　　　　　　　责任出版：刘译文

## 海关行政处罚案例精解

晏山嵘　著

| 出版发行 | 知识产权出版社 有限责任公司 | 网　　址 | http：//www.ipph.cn |
|---|---|---|---|
| 社　　址 | 北京市海淀区西外太平庄 55 号 | 邮　　编 | 100081 |
| 责编电话 | 010－82000860 转 8176 | 责编邮箱 | qiziyi2004@qq.com |
| 发行电话 | 010－82000860 转 8101/8102 | 发行传真 | 010－82000893/82005070/82000270 |
| 印　　刷 | 北京嘉恒彩色印刷有限责任公司 | 经　　销 | 各大网上书店、新华书店及相关专业书店 |
| 开　　本 | 787mm×1092mm　1/16 | 印　　张 | 16.25 |
| 版　　次 | 2016 年 6 月第 1 版 | 印　　次 | 2016 年 6 月第 1 次印刷 |
| 字　　数 | 240 千字 | 定　　价 | 48.00 元 |

ISBN 978－7－5130－4208－6

出版权专有　侵权必究
如有印装质量问题，本社负责调换。

# 作者简介

**晏山嵘**，北京市盈科（深圳）律师事务所走私犯罪与海关行政处罚研究中心（RCSC）主任，海关事务律师团队领头人，兼任中国政法大学、广东外语外贸大学研究员等社会职务，精通海关法律事务，尤其擅长走私犯罪案件辩护、海关行政处罚案件代理、海关法律事务代理、企业关务筹划及争议解决、企业关务顾问及关务合规咨询等法律事务，从业前后办理了重大、疑难、复杂的走私案件及违规案件共计1800多起，且对稽查追补税、一般贸易、审价、归类、加工贸易、保税监管、知识产权海关保护等海关实务有较深入的研究。在加入律所之前曾在海关工作十余年并长期担任海关缉私局法制科长、海关公职律师、海关总署特约执法督审员。

曾受海关总署等部门委托起草法规8件，公开出版《走私犯罪案例精解》《海关行政处罚案例精解》《海关行政处罚实务指导》《海关行政执法案例指导》《海关行政执法案例指导（二）》《海关行政强制研究》《行政处罚实务与判例释解》《行政强制法适用典型案例精释精解》等多部个人专著，主编《海关审理工作手册》《海关执法疑难问题研究》等10部执法工具书，在《海关法评论》《税法解释与判例评注》《判例与研究》等专业性连续出版物上公开发表论文30余篇，曾受邀为海关总署广东分署、各直属海关、海防与打私办、律师协会、上海海关学院、暨南大学等单位及200多家进出口企业高管举办关于走私犯罪、海关行政处罚及通关实务等主题的海关法律讲座。

电子邮箱：3342654721@qq.com

联系方式：13682689283

晏山嵘海关事务律师团队
CUSTOMS LAWYER TEAM

# 前　言

　　这是一本深度解析海关行政处罚实务与案例的书。本书所分析的案例具有以下5个突出特点：第一，选材新颖。本书90%以上的案例都是发生在2010年以后的案例，系从全国海关数以万计的旅检案件中精选出来的带有典型意义的案例。第二，门类齐全。本书选取的案例既有走私案例，也有违规案例，还有抗拒海关执法的治安处罚案例；既有涉及货币及烟酒的案例，又有涉及iPad等电子产品的案例，还有涉及金银及其制品的案例；既有涉及中国籍旅客的案例，也有涉及美国籍、香港或澳门地区旅客的案例；既有涉及普通旅客的案例，也有涉及"水客"的案例。第三，研究深入。本书深入剖析了旅检案件中的大部分重要问题及疑难问题，如"同行人"的认定标准问题、"客带货"的法律责任主体问题、拿错行李或发错货该如何处理的问题、筹码应否没收的问题、监管违禁书刊的执法依据问题，等等。第四，内容丰富。本书每一个案例分析由"案情简介""处理情况""复议情况"或"诉讼情况""法律争点""法律分析及专业点评"（"专业提示"）、"延展阅读"（主要阐述与此案相类似或相关的其他案例或海关执法实务）、"法条链接"（本案涉及的法律条文）、"小贴士"（主要阐述与此案相关的海关正面监管制度及办案程序等，包括最新的"海淘新政"，因此也能起到通关攻略的作用）等几个板块组成，甚至有的案例还专门撰写了"法律冲突和漏洞填补"，提出了合理可行的立法建议。第五，方便实用。本书每个案例分析中的每个板块内容均具有相对独立性，便于读者利用整块的时间或零碎的时间阅读。而且，更为重要的是，本书非常实用，能够帮助读者以最快的速度掌握海关规定，熟悉通关流程及办案程序，依法合理规避、降低被海关行政处罚的风险及正确应对海关行政处罚，引导旅客在法律和政策的框架内实现安全、利益最大化及风险、损失最小化。

希望本书能够为律师、行政执法人员、司法实务人员、理论研究人员等读者发挥较好的参考借鉴作用，同时广大进出境旅客（尤其是经常出入境的旅客，如港澳台居民及海淘族等）也可以选择此书作为正确解决相应法律纠纷的智库锦囊。

# 目　　录

1. 拿错行李进境是否构成被海关处罚的要件
　　——美国人 R 先生携带宝石进境未申报案 ……………………（001）
2. 应定性为未申报还是申报不实
　　——蔡先生超量携带港币出境违规案………………………………（011）
3. 对个人帮公司带货过关行为的处罚必要性及
　　违法责任主体等问题探析
　　——张先生不服 G 海关行政处罚决定行政复议案 ………………（025）
4. 海关查扣没收旅客携带的价值千万的"筹码"
　　是否符合行政合理性原则及处罚公平公正原则
　　——张先生不服 H 海关行政处罚决定行政诉讼案 ………………（041）
5. 执法依据不明确的执法活动不具有合法性
　　——林女士不服 J 海关行政收缴决定行政诉讼案…………………（056）
6. 从澳门带 800 克金饰进境未申报的行政处罚责任
　　问题探析
　　——尹先生超量携带黄金制品进境未申报违规案 ………………（072）
7. 携运银质纪念币进境未申报会被海关处罚吗
　　——潘先生不服 L 海关行政处罚决定行政复议案 ………………（081）
8. 携带香烟进境不接受检查是否属于走私
　　——牛先生超量携带香烟进境走私案………………………………（089）
9. 当着海关关员的面砸碎红酒算不算妨害公务
　　——胡先生妨碍 M 海关执行公务案 ………………………………（101）

10. 从香港带 iPad 进境为何海关不以发票价即优选
    成交价格法估价征税
    ——韩先生不服 E 海关行政征收决定行政复议案 ………… (114)
附件：旅检案件常用法律法规及进境物品归类表、进境物品
    完税价格表、文物出境审核标准 ………… (132)
    中华人民共和国海关法 ………… (132)
    中华人民共和国海关行政处罚实施条例 ………… (152)
    中华人民共和国海关办理行政处罚案件程序规定 ………… (168)
    中华人民共和国海关办理行政处罚简单案件程序规定 ………… (188)
    中华人民共和国海关对进出境旅客行李物品监管办法 ………… (190)
    中华人民共和国海关关于过境旅客行李物品管理规定 ………… (196)
    中华人民共和国海关对进出境旅客旅行自用物品的
      管理规定 ………… (198)
    中华人民共和国海关关于进出境旅客通关的规定 ………… (200)
    中华人民共和国海关对中国籍旅客进出境行李物品的
      管理规定 ………… (203)
    旅客进出境行李物品分类表 ………… (205)
    中华人民共和国海关对非居民长期旅客进出境自用物品
      监管办法 ………… (206)
    海关总署公告 2016 年第 25 号（关于《中华人民共和国
      进境物品归类表》和《中华人民共和国进境物品完
      税价格表》的公告） ………… (212)
    文物出境审核标准 ………… (241)

# 1. 拿错行李进境是否构成被海关处罚的要件

——美国人 R 先生携带宝石进境未申报案

## 一、案情简介

2015年10月的一天，美国人 R 先生（出于保护当事人隐私，此处为化名）从美国纽约飞到我国香港，在香港国际机场下飞机后由于行程匆忙，一时疏忽，在行李传送带上误拿了另一美国人的外观极为相似、重量相当的行李箱，以至于 R 先生在广东 A 口岸进境通关时被 A 海关截获，海关发现其行李箱中有大量的宝石样品，后经鉴定价值人民币 300 多万元，于是依法将宝石予以扣留并进行了立案。

## 二、处理结果

A 海关最终对美国人 R 先生作出了警告处罚。

## 三、法律争点

1. 拿错行李进境未申报是否属于违法行为？
2. 主观过错是否属于行政违法的构成要件？

## 四、法律分析及专业点评

经过分析研究，笔者发现在旅检方面并没有关于发错货或拿错货等情形可不予处罚或可从轻、减轻处罚的直接规定，在此情形下，仅仅向海关要求适用《行政处罚法》及其他一些模糊规定或原则性规定是起不到什么实际作用的。于是，笔者研究了相关货运方面的规定，并发现了对当事人有利的条文及不利的条文并存。

其中有利的条文为：《海关进口货物直接退运管理办法》第3条第2项规定，属于错发、误卸或者溢卸货物，能够提供发货人或者承运人书面证明文书的，在货物进境后、办结海关放行手续前，当事人可以向海关申请办理直接退运手续。

其中不利的条文为：《海关进口货物直接退运管理办法》第5条规定，对海关已经确定布控、查验或者认为有走私违规嫌疑的货物，不予办理直接退运。

此后，笔者主要做了两方面的工作：一方面，让美国人R先生在香港国际机场报警和挂失，并成功找到了宝石失主，即另一美国人S先生，同时也取得了S先生的报警及挂失的书面证明，失主的书面情况说明（证明涉案宝石是失主代表其所在的美国某宝石公司带样品到香港参加国际宝石展销会的，包括出发前在纽约时的宝石照片及失主身份资料复印件、失主所在宝石公司的书面证明、说明材料及公司身份资料），美国人R先生的书面陈述材料等。

另一方面，我们与A海关办案人员进行了电话、邮件的沟通协调及多轮次的当面沟通，阐明美国人R先生的行为属于意外事件，并无主观过错或虽有过失亦属于显著轻微的过失（我们不赞同主观过错不属于行政违法的构成要件的观点，认为必须在当事人具有主观过错的情形下才可能构成违法进而追究其行政处罚责任），完全可以参照《海关进口货物直接退运管理办法》第3条第2项规定作退回境外处理而不应该予以处罚。而且上述《海关进口货物直接退运管理办法》第5条规定适用的前提是允许当事人提前看货及提取货样化验鉴定，而本案当事人R先生自信拿的就是本人的行李箱，是不可能像货运渠道那样去反复检查一直所携带的"自己的行李"的。货运渠道之所以赋予收货人申请提前看货的权利是因为发货人与收货

## 1. 拿错行李进境是否构成被海关处罚的要件

人并非同一人而且收货人一般并不押送货物,因此海关有必要赋予一些权利给他来保证单货相符,但如果在海关法规已经赋予了其相应权利的情况下其仍然出现了一些不应该出现的申报错误,其可能就要承担一定的处罚责任,但本案并不存在发货人与收货人不同一的情形,而且行李箱也一直在 R 先生携带和控制之下(我们认为,即便办理了随机托运也不应认为其属于分离运输的情形),因此我们认为 R 先生的行为与货运渠道发生的申报不实行为有本质区别。同时,我们还提供了一些大陆海关及境外海关的内部规定、实践做法及几个典型案例给海关作为办案的重要参考。而且,根据我国台湾地区"海关缉私条例"(2013 年修正)第 36 条第 4 项规定,"不知为私运货物而有起卸、装运、收受、贮藏、购买或代销之行为,经海关查明属实者,免罚"。当然本案中的宝石不能称之为"私货",但既然不知私货而装运的行为都可以免罚,举重以明轻,那么不知是宝石而携带的行为就更不应该处罚了,当今世界各国、各地区的海关法规系属全球化程度最高的法规种类之一,台湾地区的规定对于我们大陆海关执法来说也是具有参考价值的。最后,我们向海关说明了需要尽快办理案件的原因。海关表示,虽然宝石数量单一但是品种不一,需要经过鉴定才能确定其品质、价值等,暂时还不能办理担保放行手续,但表示会尽快办理鉴定及处理事宜,然而办案需要走程序,并且鉴定需要到专业的中介机构进行,其工作进度及所需时间并非海关一家所能掌控。A 海关最后还表示,此前在该海关还没有过因拿错行李未申报而免罚的先例。

在笔者代理案件后到成功办结前的半个多月时间内,美国人 R 先生心情很是焦虑烦躁,看得出来其承受了很大压力:一方面其要遭受海关行政处罚,另一方面其承受了失主所在公司的索赔压力。他一开始坚持认为自己没有什么过错,笔者不得不一再提醒他,既然海关已经立案,那么想要海关撤案或者不予处罚(尤其是撤案会影响到海关的办案质量绩效考评,将会被海关总署追责或扣分)或不予罚款,都是不大现实的,毕竟根据本案情况,海关根据《海关法》及《海关行政处罚实施条例》有关条文处以一定数额的罚款并非完全没有事实依据及法律依据,并且海关也作出了要

003

处罚的意思表示。我们目前所要做的就是阐明一切理由并依法提出合理要求，希望海关能尽快处理及从轻处理。

经过反复沟通和多次努力，我们终于成功地说服了 A 海关对美国人 R 先生的行为仅仅作了警告处罚，并未处以任何罚款，而涉案宝石也及时退运回了香港，返还给了失主。其后的一周内，笔者又回访了 R 先生，他说由于宝石的及时退回，失主代表美国某宝石公司也得以中途参加了国际宝石展销会，基本达到了预期效果，所以也就放弃了对 R 先生的索赔，而他本人也领回了一度失去控制的自己的行李箱。这起案件的成功代理为 R 先生避免了数十万元的罚款损失，并且为其避免了美国某宝石公司开出的天价索赔（据 R 先生介绍，索赔金额高达千万美元）。

### 五、专业提示

其一，出入每一个国家或地区之前应当尽可能地了解该国或该地区的海关政策法规，对于自己所携带的物品不应想当然地认为没有问题，而应尽到努力检索、查询、咨询海关政策法规及典型案例、执法惯例等义务。

其二，乘坐国际航班在下飞机时提拿行李应认真检查箱包内的物品以确认行李的所有权归属，而不应凭感觉和外观、重量来判断；在行李传送带领取行李时一定要检查系扎在箱包上的行李托运单上所载信息是否为自己的信息，同时还应打开箱包检查确认，以免造成财产损失及陷入不必要的法律纠纷当中。

其三，在旅行出发之前应当对放置于行李内部的物品及行李的外部特征进行拍照，贵重物品或物品较多较杂的情形还应当列出清单随身携带，在发现自己的行李被他人误取或盗取时，应在第一时间报警，并提供自己所拍摄的照片、随身所携带的清单及寻求获取公共场所及机舱内的监控录像资料。

其四，外籍人士在被海关截查时应当予以配合，但可以要求海关调查时必须配备具有专业翻译资质的人员予以协助，在接受查问时应当如实客观、言简意赅地回答海关的提问，但遇到记忆模糊时不应强行作答或随意

## 1. 拿错行李进境是否构成被海关处罚的要件

发挥。在现场经海关当局允许的情形下或在离开海关现场之后应在第一时间内寻求专业人士的帮助。

### 六、延展阅读

与"拿错行李"近似的情形是货物通关过程中的"发错货"。在相关走私犯罪的刑事案件及海关行政处罚案件中，相关当事人在发生未申报或申报不实、走私违法、走私犯罪等情形被海关查获时，常常辩称是由于境外发货人发错货所致，但这一辩解几乎很少得到海关及检、法机关的采信，最主要还是因为其提交的证据站不住脚。此外，还有两点原因比较关键：第一，根据《海关法》第27条规定："进口货物的收货人经海关同意，可以在申报前查看货物或者提取货样。需要依法检疫的货物，应当在检疫合格后提取货样。"当事人如果放弃了这一权利，一旦出现问题可能要承担相应法律责任。第二，根据《海关进口货物直接退运管理办法》第5条第3款规定："对海关已经确定布控、查验或者认为有走私违规嫌疑的货物，不予办理直接退运。布控、查验或者案件处理完毕后，按照海关有关规定处理。"

如张先生走私普通货物案中，[①] 张先生在得知自己的涉案货物中夹藏的化妆品、家电比以前多之后就给海关打电话，找了个借口说韩国供货商发错货，想将这批货退运出境，海关答复说货物已经进入查验阶段。结果海关在查验过程中发现夹藏的大批化妆品等货物。此案中海关并未采信张先生所提出的理由，而张先生也的确没有提供确凿有力的可信证据来证明自己的主张。

又如苍南某对外贸易有限公司（以下简称苍南贸易公司）、肖先生等走私普通货物案中，[②] 肖先生的辩护人提出，指控苍南贸易公司走私普通货物，事实不清、证据不足。苍南贸易公司只是代理报关，台湾方面提供的所谓真实货物清单与查获的货物严重不符，苍南贸易公司是无法如实报关

---

① 山东省日照市中级人民法院（2014）日刑初字第4号《刑事判决书》。
② 浙江省温州市中级人民法院（2013）浙温刑初字第86号《刑事判决书》。

005

的，又有证据表明是台湾公司发错货，可以认定为发错货，因此应属行政违法，进而认为检察机关指控的走私犯罪不能成立。而且，之前案发时肖先生就已经跟公司所有员工通气要求统一口径向海关解释是台湾发错货所致。还让公司员工李先生、胡先生把没有申报货物列一份清单并跟福建那边联系，让福建那边从台湾把清单传真过来，说是发错货清单。台湾那边也及时把清单传真过来，然后由公司员工王先生转交海关。但法院并未采信这种说法及相关证据材料，法院认为，关于辩护人提出，所谓真实货物清单与扣押、检验认定的货物清单以及报关货物清单上的货物名称、数量等均严重不符，泰和公司无法报关，应认定系台湾方面发错货的意见。经查，三份清单上的货物名称表述的确不完全相同，但真实货物清单上的名称是货主交货时申报的名称，往往是类别、概括名称，检验认定名称为货物经实物检验认证后在大陆的准确、规范名称，报关名称又是泰和公司根据自己的通关意愿将一些货物进行归类后的申报名称，故名称不同有合理解释，不足以否定本案事实的认定。关于数量方面，由于计量单位不同以及少报多进等原因，致使三份清单上的货物数量不同，这有合理原因造成，故货物名称和数量均应以检验认定的数量为准。此外，根据王先生、胡先生等人供述，结合真实货物清单和报关清单比对可以认定，泰和公司为偷逃税款，从真实货物清单中挑选塑料类、铁类、布类等低价值货物进行申报，走私主观故意明确，与客观行为相符，明显不属于台湾发错货的情形。

  上述这些案件辩方所举证据材料之所以缺乏可信度，是因为从普通人的角度出发即便在报关之前没有向海关申请提前看货，但在收到货之后发现货不对，应该都是会及时与境外发货人就退换货或赔偿等事宜沟通的（同样外方发现发错货也应该会与境内收货人及时联系协商如何处理的），同时也会及时向海关咨询或直接向海关申请办理退运货物，而且当时留下的通话记录、电子邮件的来往记录上面所显示的时间是不易伪造更改的，因此如果有这方面的证据，其可信度无疑是较高的。相比之下，提供的书证其上面所署时间的真实性就很难保证了。即便书证内容包括所署时间在内全部信息都是真实的，该时间也很难通过书证自身或其他鉴定手段来证

## 1. 拿错行李进境是否构成被海关处罚的要件

明。如任先生、邱先生、深圳市某货运代理有限公司走私废物案中,[①] 在邱先生签认的署名为"SMKINGOTPRODUCTSCO. LTD"的申明内容是泰国公司自称发错货,要求退货。邱先生签认该申明是其书写后,于2008年11月期间要求经理李先生打印的,其为了尽快退运四个货柜,而伪造了泰国发货公司的申明。该案中的声明甚至是由自己制作的,其内容和签署时间的真实性由于没有经过居于客观中立地位的第三方机构的佐证或鉴定,因此可信度不高,事实上,该案中的海关及检、法机关对此证据材料均未予采信。类似的案件还有隋先生、王先生走私普通货物案[②]等。

### 七、法条链接

《中华人民共和国海关法》

**第四十七条** 进出境物品的所有人应当向海关如实申报,并接受海关查验。海关加施的封志,任何人不得擅自开启或者损毁。

**第八十六条第三项** 进出口货物、物品或者过境、转运、通运货物向海关申报不实的,可以处以罚款,有违法所得的,没收违法所得。

《中华人民共和国海关关于进出境旅客通关的规定》

**第二条第二款** 本规定所称"申报",系指进出境旅客为履行中华人民共和国海关法规规定的义务,对其携运进出境的行李物品实际情况依法向海关所作的书面申明。

**第十一条** 不明海关规定或不知如何选择通道的旅客,应选择"申报"通道,向海关办理申报手续。

《中华人民共和国海关行政处罚实施条例》

**第十九条** 有下列行为之一的,予以警告,可以处物品价值20%以下罚款,有违法所得的,没收违法所得:(一)未经海关许可,擅自将海关尚未放行的进出境物品开拆、交付、投递、转移或者进行其他处置的;

---

① 广东省广州市中级人民法院(2010)穗中法刑二初字第34号《刑事判决书》。
② 山东省威海市中级人民法院(2015)威刑二初字第2号《刑事判决书》。

（二）个人运输、携带、邮寄超过合理数量的自用物品进出境未向海关申报的；（三）个人运输、携带、邮寄超过规定数量但仍属自用的国家限制进出境物品进出境，未向海关申报但没有以藏匿、伪装等方式逃避海关监管的；（四）个人运输、携带、邮寄物品进出境，申报不实的；（五）经海关登记准予暂时免税进境或者暂时免税出境的物品，未按照规定复带出境或者复带进境的；（六）未经海关批准，过境人员将其所带物品留在境内的。

## 八、小贴士

根据海关总署2007年第72号公告的规定，自2008年2月1日起，在全国各对外开放口岸实行新的进出境旅客申报制度。需要掌握以下相关知识。

（一）不是所有进出境旅客均需要填写申报单

除海关免予监管的人员（具体人员范围根据《海关对我出国人员进出境免验范围的规定》第1条的规定，党和国家领导人率领党、政代表团，或全国人民代表大会代表团所乘坐的专机，专车和公私用物品，包括随行人员和专机专车上的服务人员的行李物品，海关可分别根据外交部、中联部、全国人大常委会办公厅等部门的通知免予监管。上述代表团乘坐的专机、专车内，载有上列人员以外的行李物品、货物时，有关组织出访的部门或者运输部门应当事先通知海关，由海关按照规定办理验放手续。第2条规定，其他出访的代表团、组、人员进出境的行李物品，海关一律验凭其所持的外交护照免予查验。第3条规定，我常驻国外代表机构中的下列人员进出境行李物品，海关验凭其护照所列职衔免予查验：（1）我驻外大使馆，领事馆中参赞，武官，副总领事以上人员；（2）我常驻联合国代表团正、副代表、参赞、军参团团长、陆、海、空军代表以及驻联合国日内瓦办事处，其他国际组织代表处和国际机构代表团正、副代表；（3）我驻朝鲜军事停战委员会朝中方面中国人民志愿军委员，中国人民志愿军首席参谋；（4）我驻新加坡商务代表处正、副代表；（5）我驻香港签证处代表、副代表，新华社香港分社社长、副社长。第4条规定，上列免予查验的人员应遵守海关对我出国人员进出境行李物品的有关规定。免予查验的人员行李中

# 1. 拿错行李进境是否构成被海关处罚的要件

如有我国禁止进出口的物品，或者有代他人携带的物品，应当向海关口头申报。对免于查验的人员，海关有权根据情况对其进口的行李物品进行询问。对确有根据证明免验人员行李中有我国禁止进出口物品或有违反海关规定情事的，海关可以进行查验，查验时，行李物品所有人或者代理人必须在场，并做查验记录）以及随同成人旅行的16周岁以下旅客以外，进出境旅客携带有应向海关申报物品的，须填写《中华人民共和国海关进出境行李物品申报单》，向海关书面申报，并选择"申报通道"，又称"红色通道"通关。

进出境旅客没有携带应向海关申报物品的，无须填写申报单，选择无申报通道，又称绿色通道通关。

（二）旅客不了解海关规定或者不知道该如何选择通道的，应当选择"申报通道"，向海关办理申报手续

（三）书面申报是唯一有效的申报方式

进出境旅客对其携运的物品以其他任何方式或在其他任何时间、地点所作出的申明，海关均不视为申报。

（四）进出境旅客可以自行办理报关纳税手续，也可以委托他人办理报关纳税手续

接受委托办理报关纳税手续的代理人应当按照本办法对其委托人的各项规定办理海关手续，承担各项义务和责任。但这并不必然免除委托人的相关法律责任。此外，申报手续如委托他人办理，应由本人在申报单证上签字。

（五）进出境旅客向海关申报时，应主动出示本人的有效进出境旅行证件和身份证件，并交验中华人民共和国有关主管部门签发的准许有关物品进出境的证明、商业单证及其他必备文件

（六）经海关办理手续并签章交由旅客收执的申报单副本或专用申报单证，在有效期内或在海关监管时限内，进出境旅客应妥善保存，并在申请提取分离运输行李物品或购买征、免税外汇商品或办理其他有关手续时，主动向海关出示

（七）托运行李和手提行李的申报区域有可能不同，进出境旅客要注意选择

在部分半开放格局的空港口岸，海关在托运行李区域和手提行李区域分别设有海关申报台，如旅客托运行李携带有应向海关申报物品的，应在交运行李之前前往海关托运行李申报台，办理申报手续。

（八）旅客以分离运输方式运进行李物品，应当在进境时向海关申报

经海关核准后，自旅客进境之日起6个月内运进。海关办理验放手续时，连同已经放行的行李物品合并计算。以分离运输方式运出的行李物品，应由物品所有人持有效的出境证件在出境前办妥海关手续。

（九）经海关核准暂时进出境的旅行自用物品，在旅客行李物品监管时限内，由旅客复带出境或进境

海关依照规定凭担保准予暂时免税放行的其他物品，应由旅客在规定期限内，办结进出境手续或将原物复带出境或进境。

（十）海关依照本办法和根据本办法制定的其他管理规定免税放行的物品，自物品进境之日起两年内，出售、转让、出租或移作他用的，应向海关申请批准并按规定补税

按规定免税或征税进境的汽车，不得出售、转让、出租或移作他用。在汽车运进使用两年后，因特殊原因需要转让的，必须报经海关批准；其中免税运进的，应按规定补税。

（十一）进境旅客携带"境外售券、境内提货"单据进境，应向海关申报，海关办理物品验放手续时，连同其随身携带的实物合并计入有关征免税限量

## 2. 应定性为未申报还是申报不实

——蔡先生超量携带港币出境违规案

### 一、案情简介

2007年11月16日，当事人蔡先生持往来港澳通行证准备乘坐国际航班由某国际机场出境。在机场向B海关递交《中华人民共和国海关出境旅客行李物品申报单》（以下简称申报单）时，蔡先生在申报单的第10项"超过20 000元人民币，或折合5000美元外币现钞"一栏填写"否"，并在出境时选走绿色无申报通道。经核定，蔡先生超量携带61 100元港币现钞出境，按照案发当日汇率折合人民币58 382元。

### 二、处理情况

B海关《处罚决定书》认定当事人蔡先生超量携带港币出境，已违反《海关法》第47条第1款规定，构成未申报的违规行为。根据《海关行政处罚实施条例》第19条第3项规定，决定对当事人蔡先生予以警告并科处罚款人民币5800元。

### 三、法律争点

1. 仅填制申报单的旅客基本信息及笼统的未带需申报物品信息的行为应如何定性？
2. 海关法规中关于未申报及申报不实的漏洞应如何填补？

### 四、法律分析及专业点评

为规范进出境旅客申报行为,加强对进出境旅客行李物品的监管,海关总署发出通告,自 2005 年 7 月 1 日起,在航空口岸实行旅客书面申报制度。这次海关进出境旅客申报制度改革的主要内容,就是把过去航空口岸进出境旅客大部分不需要书面申报的,改成了都需要书面申报。也就是说旅客无论走"红色通道"还是"绿色通道",都要填写书面的申报单,这是跟过去的最大不同。

关于本案当事人蔡先生的行为是应当定性为未申报还是申报不实存在较大争议。

第一种观点认为,应当定性为未申报,B 海关《处罚决定书》即持这一观点。持这一观点的人认为,航空旅客申报制度改革的主要目的在于与国际惯例接轨,提升海关在口岸监管中的地位和对外形象,同时也有助于海关在查处重大、恶性案件时的证据固定,这一点从申报单的设计理念与设计格式就可以看出。申报单的设计主要分为四部分:第一部分是旅客基本信息,如姓名、性别、年龄、证件号码、国籍等,目的是便于今后海关对旅客数据进行信息化管理、风险管理而设计。第二部分是申报是否有携带应申报物品,在该栏目填"是"或"否"。如果旅客在此部分有部分栏目填"是",则进入第三部分,详细填写物品清单。最后部分是旅客签名栏。如果旅客在第二部分填写了"否",则直接进入尾部,由旅客签名后提交给海关走"绿色通道",即"无申报通道"。所以,从申报单的设计思路与通道的命名情况来看,填写申报单只是一种申报形式,旅客只有在申报单的第三部分填写了具体内容后,才真正构成向海关的书面申报,因为只有这部分旅客才选走"红色通道",即"申报通道"。因此认为凡是未填写申报单第三部分内容的旅客,尽管在第二部分填写了"否",也不构成向海关的申报,没有申报自然就不存在"申报不实"。只有当旅客在第二部分内容中填了"是",在第三部分中也填写了相关内容,但对品名、币种、数量、金额、型号等个别栏目或多个栏目的填写与实际不符时方可认定为"申报不实"。由此，此类违法在排除走私的情况下，应定性为"未申报"，适用《海关行政处罚实施条例》第19条第2项或第3项进行处罚。该观点进而认为，即便申报单中所有信息从某种意义上说都可以视为申报，包括旅客姓名、年龄、证件号码、进出境事由等，但海关申报制度改革的本意并不在于此。海关申报制度改革的本意是强制要求旅客向海关申报应当申报的物品，便于海关查处旅检渠道各类走私违法活动时的证据收集。因此，申报单内容的重点在于第二部分及第三部分。只有当这几部分内容旅客同时都向海关申报了，海关才视为"严格意义"上的申报。申报单的第三部分内容就属于个人携带物品规定中应当申报的项目，只有当这部分应当申报的项目未申报或申报不实时才真正构成海关法意义上的"未申报"或"申报不实"。如果说航空旅客申报制度改革后，《海关行政处罚实施条例》第19条第2~3项中关于旅客携带的规定成为废条的话，那么《海关行政处罚实施条例》第20条中有关旅客携带的规定将同样成为废条。因为该条同样是对"未向海关申报但没有以藏匿、伪装等方式逃避海关监管的运输、携带、邮寄国家禁止进出境物品进出境的行为"进行行政处罚时的依据条款。因此，该观点认为当事人蔡先生的行为应定性为"未申报"行为而不是"申报不实"行为。

第二种观点认为，航空旅客申报制度改革，目的是强制所有进出境旅客均须填写申报单向海关书面申报。只要申报单一经旅客填制完毕并签名再提交给了海关，即视为向海关作出了书面申报，不管其是否携带了应向海关申报而未申报的物品。如果旅客在所有的"是"与"否"选择栏内均填写了"否"，而事后又被海关查获携带了应申报而未申报物品的，则构成向海关的申报不实（定性为瞒报走私的除外）。该观点进而认为，航空旅客申报制度改革后，《海关行政处罚实施条例》第19条第2~3项中关于旅客携带的规定实际上已成为废条，认为《海关行政处罚实施条例》没有颁行前，《海关法行政处罚实施细则》滞后于《海关法》；《海关行政处罚实施条例》颁行后，变成《海关法》滞后于《海关行政处罚实施条例》；而航空旅客申报制度改革后，则变成《海关行政处罚实施条例》（主要是其中关于旅客携带物品的规定）落后于实际操作，存在不配套的问题，导致《海关行政处罚实施条例》第19条第2～3项规定成为废条。因此，该观点认为，此类违法行为在排除走私的情况下，应定性为"申报不实"行为，应适用《海关行政处罚实施条例》第19条第4项规定进行处罚。

上述两种观点分歧的核心在于——是否认为当事人填写并向海关递交申报单的行为就是《海关法》意义上的申报行为？前者认为，是否认定为申报，还须结合申报单内的选择为"是"还是"否"，如为"是"并填写了具体应申报物品的详细信息则应认定为申报，如为"否"而实际上携带了应向海关申报的物品则不属于申报。后者认为，是否认定为申报，只需看当事人是否填写了申报单，哪怕只是在第二部分内容中填了"否"而实际上携带了应向海关申报的物品，但只要其将此份报关单递交给了海关关员，就应认定为完成了申报。笔者认为本案B海关《处罚决定书》所持观点值得商榷，我们赞同第二种观点，主要理由具体如下。

（1）第一种观点认为不仅要旅客在第二部分内容中填了"是"，而且还要在第三部分栏目中也填写了相关内容，但在品名、币种、数量、金额、型号等个别栏目或多个栏目的填写与实际不符时方可认定为"申报不实"（排除走私的情形下，下同）。我们先举例说明，在同种物品的情形下：比如旅客甲填了书面申报单向海关申报带了3台手机，但实际上是4台手机，我们既可以理解为申报不实，因为申报3台实际为4台；但换个角度看，也可以理解为另外多出来的那1台手机未申报。因此有人提出在同种物品或同类物品的情形下，数量不符应定性为申报不实而非未申报。那么我们再看一下不同类型物品的情形：比如旅客乙填了书面申报单向海关申报带了3台手机，但实际上是4块手表，这种情形又该定性为申报不实还是未申报呢？如此分析下去，分类将不可穷尽而且在法律层面上意义不大。因此，笔者认为，无论是同种类型物品还是不同类型或种类物品，也无论是数量还是其他申报要素申报错误，甚至只要填写了书面申报单，即便只是简单填了"否"但实际携带了应向海关申报的物品，也应当定性为"申报不实"的违规行为。

## 2. 应定性为未申报还是申报不实

（2）《海关关于进出境旅客通关的规定》第 2 条第 2 款规定："本规定所称'申报'，系指进出境旅客为履行中华人民共和国海关法规规定的义务，对其携运进出境的行李物品实际情况依法向海关所作的书面申明。"既然书面申报是海关法意义上法定申报的唯一方式，那么只要向海关作出了书面申报就应认定属于申报，发生非主观故意的错误则应构成"申报不实"而非"未申报"。

（3）如果说因为旅客实际上携带了需向海关申报的物品而在申报单第三部分栏目中未填写内容而被认定为"未申报"或压根就没有实施海关法意义上的申报行为，那么如果实际上没有携带需向海关申报的物品其也是在申报单第三部分栏目中未填写内容为什么又可以被认定为属于申报呢？这是否属于双重标准？在实际上没有携带需向海关申报物品的情形下，我们是不是必须承认旅客填的这个"否"也即其表达的"没有带东西"的书面陈述就是一种海关法意义上的申报行为呢？再举个例子，如果公安机关在有确凿证据的情况下讯问某犯罪嫌疑人在某天有没有去某地偷某物时，该犯罪嫌疑人回答说没去偷，那么我们显然不能认为他未作任何供述，我们最多只能说其作了虚假供述罢了。

（4）第一种观点认为如果按照第二种观点去执法，那么《海关行政处罚实施条例》第 19 条第 2～3 项中关于旅客携带的规定会成为废条，而且《海关行政处罚实施条例》第 20 条中有关旅客携带的规定也将同样成为废条。笔者认为，因为政策法规调整、执法实践的推进及社会的发展变化，有些新的违法方式出现了，因此现有法律法规可能发生滞后。同样，基于上述原因，有些违法方式被淘汰了，没人愿意那么干了，因此现有法律条款也可能成为废条，这都不奇怪，我们不能在社会发展变化了的情形下，为了硬要适用某些法条而强行套用到并不匹配的行为上去，这样的思维和做法不免有违背处罚法定原则及明确性原则之嫌。更何况，《海关行政处罚实施条例》第 19 条第 2～3 项及第 20 条在其他口岸海关如罗湖口岸、拱北口岸等广大旅检现场都是能够适用的，目前并不存在成为废条的可能。还有更荒唐的情形是，执法者明明知道某种操作是不合法的但是因为上级机

015

海关行政处罚案例精解

关对录入电脑系统有明确要求所以不得不进行某种操作，出现了执法者和法律要服从电脑系统而不是电脑系统去服从法律的奇怪现象。

**五、法律冲突及漏洞填补**

（一）海关总署2005年第23号公告第1条与《海关关于进出境旅客通关的规定》第12条相冲突

海关总署2005年第23号公告第1条规定："从航空口岸进出境的旅客，除按照规定享有免验和海关免于监管的人员以及随同成人旅行的16周岁以下旅客以外，均应填写《中华人民共和国海关进境旅客行李物品申报单》或《中华人民共和国海关出境旅客行李物品申报单》（以下简称《申报单》，式样见附件），向海关如实申报。"但《海关关于进出境旅客通关的规定》第12条规定："本规定第八条、第九条、第十一条所列旅客以外的其他旅客可不向海关办理申报手续。在海关实施双通道制的监管场所，可选择'无申报'通道进境或出境。"上述海关总署公告的效力层次为规范性文件，要低于作为部门规章的《海关关于进出境旅客通关的规定》，因此上述规定是存在效力冲突的。即便把上述海关总署公告理解为一种行政解释，也不能突破其上位法条文可能包含的含义范围之最大限度。因此，要想让上述海关总署公告完全合法就必须修改相应上位法依据。

（二）《海关行政处罚实施条例》第19条第2~3项及第20条与《海关法》第86条第3项相冲突

《海关行政处罚实施条例》第19条第2~3项及第20条规定了未申报的违法行为及相应罚则，而《海关法》第86条第3项规定仅仅规定了申报不实的违法行为及相应罚则。而未申报与申报不实属于两种不同类型的违规行为，两者严格来说并不具有兼容或交叉的关系。因为《行政处罚法》第10条规定，法律对违法行为已经作出行政处罚规定，行政法规需要作出具体规定的，必须在法律规定的给予行政处罚的行为、种类和幅度的范围内规定。在实践中，究竟应当如何理解"法律规定的给予行政处罚的行为"呢？这种行为的范围有多宽呢？如《治安管理处罚法》第71条第1款第3

项规定："非法运输、买卖、储存、使用少量罂粟壳的，处十日以上十五日以下拘留，可以并处三千元以下罚款；情节较轻的，处五日以下拘留或者五百元以下罚款。"这里，如果认为所有涉及少量罂粟壳方面的行为中不仅是上述四种行为要处罚，还有许多其他违法行为需要处罚，只不过是法律挑了这四种最重要、最常见的行为来由法律设定，那么涉及少量罂粟壳方面的其他不常见、次重要的违法行为就可以由法规、规章去设定；但如果认为所有涉及少量罂粟壳方面的行为中仅有运输、买卖、储存、使用这四种需要行政处罚，其他行为均不需要行政处罚，那么法规或规章就不得再去设定其他应受行政处罚的违法行为了。前一种认识是以行为种类为标准，而后一种认识是以行为所涉及的领域或社会关系的范围为标准，笔者主张以后一种认识来界定"法律规定的给予行政处罚的行为"，因为法律既然对这类事务或社会关系进行了调整和设定，就应当排斥行政法规、地方性法规或规章在此方面再进行设定（哪怕是补充也不行）。最理想的解决方案毫无疑问是及时修改《海关法》的相关法条，增加未申报的违法行为类型及相应罚则。如果从法律冲突的角度来看，当未申报与申报不实应当如何定性存在较大争议的情形下选择定性为申报不实其实更符合上位法的规定，这样操作也可以降低海关在这方面的诉讼风险。

### 六、延展阅读

2001年1月26日，当事人黄先生经广东C口岸进境，超带港币1 753 000元和人民币20 000元，未向海关申报，被C海关（系隶属海关）查获，C海关对原告的行为定性走私，作出没收上述款项的行政处罚决定。黄先生不服，于2001年7月30日向被告D海关（系直属海关，为C海关的上一级海关）申请复议。

D海关受理复议申请后，经过审查，认为原处罚决定定性走私证据不足，依法应予变更，遂于2001年12月15日作出复议决定，对黄先生的违法行为定性违规，决定罚款人民币370 000元，在扣港币1 753 000元和人民币20 000元予以退运。

黄先生对 D 海关的复议决定仍不服，于 2001 年 12 月 29 日向 D 市中级人民法院起诉，请求法院判决被告支付人民币 37 万元及自扣留日至清偿日止的扣留款和罚款之年利百分之十的利息，并由被告负担本案诉讼费。

D 市中级人民法院经审理后认为，被告（D 海关）就本案原告（黄先生）作出处罚应当遵循《行政处罚法》中有关听证程序的规定，履行其法定义务。被告无证据显示其在作出较大数额罚款 37 万元时，实施了上述听证程序要求的义务。因此，被告的罚款处罚决定违反了法律要求的程序规定应予撤销。为此，依照《行政诉讼法》第 54 条第 2 项第 3 目的规定，① 判决撤销被告 D 海关 2001 年 12 月 15 日作出的行政复议决定并依法重新作出处理。

原、被告双方对 D 市中级人民法院作出的判决均表示不服，并分别向广东省高级人民法院提起上诉。广东省高级人民法院经审理认为：（1）D 海关作出的复议决定认定黄先生的违法事实是从 C 口岸出境，超带港币 1 753 000 元及人民币 20 000 元，未向海关申报，而不是黄先生向海关申报不实，或者不接受海关查验。因此，上诉人 D 海关作出的复议决定适用法律错误，依法应予以撤销；（2）根据最高人民法院《关于执行〈中华人民共和国行政诉讼法〉若干问题的解释》第 53 条第 2 款的规定："复议决定改变原具体行政行为错误，人民法院判决撤销复议决定时，应当责令复议机关重新作出复议决定。"原审判决 D 海关应依法重新作出处理正确，上诉人黄先生请求撤销该项判决不符合上述规定，缺乏法律依据，不予支持；（3）行政复议机关在进行行政复议过程中审查的是原具体行政行为是否合法、适当，行政复议机关应当遵循《行政复议法》有关作出行政处罚决定的程序规定，因此，原审判决认为 D 海关没有遵循《行政处罚法》的规定履行其告知听证的法定义务，违反法定程序，并据此判决撤销该海关作出的复议决定，缺乏法律依据，依法应当予以纠正。同时，虽然原审法院判决理由不当，但被诉具体行政行为适用法律错误，依法应予以撤销，因此，原审法院判决结果正确。2003 年 6 月 19 日，广东省高级人民法院对本案作

---

① 现为《行政诉讼法》（2014 年修正）第 70 条第 3 项。

## 2. 应定性为未申报还是申报不实

出终审判决：驳回上诉，维持原判。

这里我们要探讨的仍然是未申报与申报不实的关系问题，因此对上述海关是否有遵循《行政处罚法》的规定履行告知听证的法定义务以及其做法是否违反法定程序等问题在此不予探讨。

广东省高级人民法院作出的判决认为D海关作出的复议决定认定的事实（黄先生超额携带货币出境未向海关申报）与《海关法行政处罚实施细则》中规定的"申报不实或者不接受查验"等构成要件不吻合，所以D海关在复议决定中认定上诉人黄先生的"未申报行为"属于《海关法行政处罚实施细则》中"申报不实"违规行为系法律适用错误，应当依法予以撤销。

之所以出现海关处理该案件时适用的法律依据与二审法院认定出现分歧，关键是海关执法的惯性思维和执法依据衔接不完全对接所致。海关关员在处理类似行政案件时存在一定的误读。其一表现为：执法人员仍然沿袭了所谓"红绿通道"的惯性监管模式，认定行政相对人虽然未如实填写书面申报单证，但其通过通道的行为可以视为"行为申报"，既然是行为申报了，就可以直接适用申报不实的法律条款对行政相对人予以处理；其二表现为：从海关的执法惯性思维和习惯来看，相当多的执法人员都存在将行政相对人"未向海关申报的行为"和"向海关申报不实的行为"统称为"申报不实"的情形，所以在实际的执法适用条款时也并不严格区分"未向海关申报的行为"和"向海关申报不实的行为"，而且在过去处理的大量行政相对人超额携带货物进出境不向海关申报的行为都是直接适用《海关法行政处罚实施细则》第15条第2项的内容，鲜有引发行政争议且纳入司法审查的视野之情形，所以在海关执法实践中执法人员普遍认为，只要相对人携带超过规定数量的货币进出境"未向海关申报"就是"申报不实"，从这个意义上讲，D海关在复议决定书中认定黄先生超额携带货币出境"未向海关申报的行为"就是"申报不实的违规行为"就是上述执法惯性思维的体现。

从海关的执法依据来看，1996年1月1日起实施的《海关关于进出境

019

旅客通关的规定》早已将《海关关于进出境旅客选择"红绿通道"通关的规定》和《海关关于简化进出境旅客通关手续的公告》等予以废止，换言之，"行为申报"在海关监管中已经不复存在，取而代之的是严格的"书面申报"。《海关关于进出境旅客通关的规定》明确规定其所称"申报"，系指进出境旅客为履行中华人民共和国海关法规规定的义务，对其携运进出境的行李物品实际情况依法向海关所作的书面申明。按规定向海关办理申报手续的进出境旅客通关时，应首先在申报台前向海关递交申报单或海关规定的其他申报单证，如实申报其所携运进出境的行李物品。进出境旅客对其携运的行李物品以上述以外的其他任何方式或在其他任何时间、地点所作出的申明，海关均不视为申报。所以说，海关执法"行为申报"为依据进而认定黄先生存在客观申报行为是缺乏法律依据的。此外，将行政相对人"未向海关申报的行为"和"向海关申报不实的行为"统称为"申报不实"行为也是海关内部一部分执法人员的思维习惯和执法方式，其本身并不具备扎实的法律基础，很难经受住司法审查的考验。即便从文义解释的角度出发，也可以得出，"未申报"行为与"申报不实"行为属于含义不同的两种法律概念。本案二审法院就是站在正确的法律解释的角度出发来诠释和解读黄先生出境时超额携带货币而未申报的行为不属于申报不实，因为申报不实的适用前提就是行政相对人已经向海关进行了书面申报，既然黄先生未向海关申报，所以也就谈不上申报不实的问题了。

### 七、法条链接

**《中华人民共和国海关法》**

第四十七条　进出境物品的所有人应当向海关如实申报，并接受海关查验。海关加施的封志，任何人不得擅自开启或者损毁。

第八十六条第三项　进出口货物、物品或者过境、转运、通运货物向海关申报不实的，可以处以罚款，有违法所得的，没收违法所得。

**《中华人民共和国海关关于进出境旅客通关的规定》**

第二条第二款　本规定所称"申报"，系指进出境旅客为履行中华人民共和国海关法规规定的义务，对其携运进出境的行李物品实际情况依法向海关所作的书面申明。

第十二条　本规定第八条、第九条、第十一条所列旅客以外的其他旅客可不向海关办理申报手续。在海关实施双通道制的监管场所，可选择"无申报"通道进境或出境。

**《海关总署 2005 年第 23 号公告》**

第一条　从航空口岸进出境的旅客，除按照规定享有免验和海关免于监管的人员以及随同成人旅行的 16 周岁以下旅客以外，均应填写《中华人民共和国海关进境旅客行李物品申报单》或《中华人民共和国海关出境旅客行李物品申报单》（以下简称《申报单》，式样见附件），向海关如实申报。

**《中华人民共和国海关行政处罚实施条例》**

第十九条　有下列行为之一的，予以警告，可以处物品价值 20% 以下罚款，有违法所得的，没收违法所得：（一）未经海关许可，擅自将海关尚未放行的进出境物品开拆、交付、投递、转移或者进行其他处置的；（二）个人运输、携带、邮寄超过合理数量的自用物品进出境未向海关申报的；（三）个人运输、携带、邮寄超过规定数量但仍属自用的国家限制进出境物品进出境，未向海关申报但没有以藏匿、伪装等方式逃避海关监管的；（四）个人运输、携带、邮寄物品进出境，申报不实的；（五）经海关登记准予暂时免税进境或者暂时免税出境的物品，未按照规定复带出境或者复带进境的；（六）未经海关批准，过境人员将其所带物品留在境内的。

第二十条　运输、携带、邮寄国家禁止进出境的物品进出境，未向海关申报但没有以藏匿、伪装等方式逃避海关监管的，予以没收，或者责令退回，或者在海关监管下予以销毁或者进行技术处理。

**《中华人民共和国海关法行政处罚实施细则》（该规定目前已废止）**

第十五条　有下列行为之一的，责令补税或者将有关物品退运，可以并处物品等值以下的罚款：（一）个人携带、邮寄超过海关规定数量但数额较小仍属自用的物品进出境，未向海关申报的；（二）个人携带、邮寄物品进出境，向海关申报不实，或者不接受海关查验的；（三）经海关登记准予暂时免税进境或者出境的物品，未按规定复带出境或者复带进境的；（四）未经海关批准，过境人员将其所带物品留在境内的。

## 八、小贴士

### （一）旅客不得携运的物品及海关处理办法

旅客携运下列情形的物品，海关不予放行，予以退运或由旅客存入海关指定的仓库（构成违法犯罪的将会被依法追究法律责任）。物品所有人应当在3个月内办理退运、结案手续。逾期不办的，由海关依照《海关法》第30条的规定处理。（1）不属自用的；（2）超出合理数量范围的；（3）超出海关规定的物品品种、规格、限量、限值的；（4）未办理海关手续的；（5）未按章缴税的；（6）根据规定不能放行的其他物品。（《海关法》第30条规定："进口货物的收货人自运输工具申报进境之日起超过三个月未向海关申报的，其进口货物由海关提取依法变卖处理，所得价款在扣除运输、装卸、储存等费用和税款后，尚有余款的，自货物依法变卖之日起一年内，经收货人申请，予以发还；其中属于国家对进口有限制性规定，应当提交许可证件而不能提供的，不予发还。逾期无人申请或者不予发还的，上缴国库。确属误卸或者溢卸的进境货物，经海关审定，由原运输工具负责人或者货物的收发货人自该运输工具卸货之日起三个月内，办理退运或者进口手续；必要时，经海关批准，可以延期三个月。逾期未办手续的，由海关按前款规定处理。前两款所列货物不宜长期保存的，海关可以根据实际情况提前处理。收货人或者货物所有人声明放弃的进口货物，由海关提取依法变卖处理；所得价款在扣除运输、装卸、储存等费用后，上缴国库。"）

### （二）旅客在进出境时应当主动、如实、完整地向海关书面申报

违反海关法及其他有关法律、行政法规，逃避海关监管，携带国家禁

## 2. 应定性为未申报还是申报不实

止性或者限制性管理或者普通应税类的货物、物品进出境的；或者携带上述货物、物品进出境时未向海关申报或者申报不实的，将会被海关依照《海关法》及《海关行政处罚实施条例》等规定予以行政处罚。构成犯罪的，将会被司法机关追究刑事责任。

（三）所申报物品可能涉及的国家其他主管部门

（1）外币现钞。旅客携带外币现钞出境，超出规定限额的，应向银行或国家外汇管理局申领携带外汇出境许可证，海关凭盖有"银行携带外汇出境专用章"和"国家外汇管理局携带外汇出境核准章"的携带外汇出境许可证放行。（2）麻醉药品、精神药品的进出口。海关凭国家药品监督管理局签发的麻醉药品进（出）口准许证或精神药品进（出）口准许证办理进出口手续。医务人员为了医疗需要携带少量麻醉药品和精神药品进出境的，海关凭省级以上人民政府药品监督管理部门发放的携带麻醉药品和精神药品证明放行。（3）金银及其制品。根据2015年由中国人民银行及海关总署联合发布的《黄金及黄金制品进出口管理办法》规定，超出自用、合理数量携带的黄金及其制品，视同进出口货物。对于列入《黄金及黄金制品进出口管理目录》的黄金及其制品，海关凭中国人民银行及其分支机构签发的准许证放行。（4）无线电通信器材。旅客携运器材进出境都要事前报省（自治区、直辖市）无线电管理委员会批准。进境时，必须向海关申报并交验批准文件，海关凭批准文件办理验放手续。（5）动植物、动植物产品和其他检疫物。携带动植物、动植物产品和其他检疫物进境时，进境时必须向海关申报并接受口岸动植物检疫机关检疫。（6）濒危动植物及其产品。出口国家重点保护野生动植物或者其产品的，中国参加的进出口国际公约所限制进出口的野生动植物或者其产品的，必须经国务院野生动植物行政主管部门或者国务院批准，并取得国家濒危物种进出口管理机构核发的允许进出口证明书。海关凭允许进出口证明书查验放行。（7）遗体、骸骨或者骨灰。个人携带遗体、骸骨或者骨灰进出境，应当如实向海关申报。申请运出境外或运回中国境内安葬的，海关验凭出入境检验检疫机构签发的尸体/棺柩/骸骨/骨灰进出境许可证放行。（8）人体遗传资料。以携带方式

海关行政处罚案例精解

运输人类遗传资源出口、出境时,应如实向海关申报,海关凭中国人类遗传资源管理办公室核发的人类遗传资源材料出口、出境证明办理验放手续。(9) 人体血液及血液制品。旅客携带和个人邮寄、快递人体血液及血液制品进出境,海关严格凭卫生部的批准文件或证书办理验放手续。(10) 兴奋剂。个人因医疗需要携带或邮寄进出境自用合理数量范围内的兴奋剂,海关按照卫生主管部门有关处方的管理规定,凭医疗机构处方予以验放。

# 3. 对个人帮公司带货过关行为的处罚必要性及违法责任主体等问题探析

——张先生不服 G 海关行政处罚决定行政复议案

## 一、案情简介

当事人张先生是广东省 F 市保税区某国际精品有限公司的采购员，负责公司采购事务。张先生于 2007 年 8 月 14 日，携带其在香港汤耀记首饰有限公司购买的人造水晶等饰珠，经 G 海关（系隶属海关，为 F 海关的下一级海关）旅检进境通道进境，未向海关申报，被海关截查。经海关查验，当事人随身携带的行李箱中有人造水晶饰珠 875 包，共 16.5532 千克；人造宝石饰珠 19 包，共 0.974 千克；人造钻石饰珠 50 包，共 1.64 千克。

2007 年 8 月 20 日，当事人以生产急需为由，向 G 海关提出缴纳担保要求退运涉案货物的申请。G 海关根据《海关行政处罚实施条例》第 39 条之规定，向当事人收取了担保金人民币 150 000 元，并于 2007 年 8 月 31 日将涉案货物退运出境。

2007 年 8 月 22 日，G 海关对本案进行行政立案调查。经过海关缉私、关税部门计核，当事人携带的涉案饰珠价值人民币 210 330.38 元，涉及税款人民币 77 167.77 元。根据《海关进出口税则》（2007 年）之规定，涉案的饰珠属国家应缴纳税款商品。2007 年 11 月 20 日，G 海关根据《海关行政处罚实施条例》第 15 条第 4 项关于"进出口申报不实影响国家税款征收的，处漏缴税款 30% 以上 2 倍以下罚款"之规定，G 海关认定当事人的行

海关行政处罚案例精解

为构成了违反海关监管规定的行为，对当事人科处罚款人民币70 000元（约为本案漏缴税款的91%）。

## 二、复议情况

2008年1月20日，当事人张先生因不服G海关作出的处罚决定，委托代理人向F海关（系直属海关，为G海关的上一级海关）复议部门提交了《行政复议申请书》，请求免予罚款。当事人在《行政复议申请书》中主要陈述了以下意见：（1）认为G海关对其违法行为定性处罚错误。当事人认为，其本身没有走私漏缴关税的动机，未申报所携带货物是由于其常年居住国外，不清楚中国海关的相关监管规定所致，而有关货物本为保税原料，不涉及海关税款；（2）认为G海关处罚过重。当事人认为其不申报的行为是由于疏忽，对于轻微的违反规定的行为，不应受到罚款人民币70 000元的重罚。

F海关依法受理了该案，合议人员认为：（1）行政复议申请双方对本案违法行为的定性实际上不存在争议，申请人张先生仅是对被申请人的行政处罚幅度不服提起复议申请；（2）本案中，被申请人G海关作出的《行政处罚决定书》认定事实清楚、证据充分、适用法律正确、程序合法，且行政处罚并无明显不当。综上两点，合议人员认为该案具备《行政复议法实施条例》第50条、《海关行政复议办法》第88条规定的行政复议调解的相关条件和要求，可以运用行政复议调解手段，于是组织行政复议双方在自愿、合法的基础上进行协调，最终将行政处罚罚款幅度确定为49.24%，即罚款人民币38 000元。

F海关复议部门根据《行政复议法实施条例》第50条、《海关行政复议办法》第91条之规定，于2008年3月21日制作了《行政复议调解书》，于当日送交申请人张先生和被申请人G海关共同签字生效。至此，该案通过行政复议调解方式结案。

## 三、法律争点

1. 违法主体应确定为个人主体还是单位主体？

3. 对个人帮公司带货过关行为的处罚必要性及违法责任主体等问题探析

  2. 当事人违法行为的定性应如何表述？

  3. 货物与物品应如何区分？

### 四、法律分析及专业点评

（一）违法主体应确定为个人主体还是单位主体

本案属于典型的"客带货"的情形，那么违法主体应确定为谁呢？是应认定为张先生还是应认定为其公司？本案 G 海关将违法主体确定为张先生，对此复议机关 F 海关也没有提出异议，笔者认为两级海关均将违法主体确定为张先生的做法值得商榷。本案张先生的身份是 F 市保税区某国际精品有限公司的采购员，负责公司采购事务。其行为是公司授权的行为，属于职务行为，其利益归于其公司，其法律责任也应当由其公司来承担。即便其公司对张先生的行为不知情，公司也存在一定的过失责任或监督责任。除非张先生的行为完全超出了公司给他的授权范围同时其公司事后也不追认且又不构成表见代理的情形下，有可能认定为张先生的个人行为，由张先生自己独立承担法律责任。但本案显然不属于这种情况，因此，本案的处罚责任由张先生来承担是不妥当的。当然，如果海关在追究其公司的处罚责任的同时，基于张先生在公司属于主管人员或直接责任人员的地位，亦有可能让其同时承担一定的处罚责任。关于何谓"主管人员"？何谓"直接责任人员"？可以参照 1994 年 1 月 27 日颁行的《最高人民法院研究室关于如何理解"直接负责的主管人员"和"直接责任人员"问题的复函》来确定，该复函明确：所谓"直接负责的主管人员"，是指在企业事业单位、机关、团体中，对本单位实施走私犯罪起决定作用的、负有组织、决策、指挥责任的领导人员。单位的领导人如果没有参与单位走私的组织、决策、指挥，或者仅是一般参与，并不起决定作用的，则不应对单位的走私罪负刑事责任。所谓"直接责任人员"，是指直接实施本单位走私犯罪行为或者虽对单位走私犯罪负有部分组织责任，但对本单位走私犯罪行为不起决定作用，只是具体执行、积极参与的该单位的部门负责人或者一般工作人员。

## (二) 当事人违法行为的定性应如何表述

本案 G 海关制发的《行政处罚决定书》，没有对当事人的违法行为进行明确定性，导致当事人无法直观地从海关行政处罚的法律文书上知晓自身违法行为的性质。因此当事人违法行为的性质一度成为复议双方争议的焦点。事实上，当事人经 G 海关旅检进境通道进境未向海关如实申报，被海关依法查获。由于在 G 海关收集的相关证据材料中，没有证据证明当事人采用了藏匿、伪装、瞒报等欺骗手法逃避海关监管。当事人在被依法查获后，没有采取欺骗手法掩饰自己的过失行为，上述情况都说明了当事人的行为没有明确的偷逃国家税款的针对性或目的性，只是在进境申报环节的程序和手续方面没有履行《海关法》规定的如实申报法定义务。G 海关将当事人的上述行为定性为违反海关监管规定的申报不实违法行为而不是走私行为，并适用《海关行政处罚实施条例》第 15 条关于"进出口申报不实"的规定进行定性处罚，与当事人在复议申请中所述的其没有走私故意的情况是一致的，双方对当事人的违法行为性质并不存在实质争议。

但由于办案部门没有适用法律条文对违法行为进行明确的定性表述，严格来说属于一种法律适用错误、程序违法或程序重大瑕疵。有的判例认为未定性就处罚的做法属于一般瑕疵，如福建省力菲克药业有限公司诉龙岩市工商行政管理局行政处罚案[1]，该案中，法院认为：被诉处罚决定中，被告未援引相关行为的定性法律条款，直接适用法律责任条款，属文书瑕疵。笔者认为，该案 G 海关应当引用《海关法》或《海关行政处罚实施条例》的具体条文对违法行为予以明确定性为妥。这里有必要阐述一下说明理由制度，说明理由的主要内容包含事实依据、法律依据及裁量理由三部分，不定性就处罚违反了说明理由制度。强制说明理由，是行政公开原则的必然要求，是公正原则及正当程序的精神内核。说明理由的程序价值具体在于：（1）对行政处罚主体而言，能使处罚趋于正确理性。说明理由是行政主体自我拘束的有效形式，能使办案更加谨慎，有助于减少恣意处罚

---

[1] 龙岩市中级人民法院（2010）龙新行初字第 6 号《行政判决书》。

### 3. 对个人帮公司带货过关行为的处罚必要性及违法责任主体等问题探析

现象发生，有助于树立处罚的权威性及增强行政主体的公信力，而且使以后发生类似案件有据可循，确保裁量标准和结论的统一，促成平等保护，有助于实现良好行政。（2）对当事人而言，能说服当事人自愿消除争讼或保障其正确行使防卫抗辩权。当事人获悉受罚理由可以让其进一步认识违法点所在，有助于满足其对公平处理的基本需求，提高处罚的可接受程度，或有利于其有针对性地行使抗辩权救济自身权益，检视处罚是否适当或违法。更彰显了现代行政对相对人最起码的人格尊重。（3）对复议机关、司法机关而言，可构成复议审查、司法审查的基础并可提高审查效率。（4）对公众而言，能为其提供行为预测。说明理由在公开之后可使公众了解行政主体对特定事务在事实上和法律上所持见解或态度，提高其预测的可能性。

海关处罚法律文书制作是否规范、严谨直接涉及能否更好地保障当事人的合法权益、海关处罚是否具有公信力等问题。目前，部分海关制作的《行政处罚决定书》要么是没有引用定性法条就直接处罚，要么是引用了定性法条但引用或表述得不够具体准确，如有的海关在处罚决定中将当事人的违法行为表述为"当事人的上述行为符合《海关行政处罚实施条例》第15条第4项规定的事实"，这当然是不规范的，因为没有表述清楚是"品名"还是其他项目申报违法，没有表述是"申报不实"还是"未申报"，也没有明确表述涉案行为系"违规"行为，等等。鉴此，广东省高级人民法院在审理广东省内海关案件时制发的《司法建议书》中明确指出："海关行政处罚决定书应详细地认定当事人违法或者违规行为的基本事实；同时，应当结合所适用的法律条文的规定认定当事人违法或者违规行为属于何种性质，是否符合所适用条文的全部法律要件。"

（三）货物与物品应如何区分

本案中，当事人所携带的人造水晶饰珠等并非个人生活自用物品，而是生产产品的进口原材料，在保税区加工成制成品再返销出口，具有明显的商业目的和贸易性质，且其携带的饰珠价值达人民币210 330.38元，明显超过了个人自用合理数量范围。根据《海关行政处罚实施条例》第64条

海关行政处罚案例精解

第4款关于"物品,系个人以运输、携带等方式进出境的行李物品、邮寄进出境的物品,包括货币、金银等。超过自用、合理数量的,视为货物"的规定,G海关将当事人此次携带进境的饰珠认定为进口货物,而不是一般的行李物品,适用了《海关行政处罚实施条例》第15条第4项进行定性量罚,而没有适用《海关行政处罚实施条例》第19条的相关规定处理。但货物与物品的区别究竟是什么呢?一般来说,货物与物品的区别在于以下5点:(1)需要签署要式合同或协议的一般属于货物,而不需要签署的一般属于物品;(2)进出境的目的属于贸易性质或将要用于生产的应为货物,而非贸易性质或用于生活的应为物品;(3)货物需要征税的应征收货物税,而物品需要征税的则需征收行邮税,同时两者估价规则也不同;(4)国家禁止或限制进出口的货物目录,由国务院对外贸易主管部门规定。而国家禁止或限制进出境的物品目录,则由海关总署规定并对外公布;(5)一般而言,物品如超出自用、合理数量的,超出部分将被视为货物。而具备货物属性的一般不能再转变或拟制为物品。但如果从深层次上来理解,以上5点还远远不能够准确地把货物与物品区别开来,这里还必须引入"自用、合理数量"的概念来深入研究。

《海关法》第46条规定:"个人携带进出境的行李物品、邮寄进出境的物品,应当以自用、合理数量为限,并接受海关监管。"第47条第1款规定:"进出境物品的所有人应当向海关如实申报,并接受海关查验。"而大量的物品未申报或申报不实案件系发生在旅检现场,因此以下以旅检进出境物品为例考察未申报或申报不实行为。实践中因旅检通关旅客流量大,特别是罗湖、拱北口岸每天通关人数达几十万人次,不管是否超出自用、合理数量一概要求书面申报将严重影响通关速度,因此旅检物品如果属于自用、合理数量范围内的,不必书面申报,并选择无申报通道即可。如果超出自用、合理数量范围内的,则应当书面向海关申报,并选择申报通道。

根据以上可知,"自用、合理数量"成为处理该类旅检案件的关键,也是区别货物、物品的关键。如何理解"自用、合理数量"?根据《海关行政处罚实施条例》第64条规定,"自用"是指旅客或者收件人本人自用、馈

## 3. 对个人帮公司带货过关行为的处罚必要性及违法责任主体等问题探析

赠亲友而非为出售或出租，"合理数量"是指海关根据旅客或收件人的情况、旅行目的和居留时间所确定的正常数量。可见，"自用"必须同时符合以下构成要件：（1）主体是携带行李物品通关的旅客或邮递物品的收件人；（2）用途是旅客或收件人本人自用或本人用于馈赠亲友；（3）不能用于出售或出租。结合海关总署《旅客行李物品分类表》及《限制进出境物品表》的规定，广义的"合理数量"应包括以下三类：（1）免税放行的合理数量；（2）征税放行的合理数量；（3）按规定数量放行的合理数量。"自用"是对物品质的限定，而"合理数量"是对物品量的限定，质与量必须相结合，才能界定清楚是货物还是物品，这将直接关系到案件的法律适用及定性处理。"自用"与"合理数量"之间的逻辑关系至少有以下四种层次：

第一，携带了合理数量，属自用范围的，是物品。

国家为适应对外交往需要对进出境行邮物品制定了优惠政策，其基本内容是：限量限值免证免税和限量限值免税验放，即对于每一类行邮物品，都有一定的部分，海关可以免凭许可证免税验放；在此基础之上，对于某些超出免税部分但仍属自用合理范围内的，海关对该超出免税部分的物品免许可证征税验放；但对于超出自用合理范围的，海关凭许可证验放，目的是防止贸易性货物通过行邮渠道进出口。但即便携带了自用、合理数量范围内的物品且选择了无申报通道也不能免除海关的查验，且必须遵守海关通关监管的各项规定，当然具有外交特权及豁免权等特殊人员可例外免验。

第二，超过合理数量但属于自用范围的，是物品。

如果进出境旅客未依法向海关申报或申报不实的，构成《海关法》第85条规定的违规行为。与之相对应的法律责任条款为《海关行政处罚实施条例》第19条第2项："个人运输、携带、邮寄超过合理数量的自用物品进出境未向海关申报的。"第3项："个人运输、携带、邮寄超过规定数量但仍属自用的国家限制进出境物品进出境，未向海关申报但没有以藏匿、伪装等方式逃避海关监管的。"第4项："个人运输、携带、邮寄物品进出境，申报不实的。"

海关行政处罚案例精解

"合理数量"的含义有广狭之分,如前文所述,《海关法》广义的"合理数量"当中按规定数量放行的物品属于国家限制进出境物品,除有完税价格的烟酒外,无完税价格的,海关都列入物品进行监管。换言之,对于国家有规定数量限制进出境的国家货币、外币、一般文物等,海关在其"规定数量"内直接验放,超出部分不予验放,由于其并不存在完税价格,在"自用"性质的前提下,只能作"物品"退运处理,如果旅客不申报,即属于《海关行政处罚实施条例》第19条第3项的调整范围。可以说,无完税价格的,是物品。

正常监管中,在狭义的"合理数量"范畴,即《海关行政处罚实施条例》第19条第2项的调整范围内,根据海关总署第58号令《中华人民共和国海关对中国籍旅客进出境行李物品的管理规定》第4条"中国籍旅客携运进境物品,超出规定免税限量仍属自用的,经海关核准可征税放行";《海关总署关于实施〈中华人民共和国海关对中国籍旅客进出境行李物品的管理规定〉的通知》(署监〔1996〕648号)第4条"旅客携带物品超出规定免税或者征税限量的,经海关审核准予征税放行;但对超出部分的征税数量,不得超过规定准予免税或者征税限量。准予征税放行的第三类物品单一品种限自用合理数量;免税的,公历年度内同一品种不得重复"进行处理。

《海关总署关于调整〈旅客进出境行李物品分类表〉的通知》(署监〔1996〕652号)明确规定,"三、《分类表》系海关总署制定各类旅客进出境行李物品限量的基础,具体验放尺度按照有关专门规定及其所附限量表执行。超出《分类表》所列最高限值,即完税价格人民币5000元(目前该额度有相应放宽,加上进境口岸免税店的额度不得超过8000元)的物品,不视为旅客行李物品。除另有规定者按有关规定办理外,经海关特准可予以征税放行"。同时还规定关于"超出本表所列最高限值的物品不视为旅客行李物品",海关总署于1996年8月10日对外发布的《中华人民共和国海关公告》予以了明确。

因此,笔者认为,既然海关总署对物品的完税价格作出了明文规定,

### 3. 对个人帮公司带货过关行为的处罚必要性及违法责任主体等问题探析

那么，对于《旅客进出境行李物品分类表》所列的生活用品、烟酒制品、酒精饮料等，合理数量应参照《中国籍旅客带进物品限量表》公布的限值限量掌握。对于完税价格超出人民币 5000 元（目前该额度有相应放宽，加上进境口岸免税店的额度不得超过 8000 元）的，仍属自用的情形，只要符合上述署监〔1996〕652 号文关于"除另有规定者按有关规定办理外，经海关特准可予以征税放行"的条件，经行邮渠道申报通关的，都是物品。这里的"另有规定者"是指《进境完税价格表》的单独规定，比如完税价格达万元的萨克斯等，在该表作了列明，海关应作为物品监管；"经海关特准可予以征税放行的"，是指该表列明"完税价格另行确定"的，比如液晶/等离子电视机等，海关也是作为物品监管。海关特准征税放行的基本条件一是无另外规定；二是完税价格超出人民币 5000 元（目前该额度有相应放宽，加上进境口岸免税店的额度不得超过 8000 元）；三是从旅检渠道通关。不符合以上"另有规定者或海关特准"两大条件的，海关一般作退运处理。即使是比较特殊的中国邮票（含小型张、纪念封等），在进境征税时，也是参考中国邮票总公司出版的《中华人民共和国邮票价目表》估定完税价格并计征物品税。只有对进境超出"自用、合理数量"的中国和境外邮票，才按进口货物征税。

狭义的"合理数量"，在海关监管中，应包括：单一品种完税价格人民币 5000 元（目前该额度有相应放宽，加上进境口岸免税店的额度不得超过 8000 元）以下，免税放行的合理数量；单一品种完税价格人民币 5000 元（目前该额度有相应放宽，加上进境口岸免税店的额度不得超过 8000 元）以上，征税放行的合理数量。超出上述两种情形的，仍属自用的，海关作物品退运处理。如果旅客携带自用的行李物品，超出上述两种情形的，又不向海关申报，海关应依据《海关行政处罚实施条例》第 19 条第 2 项给予行政处罚，并按物品作退运处理。

第三，超过免税和征税放行的合理数量也非自用范围的，视为货物，但超过按规定数量放行的合理数量却非自用范围的，仍属于物品。

在形式上属于个人进出境携带通关的行李"物品"，但在法律性质上不

033

海关行政处罚案例精解

属于《海关法》关于物品的法律属性,实际是"货物",这在《海关行政处罚实施条例》第 64 条规定中已明确,其将"物品"解释为"个人以运输、携带等方式进出境的行李物品、邮寄进出境的物品,包括货币、金银等。超出自用、合理数量的,视为货物"。《海关行政处罚实施条例》已经把《海关法》上广义的"合理数量"细分为"规定数量"及狭义的"合理数量"。"规定数量"是指国家出于保障政治、经济、文化建设的需要,以法律、行政法规、规章及规范性文件明文规定并对外公布或颁发许可证件允许旅客携带进出境的国家限制进出境物品的数量。而狭义的"合理数量"是指免税放行的合理数量及征税放行的合理数量。《海关行政处罚实施条例》第 64 条规定"超出自用、合理数量的,视为货物",其中"合理数量"是取其狭义意思,即仅包含免税放行的合理数量及征税放行的合理数量。而超出"规定数量"又非自用的,不完全在此条规定的含义之内,不能当然视之为货物。例如携带外币出境即便超出"规定数量"又非自用,也不能视之为货物,处罚后只能按照物品退运境内。而《刑法》关于走私普通货物罪主要以涉税额来衡量也从另一侧面印证了超出"无完税价格的规定数量"又非自用的情形应按物品处理。

第四,非自用范围但在合理数量之内,原则上是物品,但有牟利性质的按货物论处。

《海关法》第 47 条第 1 款规定:"进出境物品的所有人应当向海关如实申报,并接受海关查验。"此处"所有人"并非是指真正的民法意义上"所有权人",而是"拟制的所有人",应当是向海关办理有关手续并承担相应法律责任的主体,应依据《海关对进出境邮递物品监管办法》《海关对进出境快件监管办法》《海关对进出境旅客行李物品监管办法》《海关行政处罚实施条例》等有关规定确定,具体包括:进出境邮递物品的寄件人、收件人和进出境快件的运营人、进出境行李物品的携运人等。旅检现场只是强调通关的行为人所享受的"自用、合理数量",并不强调行李物品的所有权人,即通关的行为人负有申报的义务,该申报义务只要品名、数量正确就行,并不要求申报"自用"还是"他用",海关允许其携

### 3. 对个人帮公司带货过关行为的处罚必要性及违法责任主体等问题探析

带其额度内（合理数量内）的行李物品通关。这种意义上，还是应该按"物品"监管放行。《关税条例》第58条"进境物品的纳税义务人是指，携带物品进境的入境人员、进境邮递物品的收件人以及以其他方式进口物品的收件人"和《海关总署关于行邮现场即决案件处理有关问题的通知》（该规定目前已废止）第5条关于"《海关法》第47条'进出境物品的所有人应当向海关如实申报'中规定的'所有人'，不是民法上'所有权人'的概念；应当向海关办理有关手续并承担相应法律责任的主体，应依据《海关对进出境邮递物品监管办法》《海关对进出境快件监管办法》《海关对进出境旅客行李物品监管办法》《海关法行政处罚实施细则》等有关规定确定，具体包括：进出境邮递物品的寄件人、收件人和进出境快件的运营人、进出境行李物品的携运人等"的规定，也说明旅检现场通关行为人要直接承担其携带行李物品通关所产生的相应法律责任，根据权利义务相一致的原则，该通关行为人也应当享有相应的权利，海关不能剥夺或限制。类似主张在法国海关法中也有所体现，其认为"如果海关照搬《民法典》关于所有权的定义，实际上将很难付诸实施，原因是这个定义的内涵十分狭窄，而向海关申报的货物所处的法律状态却多种多样。因此1957年3月1日的政令对正式申报方面海关义务的意义对所有权概念的适用范围作了适当的延展，规定：旅客对其随身携带与其社会地位相符的物品、边境居民对其携带的合理数量、无商业价值的物品和食品都可视为所有人"。[①]

从自然属性上来说，货物与物品是没有区别的。但在社会属性上来说，从经济角度或从《海关法》界定的角度来看，却存在本质区别，即物品较货物而言具有非贸易性、非商业性及非牟利性。这也是区别货物与物品的关键所在。如当事人自己未带行李，只是帮朋友带1件新衣服、1块手表、1支钢笔、8000元港币等通关，虽然当事人不是自用，但由于无任何牟利行为，海关仍应视其携带的为"物品"并进行监管。但经查实有走私团伙

---

① ［法］克劳德若·贝尔、亨利·特雷莫：《海关法学》，黄胜强译，中国社会科学出版社1991年版，第166页。

035

组织的"化整为零",那么有关当事人从事托带牟利行为(包括交易牟利和流转途中的非交易牟利等),可将其携带的视为货物进行处理。

《海关行政处罚实施条例》第 64 条的立法意图之一也是出于解决旅检现场"客带货"处理依据的需要。所谓"客带货",一般是指经旅检渠道进出境,需向海关报关进出口的货样、广告和少量的生产料件。对超出此范围的,海关作退运或其他处理。"客带货"的"带"包括自带和托带,都不符合旅检行邮渠道的"自用"之义,因为"货"的报关主体只能是单位,不能是旅检行邮渠道通关的自然人,不论其数量是否合理,其表现形式都是把应由货运渠道监管的货物利用旅检渠道携带进出境。笔者认为,从海关监管角度上看,"客带货"一是要具备单位报关的条件;二是报关纳税手续都是在货运渠道完成,旅检行邮渠道只是查验放行。货物的本质是在货运渠道通关,只是因为属于货样、广告和少量的生产料件,而允许在旅检行邮渠道查验放行而已。假如旅检行邮渠道"客带货"不申报被查获,即可按《海关行政处罚实施条例》第 64 条的立法解释"超出自用、合理数量的,视为货物"处理。综上,本案张先生所携带的人造水晶饰珠既非出于自用,又超出了合理数量,故其属性应为货物。[①]

### 五、延展阅读

"客带货",是指旅客或企业员工以手提或托运形式通过旅检渠道为公司或为自己或为他人随身携带具有贸易性质或商业用途的货物、货样、广告品进出关境的行为。对于"客带货",最终并非一概按照货物处理或一概属于违法,至少以下几种情形例外:第一,对于低价值货物、货样及广告品,若现场根据其提供发票与其他证明文件在验核后认为其未到 50 元人民币的税款起征点,可按照物品进行办理;第二,如果企业向海关申请采用"客带货"的形式带一些货物、货样、广告品进出关境并获得海关批准,那么该公司组织在海关特别备案的人员经口岸海关旅检渠道使用《携带证》和《申报本》向海关如实申报并携带有关货物、货样、广告品进出关境的

---

① 晏山嵘:《海关行政处罚实务指导》,中国法制出版社 2011 年版,第 206 页。

### 3. 对个人帮公司带货过关行为的处罚必要性及违法责任主体等问题探析

行为是合法的。

"客带货"的行为也可能构成违规，常见的违规形式有"未申报"及"申报不实"，如本案中当事人的行为；"客带货"的行为也可能构成走私违法行为，如"水客"逃避海关监管，故意帮别人携带禁止、限制或普通应税的货物进出境的行为；"客带货"的行为还有可能构成走私犯罪，如逃避海关监管，故意帮别人或自己携带具有贸易性质或商业用途的货物、货样、广告品且偷逃税款数额超过起刑点的普通应税货物进境的行为，如网上流传较广的新闻——"前空姐海外代购案"就属于这种情况。再如陈先生等走私普通货物案①、刘女士等走私普通货物案②、李先生等走私普通货物案③均属于"客带货"的行为构成走私犯罪的情形。

## 六、法条链接

### 《中华人民共和国海关法》

**第四十六条** 个人携带进出境的行李物品、邮寄进出境的物品，应当以自用、合理数量为限，并接受海关监管。

**第四十七条** 进出境物品的所有人应当向海关如实申报，并接受海关查验。海关加施的封志，任何人不得擅自开启或者损毁。

### 《中华人民共和国海关行政处罚实施条例》

**第七条** 违反海关法及其他有关法律、行政法规，逃避海关监管，偷逃应纳税款、逃避国家有关进出境的禁止性或者限制性管理，有下列情形之一的，是走私行为：（一）未经国务院或者国务院授权的机关批准，从未设立海关的地点运输、携带国家禁止或者限制进出境的货物、物品或者依法应当缴纳税款的货物、物品进出境的；（二）经过设立海关的地点，以藏匿、伪装、瞒报、伪报或者其他方式逃避海关监管，运输、携带、邮寄国家禁止或者限制进出境的货物、物品或者依法应当缴纳税款的货物、物品

---

① 广东省高级人民法院（2014）粤高法刑二终字第101号《刑事裁定书》。
② 广东省深圳市中级人民法院（2013）深中法刑二重字第7号《刑事判决书》。
③ 北京市第二中级人民法院（2013）二中刑初字第1385号《刑事判决书》。

进出境的；（三）使用伪造、变造的手册、单证、印章、账册、电子数据或者以其他方式逃避海关监管，擅自将海关监管货物、物品、进境的境外运输工具，在境内销售的；（四）使用伪造、变造的手册、单证、印章、账册、电子数据或者以伪报加工贸易制成品单位耗料量等方式，致使海关监管货物、物品脱离监管的；（五）以藏匿、伪装、瞒报、伪报或者其他方式逃避海关监管，擅自将保税区、出口加工区等海关特殊监管区域内的海关监管货物、物品，运出区外的；（六）有逃避海关监管，构成走私的其他行为的。

**第十五条** 进出口货物的品名、税则号列、数量、规格、价格、贸易方式、原产地、启运地、运抵地、最终目的地或者其他应当申报的项目未申报或者申报不实的，分别依照下列规定予以处罚，有违法所得的，没收违法所得：（一）影响海关统计准确性的，予以警告或者处1000元以上1万元以下罚款；（二）影响海关监管秩序的，予以警告或者处1000元以上3万元以下罚款；（三）影响国家许可证件管理的，处货物价值5%以上30%以下罚款；（四）影响国家税款征收的，处漏缴税款30%以上2倍以下罚款；（五）影响国家外汇、出口退税管理的，处申报价格10%以上50%以下罚款。

**第十九条** 有下列行为之一的，予以警告，可以处物品价值20%以下罚款，有违法所得的，没收违法所得：（一）未经海关许可，擅自将海关尚未放行的进出境物品开拆、交付、投递、转移或者进行其他处置的；（二）个人运输、携带、邮寄超过合理数量的自用物品进出境未向海关申报的；（三）个人运输、携带、邮寄超过规定数量但仍属自用的国家限制进出境物品进出境，未向海关申报但没有以藏匿、伪装等方式逃避海关监管的；（四）个人运输、携带、邮寄物品进出境，申报不实的；（五）经海关登记准予暂时免税进境或者暂时免税出境的物品，未按照规定复带出境或者复带进境的；（六）未经海关批准，过境人员将其所带物品留在境内的。

**第三十九条** 有违法嫌疑的货物、物品、运输工具无法或者不便扣留

### 3. 对个人帮公司带货过关行为的处罚必要性及违法责任主体等问题探析

的，当事人或者运输工具负责人应当向海关提供等值的担保，未提供等值担保的，海关可以扣留当事人等值的其他财产。

**第六十四条第四款** "物品"，指个人以运输、携带等方式进出境的行李物品、邮寄进出境的物品，包括货币、金银等。超出自用、合理数量的，视为货物。

**第六十四条第五款** "自用"，指旅客或者收件人本人自用、馈赠亲友而非为出售或者出租。

**第六十四条第六款** "合理数量"，指海关根据旅客或者收件人的情况、旅行目的和居留时间所确定的正常数量。

**《中华人民共和国进出口关税条例》**

**第五十八条** 进境物品的纳税义务人是指，携带物品进境的入境人员、进境邮递物品的收件人以及以其他方式进口物品的收件人。

## 七、小贴士

根据海关总署 2007 年第 72 号公告，进出境旅客需向海关申报的物品如下。

（一）进境旅客

（1）动、植物及其产品，微生物、生物制品、人体组织、血液制品；

（2）居民旅客在境外获取的总值超过人民币 5000 元（含 5000 元，下同）的自用物品；

（3）非居民旅客拟留在中国境内的总值超过 2000 元的物品；

（4）酒精饮料超过 1500 毫升（酒精含量 12 度以上），或香烟超过 400 支，或雪茄超过 100 支，或烟丝超过 500 克；

（5）人民币现钞超过 20 000 元，或外币现钞折合超过 5000 美元；

（6）分离运输行李，货物、货样、广告品；

（7）其他需要向海关申报的物品。

（二）出境旅客

（1）文物、濒危动植物及其制品、生物物种资源、金银等贵重金属；

（2）居民旅客需复带进境的单价超过 5000 元的照相机、摄像机、手提电脑等旅行自用物品；

（3）人民币现钞超过 20 000 元，或外币现钞折合超过 5000 美元；

（4）货物、货样、广告品；

（5）其他需要向海关申报的物品。

## 4. 海关查扣没收旅客携带的价值千万的"筹码"是否符合行政合理性原则及处罚公平公正原则

——张先生不服 H 海关行政处罚决定行政诉讼案

### 一、案情简介

2010 年 7 月 5 日,张先生持往来港澳通行证经广东 H 口岸旅客出境无申报通道出境,未书面向 H 海关申报,被海关关员截查。经关员要求,张先生从上衣内袋、前裤袋、后裤袋内共取出澳门永利赌场的筹码 13 枚,其中,单枚面值港币 1 000 000 元的 10 枚,面值港币 500 000 元的 2 枚,面值港币 100 000 元的 1 枚,总面值合计港币 11 100 000 元。

2010 年 7 月 5 日,H 海关行政立案调查。2010 年 12 月 21 日,H 海关向张先生送达了《行政处罚决定书》。H 海关认为筹码是赌博专用工具,根据《中华人民共和国禁止出境物品表》第 1 项、《中华人民共和国禁止进境物品表》第 3 项的规定,认定其属于"对中国政治、经济、文化、道德有害的……其他物品"。张先生携带国家禁止出境的物品出境,未书面向海关申报,违反海关监管规定。根据《海关行政处罚实施条例》第 20 条的规定,对张先生作出行政处罚决定:没收上述 13 枚筹码。

### 二、诉讼情况

张先生因不服上述行政处罚决定,先后向 H 市中级人民法院和广东省高级人民法院提起行政诉讼。

原告或上诉人张先生及其代理人认为：第一，从筹码的性质、发行流通领域、用途等方面看，主张筹码只是债权凭证，不是赌博工具。同时还认为筹码还是物权凭证，其功能不仅是赌博，而且还可以在酒店消费。第二，主张持有和携带筹码不具有社会危害性。第三，主张《禁止出境物品表》未将筹码明确规定为禁止出境物品，认定原告行为违法缺乏法律依据。筹码不属于《禁止进境物品表》第3项规定的"对中国政治、经济、文化、道德有害的……其他物品"。具体理由为：澳门是中国的重要组成部分，博彩在澳门合法，筹码不会对中国政治、经济、文化、道德有害；认为筹码是印有数字的塑料片而已，其不具有有害内容；筹码在内地不能流通，认为内地海关使用内地法律来衡量澳门物品的性质及合法性超越了海关的行政权力；海关对"其他物品"的解释应有明确的法律依据，否则就会超越职权，认为海关的解释属于扩大解释。第四，主张即使筹码被认定为禁止出境的物品，被告作出的行政处罚内容也违背了行政处罚"过罚相当"原则。张先生仅仅是携带了筹码出境，无任何主观恶意，却要损失11 100 000元港币的财产，海关作出没收的处罚是错误的，应予纠正。根据《海关行政处罚实施条例》第20条的规定，海关可以作出责令退回的处理。第五，一审法院对被上诉人先作出处罚决定后进行复核的程序违法问题的认定存在错误。

被告或被上诉人H海关及其代理人认为：第一，筹码是赌博专用工具，有悖于社会主义公序良俗，根据《禁止进出境物品表》（海关总署令第43号）中《禁止出境物品表》第1项及《禁止进境物品表》第3项的规定，属于"对中国政治、经济、文化、道德有害的……其他物品"。涉案筹码在澳门特别行政区可以合法使用不能成为支持上诉人携带筹码出境行为合法的理由。本案中所涉的筹码是海关监管中的一种非常特殊的物品。筹码是澳门各赌场或者博彩公司为方便赌博而制造的，其主要用途是作为货币的替代品用于赌博，作为赌博记数的赌具，明显是一种赌博工具。本案中，张先生用现金兑换筹码的目的是赌博。上诉人出境的目的是携带筹码前往

## 4. 海关查扣没收旅客携带的价值千万的"筹码"是否符合行政合理性原则及处罚公平公正原则

澳门永利赌场赌博，涉案的面值 11 100 000 元港币的筹码，都是在赌博中赢取或在赌场兑换得来的，是赌博的记数工具。筹码作为赌博工具，其性质决定了其所承载的内容对我国的政治、经济、文化、道德是有害的，其本质属性是不会因地域的变化而发生改变的。海关根据监管执法的需要，将筹码纳入禁止出境物品的范围进行管理，是从国家和社会公共利益出发，依法履行职责，是合法、准确、适当的。张先生携带国家禁止出境的物品出境，未书面向海关申报，违反海关监管规定。以上事实，有查验记录、扣留凭单、查问笔录、现场照片等主要证据为证。海关根据《海关行政处罚实施条例》第 20 条的规定，对张先生作出行政处罚，决定没收上述 13 枚筹码，事实清楚、证据确凿、适用法律正确、处罚适当、程序合法。第二，《海关行政处罚实施条例》第 20 条规定："运输、携带、邮寄国家禁止进出境的物品进出境，未向海关申报但没有以藏匿、伪装等方式逃避海关监管的，予以没收，或者责令退回，或者在海关监管下予以销毁或者进行技术处理。"对于查获的当事人未向海关申报的禁止进出境物品，海关采取何种处理方式，主要视物品的具体情况而定，一般情况下以没收为主，不便没收的，才采用其他方式依法处理。本案中，张先生携带国家禁止出境的筹码出境，未书面向海关申报，违反了海关监管规定，海关对筹码予以没收，于法有据。张先生在《行政起诉状》中请求法院判令海关返还没收的筹码的主张于法无据。第三，本案中，H 海关发现张先生存在违法事实之后，在调查认定的基础上，于 2010 年 9 月 20 日制发《行政处罚告知单》，将作出行政处罚决定的事实、理由、依据、拟作出的行政处罚、当事人依法享有的权利告知张先生，张先生于同年 11 月 8 日签收该法律文书，并于同年 11 月 10 日书面声明放弃处罚听证权利，其后又于同年 11 月 11 日提出"陈述意见"。海关在认真组织复核的基础上作出了行政处罚决定，于同年 12 月 21 日依法送达张先生签收。H 海关在作出行政处罚决定之前，严格按照相关法律、法规规定，履行了告知义务，程序合法。张先生及其代理人主张海关先作出处罚决定后进行复核的程序违法，与事实不符。

法院认为：第一，根据《禁止进境物品表》第 3 项及《禁止出境物品表》第1项的规定，对中国政治、经济、文化、道德有害的印刷品、胶卷、照片、唱片、影片、录音带、录像带、激光视盘、计算机存储介质及其他物品，是不能进出境的。这里的"其他物品"是指具有有害内容的各种物品。《禁止进境物品表》及《禁止出境物品表》虽未明确规定筹码为禁止出境物品，但澳门特别行政区作为中国不可分割的重要组成部分实行的是与祖国大陆不同的制度，我国大陆法律明令禁止赌博，张先生携带的筹码属于赌博工具，H海关认定筹码对中国政治、经济、文化、道德有害的其他物品符合上述规定。涉案筹码在澳门特别行政区可以合法使用并不能成为支持张先生携带筹码出境行为合法的理由。张先生认为筹码离开了特定场所就不再是赌博工具而是债权凭证，因此其携带筹码出境的行为不具有任何危害性的主张不能成立。第二，《海关行政处罚实施条例》第20条规定："运输、携带、邮寄国家禁止进出境的物品进出境，未向海关申报但没有以藏匿、伪装等方式逃避海关监管的，予以没收，或者责令退回，或者在海关监管下予以销毁或者进行技术处理。"在何种情况下采用何种处理方法，原则上视具体物品的情况而定，一般情况下以没收为主，不便没收的，可以采取责令退回、销毁等处理方法。H海关考虑本案违禁品为筹码的具体情况，采用没收的处理方式符合条例的规定。第三，H海关在行政程序中向张先生送达了《行政处罚告知单》，并告知张先生有陈述和申辩及申请听证的权利，在张先生书面放弃听证权利后，作出了行政处罚决定，故认为H海关作出的被诉行政处罚决定程序合法，张先生认为H海关作出行政处罚决定，然后再进行复核，属于程序违法的主张没有依据。两审法院均维持了H海关的处罚决定。

### 三、法律争点

1. 筹码的属性是赌具吗？
2. 携带筹码的行为有社会危害性吗？
3. 没收筹码符合有关法律原则吗？
4. 没收筹码的法律条文设计和法律条文适用合理正确吗？

4. 海关查扣没收旅客携带的价值千万的"筹码"是否符合行政合理性原则及处罚公平公正原则

5. 海关对境内外居民携带筹码采取不同的监管方式及处理方式公平合法吗？

6. 没收千万筹码究竟谁获益了？

### 四、法律分析及专业点评

（一）筹码的属性是赌具吗

H海关认为既然筹码可在澳门赌场作为金钱替代物用于赌博记数，所以认定其属性为一种赌博工具。对此观点，笔者认为值得商榷。

首先，笔者认为筹码不属于赌具。理由有三：第一，赌具是赌博用的工具，但并非参与到赌博中的所有东西都叫赌具，比如看牌的眼睛、掷骰子的手、放在牌桌上的现金或手机、放在牌桌上的茶杯或烟灰缸等这些都不属于赌具。筹码虽然可能参与到博彩当中，但其绝非赌具，而且其随时可以换回现钞，没听说过赌具可以随时在博彩现场换现钞的。第二，假如像H海关所说筹码是赌具，则可能会出现这样的对话场景："哥们，我今天真倒霉，输了100万元赌具"；"兄弟，你今天打麻将赢了几个麻将机啊？"我们必须看到，筹码既是我们参与博彩活动的目的物，也是用以表征我们输赢结果的一般等价交换物，而不是博彩过程中决定输赢的特定物及媒介物。笔者认为，博彩可以划分为三个阶段，即博彩前、博彩中及博彩后，赌具只能是出现在博彩过程中决定输赢的道具或工具，换句话说，只有出现在博彩过程中且能够直接决定输赢的道具或工具，才可称之为赌具。而筹码通常是出现在博彩前和博彩后的物品，在金额较大的博彩活动中更是如此，因此其绝非赌具。或许有人会说，有的博彩活动中筹码不是押在点数上的吗？怎么能说没有出现在博彩过程中呢？但其实买大买小或押点数那种博彩游戏完全可以通过手工方式或电脑方式记下每个人买的大小或押的点数，完全不需要把筹码掏出来放在牌桌上，买大还是买小或押的点数在博彩游戏中一经设定并经赌场工作人员确认之后就是先定的、固定的、公开的、不可更改的，真正具有射幸性的活动是其后骰子的随机运转或其他赌具的依行规运作，因此筹码本身并不是直接决定博彩活动是输还是赢

045

的工具（澳门特区政府第 16/2001 号法律《订定娱乐场幸运博彩经营法律制度》中对"博彩"一词进行了定义："结果系不确定而博彩者纯粹或主要靠运气"谓之"博彩"）。第三，H 海关也承认筹码属于可在澳门赌场使用的金钱替代物，但是金钱本身都不属于赌具，其替代物又怎么可能是赌具呢？我们都知道，就像能量守恒定律一样，权利授予是具有等量性或递减性的，就像某人本人都只留下了 1 万元的遗产，其继承人又怎么可能超越 1 万元的份额享有更多的继承权呢？当然，金钱或筹码在特定情形下是可能成为赌具的，比如拿一个硬币或筹码往天空一抛，然后叫参与者猜正反面，此时该硬币或筹码即属于一种赌具，但本案不存在这种情形。

其次，笔者认为筹码也并非一概属于赌资。一般认为，赌资就是参与赌博者用于赌博的财物。至于是已经用于赌博的财物或者是还包括准备用于赌博的财物，理论界和实践部门说法不一。主要有三种观点。第一种观点认为：赌资是指正在用来或准备用来进行赌博输赢的财物。第二种观点认为：赌资既包括赌赢所得的财物，即输者已交付的财物，也包括在赌博当场陈置于赌台上或存放在兑换筹码处的现金、有价证券或者其他财物，如果行为人赌输但尚未交付的财物或者携带于身的现金或者财物不在没收之列。第三种观点认为：赌资的范围，系指赌博者已投注或赢得的财物，即输者已交付给赢者的财物。笔者同意第三种观点。第一种观点所提及的准备用于赌博的财物，一是在实践中无法界定，没有人能知道参与赌博者到底准备用多少财物或者哪些财物将用于赌博，如某参赌者携带 1 万元准备用于赌博，他有可能输了 500 元后就不赌了，也有可能将 1 万元输光后还赌上其随身携带的手机等财物；二是法律没有规定可以处罚行为人思想上准备做的行为，因为任何人不因思想受处罚。作为第二种观点中所提的赌博当场陈置于赌台上或存放在兑换筹码处的现金、有价证券或者其他财物，虽比第一种观点中的财物便于界定，但由于这当中的财物也只是属于准备用于赌博的财物，至赌博被查处时有的财物还没有用于赌博，属于"预备"或"未遂"状态。如果对于赌博者依照刑法规定予以惩处，对这些财物可能要依照《刑法》第 64 条的规定予以没收；但如果对赌博者给予行政处

## 4. 海关查扣没收旅客携带的价值千万的"筹码"是否符合行政合理性原则及处罚公平公正原则

罚,对于此种处于"预备"或"未遂"状态的财物则不能视为赌资予以没收。因为《治安管理处罚法》一般只处罚违反治安管理的既遂行为,对于违反治安管理的"预备"或"未遂"行为,一般不给予处罚。综上,笔者认为第三种观点表述的较为准确,因为该财物已经用于赌博,而且已达到了"所有权"的转移,属于违反《治安管理处罚法》行为人的违法所得。我们可以看一个例子:比如有的人一到澳门赌场就立刻换了5万元的筹码,但还没有来得及开展博彩活动就被其朋友一个电话叫去了别的地方谈事情,那么在这种情形下,这5万元筹码就连赌资都算不上,更别说赌具了。虽然《最高人民法院、最高人民检察院关于办理赌博刑事案件具体应用法律若干问题的解释》第8条规定持不同观点,该规定认为赌博犯罪中用作赌注的款物、换取筹码的款物和通过赌博赢取的款物均属于赌资。但笔者不同意其中只要一换取筹码该款物就属于赌资的观点。

笔者认为,筹码的属性是一种货币代用品或债权凭证,如果有证据证明其属于当事人参与了博彩活动后并实际反映了其输赢结果的标的物则其还属于赌资。

(二)携带筹码的行为有社会危害性吗

H海关认为,因为筹码是赌具,故任其进出境将会对我国政治、经济、文化、道德及金融监管、法治秩序、社会和谐等构成极大危害。笔者认为,这种观点是很难成立的,理由有三:其一,筹码在大陆没有抽象的社会危险性。H海关认为筹码腐化了社会风气,违背了公序良俗,戕害了社会道德,代表了不劳而获及投机取巧的思想和行为。笔者认为,如果因为携带或持有而让旁人看了一眼筹码就会令其受到腐化戕害,那看到关于筹码的照片或新闻报道是不也会受到腐化戕害呢?同样是从澳门进来大陆的几大报纸每天都在公开发售,上面有关于赌场和色情场所的大面积广告,这些不是比看一眼筹码危害来的严重一万倍吗?笔者认为,海关既然对筹码管控了几十年,那么就应该能拿出一些真凭实据来证明及说明携带筹码行为的社会危害性具体是什么。宜用具体的人、事、物来证明,宜用活生生的事实和客观数据来说明。建议海关就携带筹码进出境问题是否具有社会危害性展开跟踪采访、社会调查、立法听证及电视辩论,真正倾听一下公众和民意(包括广大法律工作者)的呼声。其二,带入境内的筹码在大陆没有具体的社会危害性。众所周知,很多器物如菜刀既可以作为凶器行凶杀人也可以作为生活工具切菜切肉,那么没有用于行凶杀人的菜刀是否也要定性为凶器?赌博在大陆是违法的,但博彩活动在澳门是合法的,退一万步讲,即便认为筹码属于赌具,但筹码并没有在大陆实际使用,就是当事人想用也没有办法使用,而且在大陆也没有禁止持有筹码的明文规定。因此,筹码在大陆是没有具体的社会危害性的。筹码与枪支、弹药、爆炸物、毒品等相比,究竟哪一种物品进出大陆具有真正的社会危害性是不言自明的事情,说到底,筹码在澳门是代表了一定金额的物品,在大陆也就只是一个塑料片而已。其三,即便认为筹码对大陆具有社会危害性,但张先生是在从大陆往澳门方向带筹码,这难道不是在消除社会危害性或消除危害后果吗?而根据《行政处罚法》第 27 条第 1 款第 1 项规定,当事人主动消除或者减轻违法行为危害后果的,应当依法从轻或者减轻行政处罚。

(三) 没收筹码符合有关法律原则吗

海关立法必须具体明确,其对外应当具有预测功能、指引功能及规范功能,这也是处罚法定原则及明确性原则的基本要求。本案处理的澳门筹码,就属于海关当时的有关执法依据没有列明的情形,很难说这样的执法完全符合处罚法定原则及明确性原则的要求。由于筹码承载了当事人较大的物质利益,当事人普遍认为《禁止进出境物品表》中并没有明确把筹码列入其中,认为海关不能含糊地认为筹码是危害中国政治、经济、文化、道德的,《禁止进出境物品表》没有明确禁止,法无明文规定不违法,法无明文规定不处罚,如果认为当时的《禁止进出境物品表》就足以抽象地把筹码解释为危害中国政治、经济、文化、道德的物品进而进行处罚,那么海关总署就没有必要于 2013 年 8 月 16 日颁行海关总署 2013 年第 46 号公告,对"赌博用筹码"系属禁止进出境物品予以明文规定。

这里还有必要引入比例原则及均衡原则。均衡原则,又可称为狭义的比例原则,即在决定给予的处罚与处罚所意欲达到的目的之间作一个衡量,

## 4. 海关查扣没收旅客携带的价值千万的"筹码"是否符合行政合理性原则及处罚公平公正原则

行政处罚主体不可以给当事人超出行政目的之侵害。这个原则更着重于价值、法益上的权衡,即处罚力度应与违法行为的社会危害性相适应。《行政处罚法》第 4 条第 2 款规定就体现了这一原则。在谈到必要性原则与均衡原则之区别时,德国学者 Mayer/Kopp 曾援引弗莱纳教授之名言,改编了一个例子:警察为了驱逐于樱桃树上的小鸟,已别无他法(例如无鸟枪),只得用大炮时,虽可达到驱鸟之目的,手段也属必要,但使用大炮之后果不堪设想,所以违反比例原则不得为之。上述例子中大炮驱小鸟不违反必要性原则但违反了均衡原则。如果对一种违法行为的处理只能在要么没收货物或要么将货物退运境外之间由行政处罚主体自由裁量,那么我们认为这种罚则设定本身就有违均衡原则及过罚相当原则。

非法财物如果不问价值大小均可被没收,特别是当非法财物的价值相对较大时,会引发十分尖锐的社会矛盾。笔者认为,有必要在没收的构成中引入比例原则:第一,适当性原则,即违法工具没收应有助于行政目的之达成。须考虑两个方面:违法工具与违法行为的关联度以及违法行为的严重程度。违法工具没收是一种典型的"因人罚物",因为违法工具本属于合法财物,与违法行为有关联才被没收,所以此类财物与违法行为的关联度越高,越可能应当被没收。相反,关联度越低,越不应当被没收。而且,并非所有的"赌具"或"非法财物"都可以拿来没收。比如两个人猜中指,或者猜远处停放的陌生人的车牌号最后一位数是奇数还是偶数,或者猜明天的天气,这些所谓的"赌具"或"非法财物"都属于不可能没收的情形。第二,必要性原则,即在达成目的的前提下,采取干预最轻之措施。《德国违反秩序罚法》有两项降低处罚强度的没收措施——没收保留和部分没收。前者实际上在没收决定作出前,给相对人一个补救的机会,如果相对人能消除违法状态,则不予没收;后者则根据违法情节轻重灵活把握没收范围,不一刀切地予以全部没收。第三,法益权衡原则,没收在维护公共利益的同时会使相对人利益减损,这两种法益之间应当保持适当的平衡。没收所维护的公共利益既包括对过去损失的抵补,又包括对未来行政秩序利益的保障。没收所需补救的损失有两个方面:一方面是补救违法行为给国家或

海关行政处罚案例精解

其他私主体造成的直接损失，譬如偷税带来的税收损失、偷盗带来的财物损失；另一方面是补偿执法或救助成本带来的间接损失，譬如执法人员的工资支出、救助受害者的行政救助支出。相对而言，相对人因没收造成的损失是十分显在的，主要包括违法工具本身的价值。当然，价值的大小不仅要从绝对价值上衡量，还要考虑相对价值。相对价值主要体现在其对相对人生存的重要性。相对人的生存价值未必比行政秩序的价值低。最高人民法院1996年第16号复函区分了高价值的渔船与价值相对较低的渔船以外的渔具，对前者不予没收。再如闯一次红灯就要把当事人的小轿车作为违法工具或非法财物予以没收是不是很不公平？同样，携带一次实际没有什么社会危害性的筹码就要予以没收，造成当事人千万财产的损失难道就很公平合理吗？

（四）没收筹码的法律条文设计和法律条文适用是否合理正确

《海关行政处罚实施条例》第20条规定："运输、携带、邮寄国家禁止进出境的物品进出境，未向海关申报但没有以藏匿、伪装等方式逃避海关监管的，予以没收，或者责令退回，或者在海关监管下予以销毁或者进行技术处理。"适用上述第20条时，海关采取何种处理方式，主要视物品的具体情况而定，执法实践中一般情况下以没收为主，不便没收的才采用其他方式依法处理，如来自疫区的物品必须予以销毁、生活垃圾必须责令退回、计算机存储介质上的内容要作技术处理。从海关总署政法司编写并由中国海关出版社出版的《〈中华人民共和国海关行政处罚实施条例〉释义》来看，上述以没收为主、其他三种处理方式为辅的做法契合上述第20条的立法原意。然而，现实中海关适用上述第20条对筹码等禁止性物品的没收却引起巨大执法争议，当事人对海关的没收处罚表示无法理解，多次引发复议、诉讼，对该条文执行的法律效果、社会效果和政治效果严重折损。面对当事人关于海关滥用职权、越权解释的非难，作为执法者，理应对上述第20条进行重新审视和深刻反思。笔者认为，没收、责令退回、销毁、技术处理四种处理方式从海关监管角度看，皆可实现当事人所运输、携带、邮寄的禁止性物品无法进出境的法律效果。但从当事人财产权

### 4. 海关查扣没收旅客携带的价值千万的"筹码"是否符合行政合理性原则及处罚公平公正原则

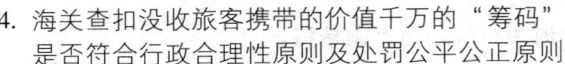

损益角度看,责令退回与没收、销毁、技术处理则存在天壤之别,与后三种处理方式旨在剥夺所有权的法律后果不同,责令退回只是对当事人所有权行使的限制,抑或说是对当事人运输、携带、邮寄禁止性物品进出境行为的禁止,但不会产生丧失物品所有权的严重后果。此外,运用法律解释学来分析,上述第 20 条中没收、责令退回、销毁、技术处理之间用"或者"分隔,从文义解释来看,各处理方式之间相互平行、排斥,应属选择性的并列关系,并无适用上的优劣之分。综上,正因为上述第 20 条存在处理方式畸重畸轻而选择适用上规定不明的逻辑缺陷,才导致出现执法中海关投鼠忌器、当事人异议极大的局面。这主要应是立法上的问题,因为该条规定的处罚方式最重可以没收,最轻可以责令退回,适用前者可以完全剥夺财产权利,适用后者则完全没有任何处罚性的制裁,对物的财产权能也没有任何损失。笔者认为,这一条规定体现的自由裁量权太大,应当采取修改立法或颁布有权解释的形式对外公布各种处理方式的适用条件和范围。毫无疑问,不区分情况也不分各种处理方式的先后顺序就直接没收无疑会导致过罚不当,是有违比例原则的。因为筹码贵重且携带方便,并且多数当事人对海关执行的关于筹码的监管规定并不了解,经常出现当事人携带着筹码白天从大陆出境到澳门博彩,晚上再带着筹码回到大陆住宿,第二天又出境去澳门博彩的情况。对于海关查扣的筹码面值较小的,当事人对没收处罚的反应可能没那么强烈,但如果筹码的面值达百万、千万,一旦被处以没收,对当事人在经济上的打击是极其巨大的。值得思考的是,一个何种严重程度的过错会导致一个人瞬间损失如此惨重?在部分行政诉讼案件中,二审法院也对海关一律予以没收的处理方式提出了上述疑虑,认为这样做可能存在过罚不当的问题。今后如果海关认为还有必要继续对筹码予以管控,也应当考虑采取不没收仅处以警告或单处以一定比例罚款并对筹码予以退运境外的处理模式,这一点亟待及时修法予以明确。

（五）海关对境内外居民携带筹码采取不同的监管方式及处理方式公平合法吗

案发当时的海关执法现状是：对境内居民携带进出境的筹码予以没收（小额的筹码现场监管一般是先动员旅客自动放弃，如果旅客未自动放弃的则予以收缴或没收），但对境外居民携带进境的筹码作退运处理，对境外居民携带出境的筹码作一般物品放行处理。此外，根据《海关对进出境旅客行李物品监管办法》，目前对旅客只有"居民旅客"和"非居民旅客"的区分，并没有"境内居民"和"境外居民"的概念。因此，在执法中，只能将"居民旅客"视同"境内居民"，将"非居民旅客"视同"境外居民"。这一方面会导致现场执法同时存在两种处理方式，执法不统一，容易使旅客产生挫败感和不公平感；另一方面会导致旅客因信息不对称未能及时采取措施而遭致与其意愿相距甚远的处理，这样操作无疑有违国民统一待遇原则和法律适用的公平原则。

（六）没收千万筹码究竟谁获益了

海关没收筹码后，进出境旅客无法向澳门赌场要回该笔款项，而海关在没收筹码后也缺乏将其兑换成货币的法律依据和妥适途径，故而无法增加罚没收入、财政收入以充实国库，这就造成澳门赌场获得大量的不当得利。海关办理的筹码案件越多，澳门赌场的不当得利就越多，执法的公平性、合理性及所造成的客观社会效果是否理想值得商榷。而且，筹码还存在鉴定困难、保管不易、容易诱发"调包"的执法风险、廉政风险及审计风险等诸多问题，有些筹码案件的当事人甚至在办案过程中因无法理解海关的执法用意而多次自残。鉴于此，曾有法律人这样评论："海关针对筹码的执法究竟是在为谁辛苦为谁忙？海关与相对人在筹码问题上还要'双输'下去吗？"

**五、延展阅读**

（1）海关总署已经于2013年8月16日颁行了海关总署2013年第46号公告，该公告第1条就《中华人民共和国禁止进出境物品表》和《中华人

### 4. 海关查扣没收旅客携带的价值千万的"筹码"是否符合行政合理性原则及处罚公平公正原则

民共和国限制进出境物品表》作出了解释：赌博用筹码属于《中华人民共和国禁止进出境物品表》所列"对中国政治、经济、文化、道德有害的印刷品、胶卷、照片、唱片、影片、录音带、录像带、激光视盘、计算机存储介质及其他物品"中的"其他物品"。笔者认为，何谓"赌博用筹码"还需进一步明确其具体内涵、种类范围及认定标准，因为澳门赌场的筹码来源不同，种类繁多。比如有的筹码是赌场直接发行的，有的筹码是博彩中介机构发行的。而筹码种类又分为现金码（该类筹码即便不参与博彩活动也可以随时换回现金）、泥码（想要变现就必须参与博彩活动，否则无法直接换回现金）、练习码（仅供练习之用）、纪念筹码（仅能当纪念品用，无法参与博彩活动，也无法按面值换取现金）等类别，功能各不相同，不可一概认定为"赌博用筹码"。即便目前已有上述公告，但笔者上文的基本观点依然没有改变。

（2）目前，海关执法对境内外居民携带筹码的行为的处理模式已经统一，无论是对境内居民还是境外居民携带筹码进出境未申报的，一经立案，一律没收。

（3）目前，海关执法对赌博用筹码枚数10枚以下且面值总额折合人民币3000元以下的，可以不经立案，直接予以收缴。

（4）2012年2月，广东省高级人民法院在向广东分署制发的一份《司法建议书》（〔2012〕粤高法建第5号）指出："为了充分保护行政相对人的合法权益，使行政执法更加符合正当法律程序，同时也更加人性化，我院建议在我省各相关海关进出境口岸，以适当方式明示博彩筹码属于禁止进境物品，并告知携带博彩筹码入境的法律后果，尽量避免因法律规定不明确造成公民的经济损失，以及产生不必要的诉讼纠纷。"

### 六、法条链接

《中华人民共和国海关行政处罚实施条例》

**第二十条** 运输、携带、邮寄国家禁止进出境的物品进出境，未向海关申报但没有以藏匿、伪装等方式逃避海关监管的，予以没收，或者责令退回，或者在海关监管下予以销毁或者进行技术处理。

**《中华人民共和国行政处罚法》**

第二十七条 当事人有下列情形之一的，应当依法从轻或者减轻行政处罚：（一）主动消除或者减轻违法行为危害后果的；（二）受他人胁迫有违法行为的；（三）配合行政机关查处违法行为有立功表现的；（四）其他依法从轻或者减轻行政处罚的。违法行为轻微并及时纠正，没有造成危害后果的，不予行政处罚。

**《中华人民共和国刑法》**

第六十四条 犯罪分子违法所得的一切财物，应当予以追缴或者责令退赔；对被害人的合法财产，应当及时返还；违禁品和供犯罪所用的本人财物，应当予以没收。没收的财物和罚金，一律上缴国库，不得挪用和自行处理。

## 七、小贴士

（一）禁止进境物品

（1）各种武器、仿真武器、弹药及爆炸物品；

（2）伪造的货币及伪造的有价证券；

（3）对中国政治、经济、文化、道德有害的印刷品、胶卷、照片、唱片、影片、录音带、录像带、激光视盘、计算机存储介质及其他物品；

（4）各种烈性毒药；

（5）鸦片、吗啡、海洛因、大麻以及其他能使人成瘾的麻醉品、精神药物；

（6）带有危险性病菌、害虫及其他有害生物的动物、植物及其产品；

（7）有碍人畜健康的、来自疫区的以及其他能传播疾病的食品、药品或其他物品。

（二）禁止出境物品

（1）列入禁止进境范围的所有物品；

4. 海关查扣没收旅客携带的价值千万的"筹码"是否符合行政合理性原则及处罚公平公正原则

（2）内容涉及国家秘密的手稿、印刷品、胶卷、照片、唱片、影片、录音带、录像带、激光视盘、计算机存储介质及其他物品；

（3）珍贵文物及其他禁止出境的文物；

（4）濒危的和珍贵的动物、植物（均含标本）及其种子和繁殖材料。

# 5. 执法依据不明确的执法活动不具有合法性

## ——林女士不服 J 海关行政收缴决定行政诉讼案

### 一、案情简介

2011 年 8 月 20 日，当事人林女士经广东 J 口岸旅检进境大厅入境。经检查，在其随身行李箱内发现《我的西域，你的东土》《天葬：西藏的命运》《大江东去：司徒华回忆录》各 1 本。

J 海关认定上述 3 本书籍载有国家规定的禁止性内容，属于国家禁止进境物品，且当事人在入境时未向海关申报。鉴于当事人携带的数量零星，依法可以不予行政处罚。J 海关遂依照《海关行政处罚实施条例》第 62 条第 1 款规定，依法开具《收缴清单》并当场交付当事人，收缴上述 3 本书籍。

### 二、诉讼情况

当事人林女士不服收缴决定，向 J 市中级人民法院提起行政诉讼。当事人林女士是国内一所知名大学的法学教授，虽然遭遇海关收缴但林女士并不认为其携带的书籍是海关所认为的违禁书籍或反动书刊，而且其所在高校及学术界也并未因此对林女士作出任何否定性评价，反而不少学者出面专门撰文对林女士进行声援。诉讼期间，当事人林女士还通过中国法学会案例研究专业委员会、南方周末报社、腾讯网等，将该案列入 2011 年中国十大影响性诉讼案例之一，根据报道显示，诸多学者和网民对林女士表示支持。

## 5. 执法依据不明确的执法活动不具有合法性

**(一) 一审情况**

鉴于本案涉及国家规定的禁止性内容，2011年11月29日，J市中级人民法院不公开开庭审理了此案。

原告诉称：（1）被告作出的收缴行为适用法律法规错误。首先，被告在《收缴清单》中未具体列明适用《海关行政处罚实施条例》第62条第1款的第几项规定，属于适用法律依据不明。其次，被告依据《中华人民共和国禁止进出境物品表》（海关总署令第43号，以下简称《禁止进出境物品表》）和《海关进出境印刷品及音像制品监管办法》（海关总署令第161号）认定图书含有禁止性内容，但未在《收缴清单》中列明。最后，被告以《收缴清单》代替收缴决定书，系适用文书不当。（2）被告执法人员在现场仅看了涉案图书的书名和作者，因此便认定原告携带入境的图书属禁止进境印刷品缺乏事实依据。（3）被告作出的收缴行为是行政处罚，因此违反了行政处罚法规定的法定程序。（4）被告未公开禁止入境书刊目录，收缴行为侵犯了原告的财产权和依法享有的文化权利。

针对原告的诉讼理由，海关答辩如下：（1）《收缴清单》中未列明收缴所适用的具体项，系法律文书瑕疵。但本案情形只能适用该《海关行政处罚实施条例》第62条第1款中的第2项，且执法关员在执法现场已明确告知原告对其图书收缴的理由和依据，原告已知晓并在现场与执法关员进行了辩驳，因此该瑕疵并不足以导致执法依据不明的后果。（2）《收缴清单》是规范格式的法律文书，文书上列明的是海关作出收缴处理的直接依据，而《禁止进出境物品表》和《海关进出境印刷品及音像制品监管办法》是海关对图书违禁内容作出认定的依据，并非收缴的直接依据，无须额外列明。（3）海关现场执法关员具有执法资质和执法能力，现场执法关员在此前的执法过程中多次查获同名同作者的图书，因此足以对涉案书籍的内容作出快速准确判断，事实也证明执法关员的判断无误。（4）被告作出收缴的程序完全符合《海关行政处罚实施条例》规定的法定程序，同时，该条例已明确界定海关收缴决定不属于行政处罚范畴，因此原告主张被告收缴行为应遵守《行政处罚法》规定的程序，理由不能成立。（5）被告依据

《禁止进出境物品表》和《海关进出境印刷品及音像制品监管办法》认定原告携带入境书籍含有禁止性内容,而上述执法依据均已对外公布,不存在执法依据不公开的问题,且未侵犯原告的财产权和文化权利。

2011年12月10日,J市中级人民法院作出一审《行政判决书》,驳回了原告林女士的诉讼请求。

(二)二审情况

2012年1月6日,林女士不服一审判决,向广东省高级人民法院提起上诉。广东省高级人民法院受理后,于6月1日不公开开庭审理。

上诉人除坚持一审的相关理由外,诉称:(1)海关必然存在禁止进出境书刊的目录,否则海关的执法和监管无依据;(2)收缴永久剥夺了上诉人对涉案物品的财产权,从其实质内容和对相对人权利的限制来看,应当是一种行政处罚,应遵守《行政处罚法》规定的处罚程序,而被上诉人的收缴行为严重违反了法定程序。

针对上诉人提出的上诉理由,海关答辩如下:(1)上诉人认为被上诉人以不公开的执法依据执法的理由不成立。首先,在立法技术上,对禁止性物品目录的列举,海关采取了具体品名列名和原则性列名相结合的技术手段。其次,由于印刷品属于文字类物品,具有其特殊性,含有违禁内容的书籍的具体书名不可能穷尽列举。《禁止进出境物品表》和《海关进出境印刷品及音像制品监管办法》以原则性列明的方式明确界定了禁止进境印刷品的范围,符合一般理性人的认知标准,也是当前唯一可取的立法技术。同时,上述两部海关规章事先已经依法对公众公布,都是公开的法律依据。(2)收缴是行政法规赋予海关行使的特定具体行政行为,并非行政处罚行为。首先,从立法原意来看。在海关的监管和执法实践中,大量存在海关管理相对人"携带数量零星的国家禁止进出境的物品进出境"的情形。此类行为就其个体而言,其违法结果对社会危害是轻微的,如果将此类行为都纳入行政处罚程序,无疑会浪费大量的行政资源,同时也会对行政相对人权益造成较大的影响;但海关作为国家进出境的监督管理机关,按照维护国家政治、经济、文化安全的职责要求,为避免个体行为累加所导致的

5. 执法依据不明确的执法活动不具有合法性

不可挽回的后果,又必须对此类行为进行管控。因此,国务院通过设定收缴这一具体行政行为,赋予海关在法定情形下实施收缴的法定权力,同时通过设定简明的收缴程序,从而达到"管控与教育相结合"和"对当事人权益影响最小"的执法目的。其次,从制度设计来看。作为行政法规,《海关行政处罚实施条例》第62条明确把收缴和行政处罚作出区分,在制度设计上将收缴相对独立于行政处罚程序,也明确规定了不同于行政处罚程序的收缴法定程序——当场予以收缴的,应当制发清单,由被收缴人或者其代理人、见证人签字或者盖章。最后,从本案实际情况来看,对行政执法机关具体行政行为合法性的判断,归根结底在于行政机关是否忠实履行了法定职责,履行职责是否符合法定程序。作为国家行政执法机关,并无权根据当事人对法律规定和执法行为性质的不同理解而擅自改变执法规定和执法程序。本案中,被上诉人全面严格执行了《海关行政处罚实施条例》第62条的实体和程序规定,于法有据。

2012年8月27日,广东省高级人民法院判决"驳回上诉,维持原判"。①

### 三、法律争点

1. 认定涉案书籍系违禁品的内部目录是否有效及涉案书籍是否需要鉴定?
2. 法律文书对外引用的依据有问题吗?
3. 适用《收缴清单》的法律文书是否妥当?

### 四、法律分析及专业点评

(一)认定涉案书籍系违禁品的内部目录是否有效及涉案书籍是否需要鉴定?

海关认为应从具体品名列名和原则性列名相结合。原则出发及关员日常查私技能培训和过往查发经验等角度,从一般理性人认知的角度出发,来论证海关是以《禁止进出境物品表》及《进出境印刷品及音像制品监管

---

① 广东省高级人民法院(2012)粤高法行终字第64号《行政判决书》。

办法》这两部海关规章作为监管依据的。同时，海关认为基于执法效率的要求，海关必须在现场迅速、准确地判断书籍内容，内部目录只是提供了一种内部执法参考，是为了避免无谓的重复劳动，为了提高海关鉴别的效率和准确性，但并不是作为海关执法的依据。

笔者认为，上述观点值得商榷。如果不是依据内部目录，海关又怎么能够判断出《我的西域，你的东土》《天葬：西藏的命运》《大江东去：司徒华回忆录》3本书属于违禁品呢？对于上述3本书籍及类似印刷品或音像制品是否属于违禁品是主观性极强的一项工作，海关不能既做运动员，又做裁判员。事实上，如果不以内部目录为依据，仅凭《禁止进出境物品表》及《进出境印刷品及音像制品监管办法》这两部海关规章，海关监管现场对印刷品及音像制品的监管及执法是没有办法顺利开展的。

《进出境印刷品及音像制品监管办法》第4条规定："载有下列内容之一的印刷品及音像制品，禁止进境：（一）反对宪法确定的基本原则的；（二）危害国家统一、主权和领土完整的；（三）危害国家安全或者损害国家荣誉和利益的；（四）攻击中国共产党，诋毁中华人民共和国政府的；（五）煽动民族仇恨、民族歧视，破坏民族团结，或者侵害民族风俗、习惯的；（六）宣扬邪教、迷信的；（七）扰乱社会秩序，破坏社会稳定的；（八）宣扬淫秽、赌博、暴力或者教唆犯罪的；（九）侮辱或者诽谤他人，侵害他人合法权益的；（十）危害社会公德或者民族优秀文化传统的；（十一）国家主管部门认定禁止进境的；（十二）法律、行政法规和国家规定禁止的其他内容。"《禁止进出境物品表》第1条第3目规定："对中国政治、经济、文化、道德有害的印刷品、胶卷、照片、唱片、影片、录音带、录像带、激光视盘、计算机存储介质及其他物品。"而《进出境印刷品及音像制品监管办法》第6条规定："印刷品及音像制品进出境，海关难以确定是否载有本办法第四条、第五条规定内容的，依据国务院有关行政主管部门或者其指定的专门机构的审查、鉴定结论予以处理。"从《海关法》和《进出境印刷品及音像制品监管办法》等规定来看，海关作为进出境监督管理机关，有权对进出境印刷品是否属于禁止进出境范围作出认定，如对于

## 5. 执法依据不明确的执法活动不具有合法性

煽动民族仇恨、民族歧视，破坏民族团结，或者侵害民族风俗、习惯的印刷品等，通过一般公众众所周知的认知程度，海关可以直接予以判断。但对于海关不能准确判断印刷品内容性质或争议较大的，毫无疑问应当经国家主管部门依法鉴定并出具鉴定意见。问题在于《进出境印刷品及音像制品监管办法》第6条中的"海关难以确定"是以海关自认为难以确定为标准还是以当事人对海关认定存在异议为标准，还是结合两方面因素或结合以往执法惯例或参照有关部门的同类鉴定予以自由裁量为标准？对确定应当或可以送交国家有关主管部门（如新闻出版部门）鉴定的标准至少应包含下列情形之一：一是海关对当事人申报有合理怀疑认为有必要鉴定的情形；二是虽经海关认定，但当事人不服的情形（海关已经对同本书籍或印刷品曾经送交国家有关主管部门鉴定过的除外）。同时还应当允许当事人依法申请重新鉴定或补充鉴定。相关鉴定程序及标准必须严格符合《行政诉讼法》及《最高人民法院关于行政诉讼证据若干问题的规定》等规定的要求。

综上，可以得出很明确的结论：其一，如果海关事实上使用了内部目录但又没有对外引用该目录作为执法依据，那么就属于秘密执法，是无效的行政执法行为。因为《行政处罚法》第4条第1款规定："行政处罚遵循公正、公开的原则。"《行政处罚法》第4条第3款规定："对违法行为给予行政处罚的规定必须公布；未经公布的，不得作为行政处罚的依据。"其二，如果就像海关对外宣称的那样其监管及执法均没有实际使用内部目录或者仅仅是参照或者既没使用也没参照，且在海关与当事人对涉案制品是否属于违禁品存有争议的情况下，海关就应当将涉案物品送交居于客观中立第三方地位的国家有关主管部门（如新闻出版部门）依法进行鉴定，并将鉴定意见及时送达给当事人。在有争议的情形下，既不公开内部目录又不送交鉴定送达鉴定意见的做法无疑是与现代法治原则及依法行政理念相悖的。

（二）法律文书对外引用依据等问题

第一，海关在《收缴清单》中未具体列明适用《海关行政处罚实施条例》第62条第1款的第几项规定。大部分法院认为法律的条款项目引用不规范属于适用法律、法规错误，而不仅是法律文书瑕疵。如胡某某等 11 人诉电白县工商行政管理局行政处罚案。该案中，法院认为：被告在处理通知书中仅适用了《城乡个体工商户管理暂行条例》第 22 条，没有适用该条例中规定当事人必须履行的义务条款及具体条款项目，也没有写明"条例实施细则"的具体名称，此均属适用法律、法规的错误。① 又如苗某某等诉临县公安局曲峪派出所行政处罚案。该案中，法院认为：《治安管理处罚法》第 43 条共有 2 款，处罚程度不同，被告据此对李某某作出罚款 200 元的决定属适用法律错误、处罚不适当。②

第二，海关依据《禁止进出境物品表》和《海关进出境印刷品及音像制品监管办法》认定图书含有禁止性内容，但未在《收缴清单》中列明。海关认为《收缴清单》是规范格式的法律文书，文书上列明的是海关作出收缴处理的直接依据，而《禁止进出境物品表》和《海关进出境印刷品及音像制品监管办法》是海关对图书违禁内容作出认定的依据，并非收缴的直接依据，无须额外列明。笔者认为，这种观点值得商榷。适用法律完备是行政处罚合法的一个条件，要避免只引用部分规定或条文的现象，有些条文属准用性条文，则不得单独依据该条文处罚，还必须引用其他正面监管规定用来认定违法事实。如《海关行政处罚实施条例》第 19 条第 3 项规定"个人运输、携带、邮寄超过规定数量但仍属自用的国家限制进出境物品进出境，未向海关申报但没有以藏匿、伪装等方式逃避海关监管的……"海关可以处罚。其中出现了"规定数量"的提法，则处罚决定书中必须援引其他阐释了"规定数量"的规定及条文。同理，收缴的法律文书中必须列明《禁止进出境物品表》及《海关进出境印刷品及音像制品监管办法》的具体条款。说到底，《禁止进出境物品表》及《海关进出境印刷品及音像制品监管办法》这两个规定的具体条款是用来认定案件事实及定性的根据，不引用这些规定，如何能够确定案件事实（更准确的说法应为"法律事实"）呢？如何能够定性呢？不定性又如何能处理呢？

---

① 广东省电白县人民法院（1999）电行初字第 1 号《行政判决书》。
② 山西省吕梁市中级人民法院（2014）吕行终字第 60 号《行政判决书》。

## 5. 执法依据不明确的执法活动不具有合法性

第三，林女士认为海关作出的收缴行为是行政处罚，因此违反了行政处罚法规定的法定程序。海关则认为自己作出收缴的程序完全符合《海关行政处罚实施条例》规定的法定程序，同时，该条例已明确界定海关收缴决定不属于行政处罚范畴，因此原告主张被告收缴行为应遵守《行政处罚法》规定的程序，理由不能成立。笔者认为，两方观点均有一定道理，林女士观点的基础是公平原则，而海关观点的基础是效率原则。不管收缴决定的性质是否为行政处罚（关于这一点我们在延展阅读中探讨），行政法中的正当程序原则要求行政机关在作出决定对当事人产生不利影响时，必须事先让其知悉，必须听取当事人意见，不能片面地认定事实，剥夺对方辩护的权利，当事人有要求陈述、申辩或听证的权利。《海关行政处罚实施条例》第49条第1款规定："海关作出暂停从事有关业务、暂停报关执业、撤销海关注册登记、取消报关从业资格、对公民处1万元以上罚款、对法人或者其他组织处10万元以上罚款、没收有关货物、物品、走私运输工具等行政处罚决定之前，应当告知当事人有要求举行听证的权利；当事人要求听证的，海关应当组织听证。"此外，参照《最高人民法院关于没收财产是否应进行听证及没收经营药品行为等有关法律问题的答复》内容，海关拟作出没收违法所得的处理之前也应当赋予当事人听证申请权。收缴与没收均是对相对人财产权益的剥夺，实质区别不大，作出收缴决定之前不给相对人陈述、申辩及听证权利是不公平的。

（三）适用《收缴清单》法律文书是否妥当的问题

林女士认为海关以《收缴清单》代替收缴决定书，系适用文书不当。笔者认为，海关的《收缴清单》其实就已经是代表了海关收缴决定的格式法律文书，而且也载明了救济权利及途径，应该说问题不大。但如果从加强执法统一性、严肃性及避免相对人误解的角度来看，林女士的观点也不无道理。因为用一个"清单"而不是"决定"就把相对人的财产给剥夺了会给人不严肃、较随意的感受。同时，"清单"这种形式在多数情况下是作为某个正式决定的附件的形式出现的。况且，随着《行政强制法》的颁行，海关财产扣留决定的格式法律文书也已经由仅制发《扣留凭单》调整为同

063

时制发《扣留决定书》及《扣留清单》，建议海关不妨将收缴决定的格式法律文书也相应由单纯制发《收缴清单》调整为同时制发《收缴决定书》及《收缴清单》。

### 五、延展阅读

关于海关行政收缴系属何种法律性质的行政行为主要有以下几种观点。

第一种，认为海关行政收缴属于一种强制性的具体行政行为。该观点认为海关收缴系一种强制性的具体行政行为，但不属于行政处罚。①

第二种，认为海关行政收缴属于一种行政处罚种类。该观点认为，因收缴具有行政性、外部性、一次性、最终性及制裁性等五个特征，其本质是对公民、法人或其他组织的财产的剥夺，体现收缴的制裁性，故倾向于认为收缴是一种行政处罚种类。②

第三种，认为海关行政收缴属于行政强制措施的执行。该观点认为行政强制是指行政机关为实现行政管理目的而采取的各种强制性手段，不仅包括行政强制执行，也包括其他强制手段。收缴作为行政强制措施的一种，其意义不仅是执行问题，它应是一个完整独立的行政执法行为，而不是行政执法行为的一个环节或阶段。

第四种，认为海关行政收缴是独立于行政处罚与行政强制措施之外的一种具体行政行为。该观点认为任何行政强制措施都是一种中间行为，而不是最终行为，因此，行政收缴不属于行政强制措施。

第五种，认为海关行政收缴属于行政强制措施。该观点认为收缴具有以下五个特征：一是手段的强制性；二是行为的终止性；三是对象的广泛性；四是程序的法定性；五是行政机关的主动性。因此认为海关行政收缴属于行政强制措施。③

---

① 海关总署政策法规司编：《〈中华人民共和国海关行政处罚实施条例〉释义》，中国海关出版社 2007 年版，第 213 页。

② 苏诗迎："'收缴'法律性质辨析"，载《海关执法研究》2005 年增刊（1）。

③ 葛庆宽、孟建新、董延宁："关于海关行政收缴措施适用问题的探讨——对《海关行政处罚实施条例》第 62 条规定的理解与思考"，载《海关执法研究》2005 年增刊（1）。

## 5. 执法依据不明确的执法活动不具有合法性

第六种，认为海关行政收缴应区分情形归为不具有行政处罚属性的强制收缴及具有行政处罚属性的强制收缴两类。该观点认为《海关行政处罚实施条例》第62条第1款的前两项情形中的"收缴"属于不具有行政处罚属性的强制收缴，而其后两项情形则属于具有行政处罚属性的强制收缴。①

笔者认为上述六种观点均有缺陷：观点一仅指明"收缴"属于一种非处罚类的强制性具体行政行为，而符合该特征的有行政强制措施、行政强制执行等多种行为类型，该观点最终还是没有阐明其究竟属于何种法律属性，故不可取；观点二认为海关五种类型的"收缴"全部属于行政处罚种类，其缺陷也是显而易见的，这与《行政处罚法》规定对不满14周岁等特殊身份的人不适用处罚的规定明显矛盾；观点三过于强调"收缴"的执行性，而没有关注其处分性或制裁性，也不科学；观点四否定"收缴"行为的最终处置性，显然与相关规定与实践不相符合；观点五应该说有一定道理，笔者亦认为并非所有的行政强制措施都只能具有中间性而不能具有制裁性或最终处置性，但前提是必须处于危急时的最终处置性措施才可能称之为行政强制措施，如《道路交通安全法》第100条第1款规定中的"收缴"，由于它是为了制止可能发生的危险而当即采取的紧急措施，虽然带有最终处置性的意味，但仍不失为一种行政强制措施，如果海关收缴是在该种情形下作出的，可认为属于行政强制措施，但海关执法实践当中极少发生该种应急处置情形，故一般不能成立；观点六的论述有些自相矛盾，严格来说《海关行政处罚实施条例》第62条第1款规定的几种情形均不符合处罚构成要件，但笔者仍然认为观点六就此问题提出的二元分析法是值得赞许的。

在分析"收缴"的法律性质之前有必要审视一下《海关行政处罚实施条例》第62条第1款规定的具体内容：有下列情形之一的，有关货物、物品、违法所得、运输工具、特制设备由海关予以收缴：（1）依照《中华人民共和国行政处罚法》第25条、第26条规定不予行政处罚的当事人携带、邮寄国家禁止进出境的货物、物品进出境的；（2）散发性邮寄国家禁止、

---

① 毛梦婧："海关行政执法中的'收缴'行为"，载《上海海关学院学报》2008年第1期。

065

限制进出境的物品进出境或者携带数量零星的国家禁止进出境的物品进出境，依法可以不予行政处罚的；（3）依法应当没收的货物、物品、违法所得、走私运输工具、特制设备，在海关作出行政处罚决定前，作为当事人的自然人死亡或者作为当事人的法人、其他组织终止，且无权利义务承受人的；（4）走私违法事实基本清楚，但当事人无法查清，自海关公告之日起满3个月的；（5）有违反法律、行政法规，应当予以收缴的其他情形的。

　　上述第（1）、（2）项分别属于法定不予处罚及酌定不予处罚的情形，要么缺乏合格的处罚责任主体，要么情节轻微社会危害性较小，尚不构成处罚责任。上述明显不符合行政处罚特征。但由于"收缴"带有最终处置性或制裁性，同时海关一般也不存在紧急执法的情形，故上述两项规定中的"收缴"也不属于行政强制措施。笔者认为，只要违反行政法原则上就必须承担行政违法责任，只不过有的是行政处罚方式，有的是非处罚方式而已。外部行政违法责任有三种形式：第一种，单纯宣告违法且不需另外承担其他不利后果，如宣告违法但不予处罚且无其他不利后果。第二种，在确认违法的同时仅要求当事人承担其他不利后果，该其他不利后果有的属于补救性后果或补偿性后果，有的属于制裁性后果。如《水土保持法》第49条规定："违反本法规定，在禁止开垦坡度以上陡坡地开垦种植农作物，或者在禁止开垦、开发的植物保护带内开垦、开发的，由县级以上地方人民政府水行政主管部门责令停止违法行为，采取退耕、恢复植被等补救措施；按照开垦或者开发面积，可以对个人处每平方米二元以下的罚款、对单位处每平方米十元以下的罚款。"如果据此作出一个决定只是责令停止开垦、采取补救措施，但没有处以罚款，即构成第二种行政违法责任承担形式。再如《海关稽查条例》第29条规定作出的单独"责令限期改正"决定（不另作处罚），也属于第二种形式。而后者如上述两项规定中的"收缴"，即属于带有制裁性的其他不利后果，属于行政制裁行为，是行为人承担违法责任的一种非典型形态。我国台湾地区也有类似规定，如前述台湾"行政处罚法"第20条明确：在特定情形下对处罚当事人以外的相关人员虽认为不应当处罚，但对该相关人员利用处罚当事人的行为而得到的财产

## 5. 执法依据不明确的执法活动不具有合法性

利益，应酌予追缴。笔者认为，其中"追缴"相当于上述"收缴"，而且同样都是针对非处罚对象作出的，应属于一种行政制裁。笔者认为，从狭义上说，行政制裁应与行政处罚并列，同属于不利行政行为的范畴，但从广义上说行政制裁的范围是可以涵盖行政处罚的。因此，将行政制裁等同于"行政秩序罚"（相当于本书所称"行政处罚"。——笔者注）的观点①值得商榷，笔者认为该观点不当缩小了行政制裁的适用范围。第三种，确认违法并对当事人科以行政处罚（可能同时还需承担其他不利后果，如追征税款）。前两种均属于非行政处罚的外部行政违法责任承担方式。

上述第（3）、（4）项属于相关责任主体缺失的情形。责任主体缺失是指处罚当事人不存在或无法确定、无法查清的情形，但相应的法律秩序必须在一定时间内维系正常，相关的违法货品、运输工具或违禁品必须妥善处置，故海关针对该两项情形应及时采取一定措施。在无主体的情形下，难以符合行政处罚或行政制裁的本质特征，而且该措施具有最终处置性且一般不属危急情形，因此也难以构成行政强制措施。笔者认为，上述第（3）、（4）项中的"收缴"属于行政事实行为，其旨在处置相关货品而并非为了改变法律上的权利义务关系。因法律关系只有在人或拟制的人之间才会产生，而在一方主体缺失的情形下难以成立。行政事实行为是指"行政主体履行职责作出的实施行为和不以直接或间接影响行政相对人权利义务为目的的认知表示行为"②。如捕杀野犬、无主房舍的拆除、用清障车拖走道路上的障碍物等行为均属于行政事实行为，上述第（3）、（4）项与之较为类似，但稍有不同的是"收缴"必须按程序制发相应法律文书。

这里的收缴如果在情况较为紧急的情况下就是一种行政强制措施，如果不属于紧急情况，则上述第（1）、（2）项可归入行政制裁行为，第（3）、（4）项可归入行政事实行为的范畴。③或许有人会提出，行政强制措施不是只能暂时性控制财物吗？这里为何又可以实际处置财物呢。笔者认

---

① 李惠宗：《行政法要义》，五南图书出版公司2000年版，第474页。
② 王霄艳：《论行政事实行为》，法律出版社2009年版，第56页。
③ 晏山嵘：《海关行政强制研究》，中国海关出版社2013年版，第116页。晏山嵘：《海关行政处罚实务指导》，中国法制出版社2011年版，第478页。

为这种观点完全是受了《行政强制法》第 2 条关于行政强制措施定义的误导，实际上大量的行政强制措施是该条定义无法解释的，比如强制购买①是暂时性的吗？是控制吗？同样的还有根据《金银管理条例》第 31 条规定实施的强制收购或者贬值收购是暂时性的控制吗？紧急情况下的强制销毁仅仅是对财物的控制吗？因此笔者认为从实质法治的意义来说，行政强制措施系指法定的行政强制主体，在行政管理过程中，为制止违法行为、防止证据损毁、避免危害发生、控制危险扩大等情形，对自然人的人身自由实施暂时性限制或矫治性限制，或者对自然人、法人或者其他组织的财物或其他利益、权利、自由或公共场所实施暂时性控制或紧急性剥夺的行为。

但如果从实质法治的角度上看，如果不属于紧急情况，则上述第（1）、（2）项的"收缴"与"没收"两者并无严格区别，均应认定为行政处罚行为。这里的"收缴"与"没收"都具有如下几个特征：首先，没收处罚的主体必须是国家行政机关（包括行政机关依照法律、法规或者规章的规定委托的组织），或者是法律、法规授权的具有管理公共事务职能的组织。其次，没收的适用对象是违法的行政相对人，被处罚人必须具有行政责任能力，且实施了违法行为。再次，没收的标的物是违法所得和非法财物。最后，没收本质上是对公民、法人或者其他组织的财产的剥夺。

而且，从立法设计来看，《海关行政处罚实施条例》第 2 条中规定："依法不追究刑事责任的走私行为和违反海关监管规定的行为，以及法律、行政法规规定由海关实施行政处罚的行为的处理，适用本实施条例。"同时，关于收缴的具体规定又安排在《海关行政处罚实施条例》第 5 章，即"海关行政处罚的决定和执行"这一章中，因此"收缴"被认为属于行政处罚的一种亦是有充分理由的。

本案二审法院判决书对此问题有专门表述：海关的收缴程序"并未明

---

① 2007 年，北京市地税局出台文件要求全市需要缴纳营业税且有固定经营场所的纳税人必须强制购买税控收款机。参见于建嵘等：《行政强制立法：展望与批评》，传知行社会经济研究所 2011 年版，第 9 页。

5. 执法依据不明确的执法活动不具有合法性

显违反《中华人民共和国行政处罚法》所规定的法定程序",不难看出,其实终审法院对海关认为收缴的法律属性不属于行政处罚的观点能否成立是存疑的。

## 六、法条链接

### 《中华人民共和国禁止进出境物品表》

**第一条第三目** 对中国政治、经济、文化、道德有害的印刷品、胶卷、照片、唱片、影片、录音带、录像带、激光视盘、计算机存储介质及其他物品。

### 《中华人民共和国海关进出境印刷品及音像制品监管办法》

**第四条** 载有下列内容之一的印刷品及音像制品,禁止进境:(一)反对宪法确定的基本原则的;(二)危害国家统一、主权和领土完整的;(三)危害国家安全或者损害国家荣誉和利益的;(四)攻击中国共产党,诋毁中华人民共和国政府的;(五)煽动民族仇恨、民族歧视,破坏民族团结,或者侵害民族风俗、习惯的;(六)宣扬邪教、迷信的;(七)扰乱社会秩序,破坏社会稳定的;(八)宣扬淫秽、赌博、暴力或者教唆犯罪的;(九)侮辱或者诽谤他人,侵害他人合法权益的;(十)危害社会公德或者民族优秀文化传统的;(十一)国家主管部门认定禁止进境的;(十二)法律、行政法规和国家规定禁止的其他内容。

**第六条** 印刷品及音像制品进出境,海关难以确定是否载有本办法第四条、第五条规定内容的,依据国务院有关行政主管部门或者其指定的专门机构的审查、鉴定结论予以处理。

### 《中华人民共和国行政处罚法》

**第四条第一款** 行政处罚遵循公正、公开的原则。

**第四条第三款** 对违法行为给予行政处罚的规定必须公布;未经公布的,不得作为行政处罚的依据。

### 《中华人民共和国海关行政处罚实施条例》

**第六十二条第一款** 有下列情形之一的,有关货物、物品、违法所得、运输工具、特制设备由海关予以收缴：（一）依照《中华人民共和国行政处罚法》第二十五条、第二十六条规定不予行政处罚的当事人携带、邮寄国家禁止进出境的货物、物品进出境的；（二）散发性邮寄国家禁止、限制进出境的物品进出境或者携带数量零星的国家禁止进出境的物品进出境，依法可以不予行政处罚的；（三）依法应当没收的货物、物品、违法所得、走私运输工具、特制设备，在海关作出行政处罚决定前，作为当事人的自然人死亡或者作为当事人的法人、其他组织终止，且无权利义务承受人的；（四）走私违法事实基本清楚，但当事人无法查清，自海关公告之日起满3个月的；（五）有违反法律、行政法规，应当予以收缴的其他情形的。

## 七、小贴士

（一）海关予以免税验放个人自用进境印刷品及音像制品的数量

个人自用进境印刷品及音像制品在下列规定数量以内的，海关予以免税验放：

（1）单行本发行的图书、报纸、期刊类出版物每人每次10册（份）以下；

（2）单碟（盘）发行的音像制品每人每次20盘以下；

（3）成套发行的图书类出版物，每人每次3套以下；

（4）成套发行的音像制品，每人每次3套以下。

（二）对超出规定数量的个人自用进境印刷品及音像制品，海关的处理措施

超出上述规定的数量，但是仍在合理数量以内的个人自用进境印刷品及音像制品，不属于《进出境印刷品及音像制品监管办法》第9条规定情形的，海关应当按照《进出口关税条例》有关进境物品进口税的征收规定对超出规定数量的部分予以征税放行。

有下列情形之一的，海关对全部进境印刷品及音像制品按照进口货物依法办理相关手续：

（1）个人携带、邮寄单行本发行的图书、报纸、期刊类出版物进境，

## 5. 执法依据不明确的执法活动不具有合法性

每人每次超过50册（份）的；

（2）个人携带、邮寄单碟（盘）发行的音像制品进境，每人每次超过100盘的；

（3）个人携带、邮寄成套发行的图书类出版物进境，每人每次超过10套的；

（4）个人携带、邮寄成套发行的音像制品进境，每人每次超过10套的；

（5）其他构成货物特征的。

有上述情形的，进境印刷品及音像制品的收发货人、所有人及其代理人可以依法申请退运其进境印刷品及音像制品。

（三）对个人携带、邮寄进境的宗教类印刷品及音像制品，海关的处理措施

个人携带、邮寄进境的宗教类印刷品及音像制品在自用、合理数量范围内的，准予进境。超出个人自用、合理数量进境或者以其他方式进口的宗教类印刷品及音像制品，海关凭国家宗教事务局、其委托的省级政府宗教事务管理部门或者国务院其他行政主管部门出具的证明予以征税验放。无相关证明的，海关按照《海关行政处罚实施条例》的有关规定予以处理。

散发性宗教类印刷品及音像制品，禁止进境。

# 6. 从澳门带800克金饰进境未申报的行政处罚责任问题探析

——尹先生超量携带黄金制品进境未申报违规案

## 一、案情简介

2011年7月16日，当事人尹先生持往来港澳通行证经K口岸旅客进境大厅无申报通道进境，未向K海关申报任何物品，被截查。经查，在其随身携带的手提包内发现黄金金条8根，每根标称重量100克，合计重量为800克。根据《海关关于进出境旅客通关的规定》（海关总署令第55号）第8条第3项的规定，进境旅客携带金银及其制品50克以上进境应向海关申报。当事人超量携带黄金750克进境未向海关申报。经计核，上述超量携带进境的黄金750克价值人民币305 508.3元，漏缴税款人民币27 773.5元。当日，K海关对该案立案调查并扣留了上述黄金金条8根。2011年8月9日，经当事人申请，K海关在收取其担保人民币20 000元的情况下，将在扣黄金金条解除扣留。

## 二、处理结果

2011年10月25日，K海关向尹先生送达了《行政处罚决定书》。当事人尹先生的上述行为主要是由于其不了解相关监管规定造成的，并无逃避海关监管的故意，但已违反了《海关关于进出境旅客通关的规定》第8条第3项的规定。K海关根据《海关行政处罚实施条例》第19条第2项之规

## 6. 从澳门带800克金饰进境未申报的行政处罚责任问题探析

定，认定其上述行为已构成违反海关监管规定的行为。K海关对其作出了警告并科处罚款人民币30 000元的行政处罚，并将在扣黄金解除扣留予以发还，责令退运境外。

### 三、法律争点

1. 违规进境黄金及其制品的商品属性问题。
2. 关于海关对黄金及其制品的现场征税标准问题。
3. 违规携带进境的黄金及其制品的违法数量认定问题。
4. 关于进境黄金及其制品走私案件的定性适法问题。

### 四、法律分析及专业点评

根据《金银管理条例》第25条及《入境旅客行李物品和个人邮递物品进口税税则归类表》（海关总署2007年第25号公告，该公告目前已废止）的规定，在旅检渠道，黄金及其制品属于携带进境应缴纳物品税的物品，税率为其价值的10%，数量不受限制，但是必须向入境地海关申报登记。《海关关于进出境旅客通关的规定》第8条规定，进境旅客携带金银及其制品50克以上的，应向海关申报，并办理物品进境手续。也就是说50克是国家规定的允许旅客自由携带进境的黄金及其制品的数量，不必履行任何手续。

（一）违规进境黄金及其制品的商品属性问题

旅客违规携带进境的黄金及其制品的商品属性应当如何认定是一个根本性问题，其决定了此类案件的定性以及法律适用。一般情况下，旅客携带进境的黄金应以自用合理为限，在此范围之内的视为物品。旅客未申报被查获时，定性为旅客个人携带超过合理数量的自用物品进境未向海关申报，适用《海关行政处罚实施条例》第19条第2项处罚，予以警告，可以处物品价值20%以下罚款。若旅客携带进境的黄金及其制品超出自用、合理数量，则视为货物。中国人民银行及海关总署共同发布的《关于对进口黄金及其制品加强管理的通知》（银发〔1988〕363号）规定：旅客带进黄金及其制品应以自用、合理数量为限。进境时应当向海关申报，经海关核准予以免税放行。超出自用、合理数量带进的黄金及其制品，视同进口货物，须凭中国人民银行总行的批件，依照《海关进出口税则》，予以征税放行。照此规定，旅客携带进境的超出自用、合理数量的黄金及其制品视为货物进行监管，属于进口需缴纳税款及许可证件管理的货物。旅客未申报被海关查获后，对案件的定性变为进口货物未申报影响国家许可证件管理及影响国家税款征收，适用《海关行政处罚实施条例》第 15 条第 3 项、第 4 项，可分别处货物价值 5% 以上 30% 以下罚款、漏缴税款 30% 以上 2 倍以下罚款，在第 15 条第 3 项及第 4 项间择其重者给予行政处罚。但加工贸易类从境外进口黄金及其制品加工成品出口是不需要提供许可证件的。此外，旅客不仅需要补缴进口货物税，还须提供中国人民银行总行的批件，其承担的违法后果明显加重。但是，其中有个问题值得关注。黄金金条与黄金首饰不同，其作为货物进口时，归入的税则号列是 71081200 "金非货币用其他未锻造形状"，该税则号列的商品进口关税及增值税均为 0。而黄金金条作为物品进境时的进境物品税率为 10%，这就出现了一个不对等的状况，作为货物进口的黄金金条不涉税，其违法性质反而轻于作为物品进境的黄金金条的违法性质。此种情况需要相关管理部门予以研究明确。

　　如前所述，50 克是海关规定的携带黄金及其制品进境的申报数量，超过该数量又未申报的，海关可依法予以相应处罚。那么是不是超过 50 克的黄金及其制品就视为货物进行处罚呢？问题的关键在于"自用、合理数量"的认定。所谓"自用"，是指旅客本人自用、馈赠亲友而非为出售或出租；"合理"，是指海关根据旅客的具体情况、旅行目的和居留时间所确定的正常数量。"自用、合理数量"是海关在旅检现场监管时的自由裁量范围，并不是一个固定的数字。因此申报数量不能简单等同于自用、合理数量，在实践中不宜以 50 克作为区别旅客携带进境的黄金是货物还是物品的标准。海关对违反进出境法律法规的行为予以处罚是规范旅客进出境行为，履行监管职责的一种执法方式，但是也应建立在符合客观情况、合情合理的基础之上。区别货物和物品的关键还是看该商品的性质是贸易还是个人自用，

## 6. 从澳门带800克金饰进境未申报的行政处罚责任问题探析

进口后是用于商业目的还是个人生活使用。黄金及其制品作为一种较特殊的物质，除非数量巨大或者情况特殊，旅客携带进境未申报的社会危害性并不大，海关在现行的实践操作中，针对超过合理数量但属于自用范围的，一般都应视为物品进行监管，作为案件处理时，则适用《海关行政处罚实施条例》第19条第2项进行处罚，这样比较符合当前的客观实际。

此外，在实践中也存在着旅客个人携带货物进出境即通常所称的"客带货"的行为。根据海关的规定，允许企业出于生产急需等原因，由其员工从旅检通道携带少量原辅料、货样、广告品等进出境。通过此种方式携带进境的黄金及其制品属于企业的货物，应向海关办理报关、验放等手续后才能携带进境，对于列入《黄金及黄金制品进出口管理目录》的黄金及其制品，除需照章征税外，根据《海关进出口税则》及《黄金及黄金制品进出口管理办法》等规定，还必须提交海关凭中国人民银行及其分支机构签发的准许证放行。但是，若是专门替他人带货进境赚取"带工费"的"水客"行为，则需区别对待。"水客"携带进境的商品，在性质上属于货物，因为"非自用范围但在合理数量之内的，原则上是物品，但有牟利性质的按货物论处"。[①] 在实践中，要证明具有牟利性质就必须全面收集到证实其替他人携带商品进境赚取"带工费"的证据，才能认定其不属于自用，证据要求较高。否则按《海关法》的规定，视其为所携运物品的所有人，由其承担相应的法律义务及责任。

参照日本海关法，其认为进口货物是指贵金属、支付手段（货币）及其他有价证券或体现债权等证书以外的动产。[②] 易言之，其认为不管何种情形，只要违法犯罪所针对的目的物为黄金及其制品等贵金属，则其商品属性一概属于物品，根据这一观点来解决此类案件的定性适法问题将变得更为简便易行。其主要是针对黄金及其制品系作为一般等价物的主要属性来界定其商品属性的，笔者认为具有一定道理。

---

① 晏山嵘：《海关行政处罚实务指导》，中国法制出版社2011年版，第209页。
② 何力：《日本海关法原理与制度》，法律出版社2010年版，第111页。

075

（二）关于海关对黄金及其制品的现场征税标准问题

目前，主流观点认为，根据《海关关于进出境旅客通关的规定》第8条第3项规定，进境旅客携带黄金及制品50克以上的应当向海关申报。另根据海关总署2010年第54号公告，进境旅客携带超出限值的个人自用物品且属于不可分割的，应当全额征税。所谓的"不可分割"是指该物品是独立的个体，经分割后，该物品即失去原有价值或丧失主要价值，只有完整的整体才具有价值或主要价值。但黄金一般以重量计算价值，无论其性状如何，经物理分割后其作为一般等价物的功能不会改变，对其价值的损失影响较少，属可分割的物品。从有利于当事人的原则考虑，现场海关应当在计征黄金及其制品的物品税时，先行扣减50克，再按照从价税计征。当然对于旅客超量携带黄金及其制品进境未申报且仍属自用，数量并不太大的情形下，在接受处罚后旅客对于涉案黄金及其制品既可以选择在补缴税款后带进境，也可以选择退运回境外。

（三）违规携带进境的黄金及其制品的违法数量认定问题

《海关关于进出境旅客通关的规定》第15条规定，旅客携带物品、货物进出境未按规定向海关申报的，以及第8条所列旅客未按规定选择通道通关的，海关依据《海关法》及《海关行政处罚实施条例》的有关规定处理。据此，旅客携带进境的黄金及其制品超出50克未按规定向海关申报的，海关可以依法对其进行处理。照此理解，违法的数量应为超出50克的部分，海关缉私部门在立案处理时，应当扣除50克来计算涉案黄金及其制品的价值。

（四）关于进境黄金及其制品走私案件的定性适法问题

进境人员违反海关法及其他法律、行政法规，逃避海关监管，走私商品编码7108且未锻造、半制成或粉末状黄金进境的，因进口无关税、增值税，应当按照《海关行政处罚实施条例》第7条、第9条第1款第2项规定定性处罚；走私其他商品编码的黄金及其制品属于涉证涉税的，则应当按照《海关行政处罚实施条例》第7条、第9条第1款定性处罚。走私黄金及其制品涉税额超过起刑点的，应当追究刑事责任。

6. 从澳门带 800 克金饰进境未申报的行政处罚责任问题探析

### 五、延展阅读

（1）根据 2014 年 10 月 23 日由国务院颁行的《国务院关于取消和调整一批行政审批项目等事项的决定》（国发〔2014〕50 号），个人携带黄金及其制品进出境审批已经被列入《国务院决定取消和下放管理层级的行政审批项目目录》。

（2）根据中国人民银行及海关总署联合发布的 2014 年第 31 号公告（2015 年 1 月 1 日起施行）规定，通过加工贸易方式进出的黄金及黄金制品，海关特殊监管区域、保税监管场所之间进出的黄金及黄金制品，以维修、退运、暂时进出境方式进出的黄金及黄金制品，免予办理《中国人民银行黄金及黄金制品进出口准许证》，由海关实施监管。

（3）根据中国人民银行及海关总署联合发布的《黄金及黄金制品进出口管理办法》（〔2015〕第 1 号令，2015 年 4 月 1 日起施行）规定，超出自用、合理数量携带的黄金及其制品，视同进出口货物。对于列入《黄金及黄金制品进出口管理目录》的黄金及其制品，海关凭中国人民银行及其分支机构签发的准许证放行。

### 六、法条链接

**《中华人民共和国金银管理条例》**

第二十五条　携带金银进入中华人民共和国国境，数量不受限制，但是必须向入境地中华人民共和国海关申报登记。

**《中华人民共和国海关行政处罚实施条例》**

第七条　违反海关法及其他有关法律、行政法规，逃避海关监管，偷逃应纳税款、逃避国家有关进出境的禁止性或者限制性管理，有下列情形之一的，是走私行为：（一）未经国务院或者国务院授权的机关批准，从未设立海关的地点运输、携带国家禁止或者限制进出境的货物、物品或者依法应当缴纳税款的货物、物品进出境的；（二）经过设立海关的地点，以藏匿、伪装、瞒报、伪报或者其他方式逃避海关监管，运输、携带、邮寄国家禁止或者限制进出境的货物、物品或者依法应当缴纳税款的货物、物品进出境的;(三)使用伪造、变造的手册、单证、印章、账册、电子数据或者以其他方式逃避海关监管,擅自将海关监管货物、物品、进境的境外运输工具,在境内销售的;(四)使用伪造、变造的手册、单证、印章、账册、电子数据或者以伪报加工贸易制成品单位耗料量等方式,致使海关监管货物、物品脱离监管的;(五)以藏匿、伪装、瞒报、伪报或者其他方式逃避海关监管,擅自将保税区、出口加工区等海关特殊监管区域内的海关监管货物、物品,运出区外的;(六)有逃避海关监管,构成走私的其他行为的。

**第九条** 有本实施条例第七条、第八条所列行为之一的,依照下列规定处罚:(一)走私国家禁止进出口的货物的,没收走私货物及违法所得,可以并处100万元以下罚款;走私国家禁止进出境的物品的,没收走私物品及违法所得,可以并处10万元以下罚款;(二)应当提交许可证件而未提交但未偷逃税款,走私国家限制进出境的货物、物品的,没收走私货物、物品及违法所得,可以并处走私货物、物品等值以下罚款;(三)偷逃应纳税款但未逃避许可证件管理,走私依法应当缴纳税款的货物、物品的,没收走私货物、物品及违法所得,可以并处偷逃应纳税款3倍以下罚款。专门用于走私的运输工具或者用于掩护走私的货物、物品,2年内3次以上用于走私的运输工具或者用于掩护走私的货物、物品,应当予以没收。藏匿走私货物、物品的特制设备、夹层、暗格,应当予以没收或者责令拆毁。使用特制设备、夹层、暗格实施走私的,应当从重处罚。

**第十五条** 进出口货物的品名、税则号列、数量、规格、价格、贸易方式、原产地、启运地、运抵地、最终目的地或者其他应当申报的项目未申报或者申报不实的,分别依照下列规定予以处罚,有违法所得的,没收违法所得:(一)影响海关统计准确性的,予以警告或者处1000元以上1万元以下罚款;(二)影响海关监管秩序的,予以警告或者处1000元以上3万元以下罚款;(三)影响国家许可证件管理的,处货物价值5%以上30%以下罚款;(四)影响国家税款征收的,处漏缴税款30%以上2倍以下罚

## 6. 从澳门带800克金饰进境未申报的行政处罚责任问题探析

款；（五）影响国家外汇、出口退税管理的，处申报价格10%以上50%以下罚款。

第十九条 有下列行为之一的，予以警告，可以处物品价值20%以下罚款，有违法所得的，没收违法所得：（一）未经海关许可，擅自将海关尚未放行的进出境物品开拆、交付、投递、转移或者进行其他处置的；（二）个人运输、携带、邮寄超过合理数量的自用物品进出境未向海关申报的；（三）个人运输、携带、邮寄超过规定数量但仍属自用的国家限制进出境物品进出境，未向海关申报但没有以藏匿、伪装等方式逃避海关监管的；（四）个人运输、携带、邮寄物品进出境，申报不实的；（五）经海关登记准予暂时免税进境或者暂时免税出境的物品，未按照规定复带出境或者复带进境的；（六）未经海关批准，过境人员将其所带物品留在境内的。

**《中华人民共和国海关关于进出境旅客通关的规定》**

第八条 下列进境旅客应向海关申报，并将申报单证交由海关办理物品进境手续：（一）携带需经海关征税或限量免税的《旅客进出境行李物品分类表》第二、三类物品（不含免税限量内的烟酒）者；（二）非居民旅客及持有前往国家（地区）再入境签证的居民旅客携带途中必需的旅行自用物品超出照相机、便携式收录音机、小型摄影机、手提式摄录机、手提式文字处理机每种一件范围者；（三）携带人民币现钞6000元以上，或金银及其制品50克以上者；（四）非居民旅客携带外币现钞折合5000美元以上者；（五）居民旅客携带外币现钞折合1000美元以上者；（六）携带货物、货样以及携带物品超出旅客个人自用行李物品范围者；（七）携带中国检疫法规规定管制的动、植物及其产品以及其他须办理验放手续的物品者。

第十五条 旅客携带物品、货物进出境未按规定向海关申报的，以及本规定第八条、第九条、第十一条所列旅客未按规定选择通道通关的，海关依据《中华人民共和国海关法》及《中华人民共和国海关行政处罚实施条例》的有关规定处理。

## 七、小贴士

（一）限制进境物品

（1）无线电收发信机、通信保密机；

（2）烟、酒；

（3）濒危的和珍贵的动物、植物（均含标本）及其种子和繁殖材料；

（4）国家货币；

（5）海关限制进境的其他物品。

（二）限制出境物品

（1）金银等贵重金属及其制品；

（2）国家货币；

（3）外币及其有价证券；

（4）无线电收发信机、通信保密机；

（5）贵重中药材；

（6）一般文物；

（7）海关限制出境的其他物品。

# 7. 携运银质纪念币进境未申报会被海关处罚吗

——潘先生不服 L 海关行政处罚决定行政复议案

### 一、案情简介

2013 年 1 月 16 日，当事人潘先生驾驶一部小汽车经广东 L 口岸直通车 1 号通道进境，未向海关书面申报，被 L 海关（隶属海关，系 M 海关的下一级海关）关员截查。经检查，从该车副驾驶座位的脚踏处查获未向海关申报的中国人民银行发行的每枚 1 公斤重的圆形银质纪念币（直径 100mm，正面印有"中华人民共和国"字样，反面印有"蛇形图案，癸巳，300 元"字样），共 18 枚。上述银质纪念币被海关依法扣留。经中国人民银行贵金属纪念币鉴定中心鉴定，上述涉案的 18 枚银质纪念币均为真币。上述纪念币属于当事人潘先生的境外朋友吕先生所有。2013 年 1 月 16 日，吕先生将一个印有"中国银行"字样的袋子放在潘先生所驾车的副驾驶座的脚踏处，称里面装有 18 块每块 1 公斤重的纪念币，到 L 市后再电话联系交接事宜。之后，潘先生便驾车过关，被海关查获。

L 海关依照金银纪念币进出口管理的有关规定及《进出口税则》（2013 年），认定上述银质纪念币属于国家限制进境的应该缴纳税款的货物。据此，L 海关认定潘先生的上述行为已构成《海关法》第 82 条第 1 款第 1 项、《海关行政处罚实施条例》第 7 条第 2 项所规定的事实。遂根据《海关行政处罚实施条例》第 9 条第 1 款规定，决定对潘先生作出如下行政处罚：

(1) 没收上述银质纪念币 18 块（直径 100mm，正面印有"中华人民共和国"字样，反面印有"蛇形图案，癸巳，300 元"字样，1000 克/块）；
(2) 科处罚款人民币 33 000 元。

### 二、复议情况

当事人潘先生不服 L 海关于 2013 年 5 月 2 日作出的《行政处罚决定书》，于 2013 年 5 月 13 日向 M 海关（直属海关，系 L 海关的上一级海关）提请行政复议，M 海关于当日受理，但其后该复议案件曾经一度中止复议。最终 M 海关作出复议决定：撤销 L 海关的行政处罚决定，将涉案银质纪念币返还给了潘先生。

### 三、法律争点

1. 涉案银质纪念币在海关监管中究竟应当被认定为何种商品属性？
2. 涉案银质纪念币作为国家法定货币应当如何监管和验放呢？

### 四、法律分析及专业点评

**（一）涉案银质纪念币在海关监管中究竟应当被认定为何种商品属性**

全国各地的直属海关对于金银纪念币的性质认定、验放标准以及处理方式存在较大的差异，对此类问题有的海关最终作了走私案件处理，有的海关作了违规处理，有的海关没有作为案件处理，在对这一问题的定性处理上显得异常缺乏执法统一性。但究竟应当如何定性处理，是应当定性为走私还是违规，或不应作为案件处理，其重要前提和基础就是如何认识涉案银质纪念币的商品属性。L 海关认为，涉案银质纪念币虽然也是国家法定货币，但有别于流通中的人民币现钞。中国人民银行有关负责人于 2009 年 2 月 10 日在就金银纪念币的发行答记者问中表示："目前世界上大多数国家铸造的金银币已不再执行流通功能，而演变成纪念币和投资币，用来收藏和投资，其原值与面额是分离的，金银币的面额仅仅是货币符号，与原值没有什么直接的关系。"因此认为海关在实际监管中，对纪念币的验放应当

## 7. 携运银质纪念币进境未申报会被海关处罚吗

参照有关金银进出口的验放标准。考虑到本案每枚 1 公斤重的纪念币早已超出对银制品的法定验放数额且无法分割,故上述涉案的 18 枚纪念币均不应验放。笔者认为,上述观点值得商榷。中国人民银行有关负责人关于答记者问的讲话并非法律,自然不具备法律效力。而根据中国人民银行 2012 年第 14 号公告,涉案银质纪念币属于现行有效且可以合法流通的国家法定货币。如果上述观点成立的话,那么旅客携带一张错版的 100 元人民币纸币现钞(目前流通的第 5 套人民币)进出境,即便它在收藏品市场可以卖到 100 万元,那么海关是否有权禁止旅客携带?这种禁止于法有据吗?

笔者认为,银质纪念币兼具国家法定货币、贵金属、收藏品三种属性于一身,有必要确定其中一种属性作为其主要属性及定案处理的根据。考察 L 海关的执法,关于商品的禁、限属性方面 L 海关是以国家法定货币来认定其具有限制进境商品属性的;关于货物、物品价值及税款计核方面则是按照收藏品价值作为根据来认定计核的;而关于验放标准方面则是以贵金属也即银制品的属性作为根据来把握验放数量的。此时,银质纪念币被割裂开来分别用其三种属性适用于同一个案件中的三个环节,这种操作有人为割裂法律适用及选择性执法之嫌,而且在每一个环节均选择了最严苛的认定,诚为不妥。而目前银质纪念币的主要属性究竟是货币、银制品还是收藏品在海关系统是存有较大争议的,此时对当事人作最严苛处理似不符合"疑点利益归于当事人"的原则,当事人不应当因法律冲突及法律规定的不明确而由其来承担最不利的后果。因此笔者认为海关应当作出对当事人潘先生最有利的处理决定。在处理这一复议案件的过程中,M 海关的态度是审慎和值得赞许的,最终也作出了最有利于当事人潘先生的复议决定。

(二)涉案银质纪念币作为国家法定货币应当如何监管和验放呢

《人民币管理条例》第 18 条规定:"中国人民银行可以根据需要发行纪念币。纪念币是具有特定主题的限量发行的人民币,包括普通纪念币和贵金属纪念币。"另据中国人民银行 2012 年第 14 号公告,涉案银质纪念币为中国人民银行 2012 年 10 月 25 日发行的 2013 年中国癸巳(蛇)年金银纪念币,为中华人民共和国法定货币。据此,当事人潘先生所携带的银质纪念币应当定性为"国家法定货币"。根据《限制进出境物品表》第 1 条第 4 目规定,国家货币为限制进境物品。

涉案银质纪念币既然其主要属性可以确定为"国家法定货币",也即其作为具有特定主题的限量发行的人民币,根据中国人民银行 2004 年第 18 号公告及海关总署 2007 年第 72 号公告等规定,中国公民出入境,每人每次携带的人民币限额为 20 000 元。本案纪念币均有面额,海关验放应以纪念币实际面额为标准,即应对当事人潘先生所携带的纪念币在人民币 20 000 元范围内予以审核验放。本案涉案银质纪念币面额总值为 5400 元,尚未超出人民币 20 000 元限额范围,则仍应按物品作放行处理,且不涉及税款及许可证。

即便 L 海关认为本案当事人潘先生具有隐瞒、伪装的主观故意,但在确定国家法定货币为其主要属性的前提下,也是不可能认定其构成走私的,因为其携运的数额并未超出人民币 20 000 元的限额范围,系不需要申报的物品,在走私违法中属于对象不能犯。

### 五、延展阅读

(1) 问:世界上其他国家发行的金银纪念币是国家法定货币吗?

答:金银纪念币为国家法定货币是国际惯例。世界上绝大多数国家金银纪念币由中央银行、财政部或造币机构发行,发行程序严格。例如,美国金银纪念币的发行项目必须经国会参众两院批准,并由美国总统亲自签署有关法案后,由美国国家造币局独家发行。美国第 99 届国会于 1985 年 12 月 17 日通过的 [99 - 185] 公共法案,不仅明确了鹰扬普制金币的发行品种,还对各品种的重量、直径、成色等方面都作了严格规定。

(2) 问:世界其他国家金银币面额是如何确定的?2001 年金银纪念币面额调整前我国金银纪念币面额制定的依据是什么?

答:世界知名的金银币发行国,如澳大利亚、美国、加拿大、奥地利、英国等,一般以 1 盎司金银币的面额作为基础值,再依据金银币重量按比例增减面额。例如,澳大利亚 1 盎司袋鼠金币面额为 100 澳元(约合 50 美元),1/2 盎司为 50 澳元;美国 1 盎司鹰扬金币面额为 50 美元,1/10 盎司为 5 美元。这些国家金银币面额一旦确定，一般很少更改。至于上述国家金银币面额基础值确定的最初依据，一般是历史形成的惯例。但有一点可以肯定，目前上述国家的金银币面额要远远低于所含金银的价值，也没有国家表示要按照金银币市价标明金银币面额。

我国金银纪念币在发行之初，面额的制定一方面综合考虑了金银纪念币面额的象征性、汇率和法偿义务等因素，另一方面参照了国际上一些国家的做法，以 20 世纪 80 年代初国际上 1 盎司金币标示面额 50 美元，1 盎司银币标示面额 5 美元为基础值，再按当时人民币与美元汇率比值（约为 2∶1）算出 1 盎司金币面额为 100 元人民币，1 盎司银币面额为 10 元人民币，其他规格的金银纪念币面额则按重量比例增减。

（3）问：调整后的金币面额尽管相对体现了金币的原值，但是并没有按照有关人士提出的以黄金原值标示金币面额或接近金价来标示，只是进行了小幅度的调整，这样做是基于什么考虑？

答：第一，汇率和国际金价随时都在变动，处于相对稳定的金币面额无法追随汇率、金价作相应更改。第二，金币作为国家法定货币，面额的制定应该具备一定的连续性、稳定性和严肃性。第三，世界上主要金币发行国的金币面额一经确定，一般很少更改。

从测算的结果看，目前金币原值与调整后面额的比例，已从 20 世纪 80 年代初的 16 倍降到 5.4 倍，相对体现了黄金的原值。

**六、法条链接**

**《中华人民共和国人民币管理条例》**

第十八条 中国人民银行可以根据需要发行纪念币。纪念币是具有特定主题的限量发行的人民币，包括普通纪念币和贵金属纪念币。

**中国人民银行公告〔2004〕第 18 号**

中国公民出入境、外国人入出境每人每次携带的人民币限额由原来的 6000 元调整为 20 000 元。

**中国人民银行公告〔2012〕第 14 号**

中国人民银行定于 2012 年 10 月 25 日发行 2013 中国癸巳（蛇）年金银纪念币一套。该套纪念币共 15 枚，其中金币 8 枚，银币 7 枚，均为中华人民共和国法定货币。

**《中华人民共和国限制进出境物品表》**

**第一条第四目** 国家货币为限制进境物品。

**中华人民共和国海关总署公告〔2007〕第 72 号**

**第三条第五项** 人民币现钞超过 20 000 元，或外币现钞折合超过 5000 美元的，进出境旅客应当向海关如实申报，并将有关物品交海关验核，办理有关手续。

**《中华人民共和国海关法》**

**第八十二条** 违反本法及有关法律、行政法规，逃避海关监管，偷逃应纳税款、逃避国家有关进出境的禁止性或者限制性管理，有下列情形之一的，是走私行为：（一）运输、携带、邮寄国家禁止或者限制进出境货物、物品或者依法应当缴纳税款的货物、物品进出境的；（二）未经海关许可并且未缴纳应纳税款、交验有关许可证件，擅自将保税货物、特定减免税货物以及其他海关监管货物、物品、进境的境外运输工具，在境内销售的；（三）有逃避海关监管，构成走私的其他行为的。有前款所列行为之一，尚不构成犯罪的，由海关没收走私货物、物品及违法所得，可以并处罚款；专门或者多次用于掩护走私的货物、物品，专门或者多次用于走私的运输工具，予以没收，藏匿走私货物、物品的特制设备，责令拆毁或者没收。有第一款所列行为之一，构成犯罪的，依法追究刑事责任。

**《中华人民共和国海关行政处罚实施条例》**

**第七条** 违反海关法及其他有关法律、行政法规，逃避海关监管，偷逃应纳税款、逃避国家有关进出境的禁止性或者限制性管理，有下列情形之一的，是走私行为：（一）未经国务院或者国务院授权的机关批准，从未

### 7. 携运银质纪念币进境未申报会被海关处罚吗

设立海关的地点运输、携带国家禁止或者限制进出境的货物、物品或者依法应当缴纳税款的货物、物品进出境的；（二）经过设立海关的地点，以藏匿、伪装、瞒报、伪报或者其他方式逃避海关监管，运输、携带、邮寄国家禁止或者限制进出境的货物、物品或者依法应当缴纳税款的货物、物品进出境的；（三）使用伪造、变造的手册、单证、印章、账册、电子数据或者以其他方式逃避海关监管，擅自将海关监管货物、物品、进境的境外运输工具，在境内销售的；（四）使用伪造、变造的手册、单证、印章、账册、电子数据或者以伪报加工贸易制成品单位耗料量等方式，致使海关监管货物、物品脱离监管的；（五）以藏匿、伪装、瞒报、伪报或者其他方式逃避海关监管，擅自将保税区、出口加工区等海关特殊监管区域内的海关监管货物、物品，运出区外的；（六）有逃避海关监管，构成走私的其他行为的。

第九条 有本实施条例第七条、第八条所列行为之一的，依照下列规定处罚：（一）走私国家禁止进出口的货物的，没收走私货物及违法所得，可以并处100万元以下罚款；走私国家禁止进出境的物品的，没收走私物品及违法所得，可以并处10万元以下罚款；（二）应当提交许可证件而未提交但未偷逃税款，走私国家限制进出境的货物、物品的，没收走私货物、物品及违法所得，可以并处走私货物、物品等值以下罚款；（三）偷逃应纳税款但未逃避许可证件管理，走私依法应当缴纳税款的货物、物品的，没收走私货物、物品及违法所得，可以并处偷逃应纳税款3倍以下罚款。专门用于走私的运输工具或者用于掩护走私的货物、物品，2年内3次以上用于走私的运输工具或者用于掩护走私的货物、物品，应当予以没收。藏匿走私货物、物品的特制设备、夹层、暗格，应当予以没收或者责令拆毁。使用特制设备、夹层、暗格实施走私的，应当从重处罚。

### 七、小贴士

（1）进境居民旅客携带在境外获取的个人自用进境物品，总值在5000元人民币以内（含5000元）的；非居民旅客携带拟留在中国境内的个人自用进境物品，总值在 2000 元人民币以内（含 2000 元）的，海关予以免税放行，单一品种限自用、合理数量，但烟草制品、酒精制品以及国家规定应当征税的 20 种商品等另按有关规定办理。

（2）进境居民旅客携带超出 5000 元人民币的个人自用进境物品，经海关审核确属自用的；进境非居民旅客携带拟留在中国境内的个人自用进境物品，超出人民币 2000 元的，海关仅对超出部分的个人自用进境物品征税，对不可分割的单件物品，全额征税。

# 8. 携带香烟进境不接受检查是否属于走私

——牛先生超量携带香烟进境走私案

## 一、案情简介

2015年6月18日,澳门籍旅客牛先生由澳门入境,在明知海关相应规定的情况下未书面向海关申报任何物品,被P海关截查。P海关关员让其进入查验区等候检查,但牛先生进入检查区后,拒绝接受海关检查其携带的物品,并从未开启的护照通道冲出海关监管区(也即我们通常所说的"冲关")。随后牛先生因其证件仍在关员手里而折返海关检查区接受处理,海关关员从其携带的胶袋内查出"红双喜牌"香烟16包(320支),经查牛先生最近15天内入境62次,属于"短期内多次来往"旅客,依照规定不能享受《中国籍旅客带进物品限量表》中免税携带香烟200支(10包)入境的权利,P海关关员按规定依法放行香烟2包(40支)。

## 二、处理结果

P海关作出行政处罚决定,认定当事人牛先生的"冲关"行为属于《海关行政处罚实施条例》第7条第2项中"以其他方式逃避海关监管",构成走私,依据《海关法》第82条第1款第1项和《海关行政处罚实施条例》第7条第2项、第9条第1款第3项规定,决定没收上述香烟14包(放行香烟2包)。

### 三、法律争点

1. "冲关"行为是否构成"以其他方式逃避海关监管"的走私行为?
2. 没收走私涉案标的物的范围是全部还是超量部分?

### 四、法律分析及专业点评

(一)"冲关"行为是否构成"以其他方式逃避海关监管"的走私行为

"冲关",即当事人未经海关许可采取逃逸或暴力方法脱离海关监管区的行为,这是"水客"在被海关关员截查后采取的一种非常典型的行为。

对"冲关"的法律性质,有意见认为:"冲关"作为一种故意行为,其目的在于逃避海关监管,并且在客观上造成了海关无法进行监管,虽然在《海关行政处罚实施条例》中没有明确"冲关"作为一种列明的逃避海关监管的行为,但是符合逃避海关监管的客观特征,根据海关自由裁量权,可以将"冲关"行为归类为《海关行政处罚实施条例》第7条规定的"以其他方式逃避海关监管",构成走私。对此,本文有不同观点,认为:从严格意义上,"冲关"行为本身似乎难以构成《海关行政处罚实施条例》第7条第2项规定的"以其他方式逃避海关监管"。

1. 从法律解释上看,"冲关"难以构成法律意义上的"以其他方式逃避海关监管"

判定"冲关"是否属于《海关行政处罚实施条例》第7条第2项规定的"以其他方式逃避海关监管",应当属于法律的解释范围。从法律解释上看,"如果条文提及一系列事项,后面是一般性的词语,法院将解释一般性的词语与前面的事项同类者"。根据《最高人民法院关于印发〈关于审理行政案件适用法律规范问题的座谈会纪要〉的通知》(法〔2004〕96号)明确规定,法律规范在列举其适用的典型事项后,又以"等""其他"等词语进行表述的,属于不完全列举的例示性规定。以"等""其他"等概括性用语表示的事项,均为明文列举的事项以外的事项,且其所概括的情形应为与列举事项类似的事项。即如果要认定"冲关"行为属于《海关行政处罚

## 8. 携带香烟进境不接受检查是否属于走私

实施条例》第 7 条第 2 项规定的"其他方式"逃避海关监管，则必须以"冲关"和"藏匿、伪装、瞒报、伪报"属于"类似事项"为条件与前提。"藏匿、伪装、瞒报、伪报"四种行为的共同特点是：海关监管的"物"本身是在海关的控制范围内，当事人通过故意行为，采用隐瞒事实的方式，来实现逃避海关监管。例如，应当告知而故意不告知海关（隐瞒行为）将应税货物出售的行为，就属于"以其他方式逃避海关监管"。但对"冲关"行为而言，当事人没有采取隐瞒事实或秘密的方式，而是直接采取趁人不备逃逸或暴力方法脱离海关控制范围，使海关无法进行监管，在这种情形下，海关监管的"物"（水客携带的超过合理数量的"物"）已经不在海关的控制范围之内了。因此，从法律解释的角度，很难将"冲关"认定为与"藏匿、伪装、瞒报、伪报"行为"类似"的事项。通过法律解释的方法，难以将"冲关"认定为《海关行政处罚实施条例》第 7 条第 2 项的"以其他方式逃避海关监管"。

2. 对"其他方式"的解释权应属于立法部门，不属于执法人员的裁量范围，执法人员自行认定"冲关"为"以其他方式逃避海关监管"似乎不当

依法理，"法律解释权属于法律制定之人"，具体的执法者"不能对法律进行立法性质的抽象解释"。根据广东海关诉讼实践来看，司法机关一般也认为：对"其他方式"具体内容的解释属于法律的解释的范围，而不属于执法裁量的范围，在实际执法过程中，如果立法机关没有通过规范性文件明确哪类行为属于"其他""等"的内容，执法人员不能作扩大解释，否则属于违法。鉴于当前我国立法解释的现状，立法机关不仅包括全国人民代表大会、全国人民代表大会常务委员会等机关，还包括具有立法权的行政机关，行政机关进行的行政解释亦属于一种有权的立法解释。

将"其他方式"的解释权赋予立法机关，而不赋予执法人员进行自由裁量，不仅是司法实践的要求，也是法治的客观要求。根据法治理念，任何影响相对人权益的执法依据都应当公布。对于"其他方式"的具体内容由立法机关通过立法形式进行公布，可以有效保障相对人权益，也有利于

维护法律的稳定与权威。但是，如果将"其他方式"解释权赋予执法人员自由裁量，具体执法人员将如何解释、解释的范围等相对人无从知晓，并且"没有任何人的理解能做到毫无偏见，永世不变"，任意裁量、执法随意以及执法不统一的现象就可能发生，相对人合法权益很容易受到侵害。因此现场关员将"冲关"行为自行解释为规范性文件没有明确列明的"其他方式"是不妥的。

3. "冲关"法律性质的确定以及适用法律问题

"冲关"行为对海关监管秩序的危害性是显而易见的，但是对"冲关"法律性质不能完全简单的一概而论，要根据不同情形来界定。

对于"水客"携带应税或限制、禁止物品进行"冲关"的，笔者认为，此时"水客"的主观故意明显，行为的违法性质、危害结果、侵害客体等完全符合走私行为的特征与法律要件，从法理分析的角度，可以认定这种行为是一种走私行为。但是我们也必须承认，将该行为认定为走私行为在法律依据上并不明确，界限模糊，《海关行政处罚实施条例》等法律、法规中没有明确的条款可以适用此行为。为保证海关执法的有效性，海关总署可以对《海关行政处罚实施条例》进行行政解释，明确此类行为的违法性质以及相关的法律责任。但在海关总署明确颁行法律解释之前，海关尚不宜将该类行为认定为走私行为。

（二）没收走私涉案标的物的范围是全部还是超量部分

我们注意到本案中，海关对于涉案香烟的处理是放行其中2包（自用合理数量），而对其余14包香烟根据《海关行政处罚实施条例》第9条第1款第3项，予以没收。这反映出目前旅检现场行政处罚案件中适用没收的惯常做法，即对走私涉案的货物、物品，只没收超出自用合理数量范围的部分。

虽然法律规定已十分明确，即"没收非法财物"，而根本问题在于：如何认定走私行为所指向之"物"的范围。此问题看似简单而实质上却较为复杂，它涉及对于当事人合法权益的保护、对于法律上之"物"的属性认定以及海关的执法取向等众多方面。有观点认为，走私行为所指向之"物

## 8. 携带香烟进境不接受检查是否属于走私

应依法对整体予以没收。其理由主要为：首先，走私行为所指向之"物"的法律属性不可分割。对于走私的货物、物品全部没收，是《海关法》和《海关行政处罚实施条例》规定对走私行为处罚的法定要求，必须严格遵守。应当没收的走私货物、物品是走私违法行为直接指向的对象，在法律关系中是一个完整而不可分割的"物"。海关法律体系有关"自用合理数量"等规定，只是在确定"物"的属性上从用途、数量等方面确定一个标准，并不能由此推断在同一案件中，走私行为所指向之"物"具有不同的属性，而人为地割裂其完整性。其次，没收部分走私行为指向之"物"的做法与海关对当事人走私行为的性质认定存在矛盾。以本案为例，放行2包香烟，实际上是承认了当事人携带该部分香烟的合法性，这样必然推导出走私当事人行为的性质是部分走私、部分合法进出境的悖论。一个行为的性质，在法律上讲是确定的，我们只能依照法定程序标准，对一个行为作出合法或违法的性质认定。对当事人的一个进出境行为分别作出两种截然相反性质认定的做法确有不妥之处。此外，没收全部走私行为指向之"物"的做法，在实践中虽可能较为严厉，但必须考虑到走私行为本身是严重的违法行为，是《海关法》和《海关行政处罚实施条例》确定的打击重点。

笔者认为，上述观点值得商榷，主要理由为：第一，2包香烟是当事人马先生可以不需要申报的自由携带额度，这是基于行政效率原则而形成的良好执法实践，这不需要申报或免申报的2包香烟其实与向海关实际申报了这2包香烟在法律意义上是等价的，这类似于货运通关现场的少报多进的走私行为，比如向海关申报进口3台机器实际上进口了5台机器，那么走私的标的只能是多出来故意少报的这2台机器；第二，海关的执法实践中，对于伪报价格的走私行为，最终没收或追缴的标的也只是低瞒报价格所指向的那部分货物或该部分货物的等值价款，这就说明上述"对当事人的一个进出境行为分别作出两种截然相反性质认定的做法确有不妥之处"的观点是难以成立的，而认定涉案"走私当事人行为的性质是部分走私，部分合法进出境的"观点并无不妥。

### 五、延展阅读

《刑法修正案》（八）（2011年5月1日起施行）已将《刑法》第153条第1款内容修改为："走私本法第一百五十一条、第一百五十二条、第三百四十七条规定以外的货物、物品的，根据情节轻重，分别依照下列规定处罚：（一）走私货物、物品偷逃应缴税额较大或者一年内曾因走私被给予二次行政处罚后又走私的，处三年以下有期徒刑或者拘役，并处偷逃应缴税额一倍以上五倍以下罚金。"《最高人民法院、最高人民检察院关于办理走私刑事案件适用法律若干问题的解释》（以下简称《解释》，2014年9月10日起施行），其第17条规定：《刑法》第153条第1款规定的"一年内曾因走私被给予二次行政处罚后又走私"中的"一年内"，以因走私第一次受到行政处罚的生效之日与"又走私"行为实施之日的时间间隔计算确定；"被给予二次行政处罚"的走私行为，包括走私普通货物、物品以及其他货物、物品；"又走私"行为仅指走私普通货物、物品。上述规定看似简单明了，但里面仍有许多法律问题值得探讨，这里选择性地具体探讨其中两个问题。

（一）三次走私的对象范围是什么

关于此问题主要有两种观点。其中第一种观点认为，前两次走私的对象不应要求为普通货物、物品，只要是因走私被行政处罚过即可，但第三次走私的必须是普通货物、物品。《解释》即持这一观点。持这一种观点可能的理由在于：前面被行政处罚的一年内两次走私并非犯罪客观行为要素，也不是情节要素，而是犯罪主体要件中的身份要素（笔者认为前两次被行政处罚的走私行为之所以不构成情节要素，是因为其状态是在第三次行为之前就已经完全达成并且其在第三次行为发生的全过程中没有发挥任何作用，是我们事后根据规定为了认定犯罪才把它们强行捆绑在一起进行刑事评价的），只要具备了一年内两次走私被行政处罚的身份之后再走私一次普通货物、物品即可构成犯罪，因此前面两次走私的对象范围并无必要严格限制。第二种观点认为，三次走私对象都应当是普通货物、物品。2011年8月1日由珠海市中级人民法院、珠海市人民检察院、拱北海关缉私局三家单

## 8. 携带香烟进境不接受检查是否属于走私

位召开的联席会议并达成的《关于适用〈刑法修正案〉（八）有关条文及走私仿真枪支案件处理有关问题联席会议纪要》即持这一观点，其认为"刑法第153条规定的是走私普通货物、物品罪，《刑法修正案》（八）在该条中增加了新的入罪条款。因此，本条款所针对的就只能是走私普通货物、物品的行为，不能突破该规定，将走私非涉税的货币、非法出版物、淫秽物品等国家限制禁止进出境的货物、物品也纳入其中"。而且在司法实践中，珠海检、法机关也是这么操作的。笔者认为，第二种观点较有道理，主要理由有三：

第一，从刑法解释方法（刑法解释方法主要可分为文义解释、历史解释、比较解释、体系解释、目的解释等解释方法）的角度出发，考察立法目的，立法机关就是为了重点打击职业"水客"进行"化整为零""蚂蚁搬家"式的小额多次走私普通应税货物、物品行为才出台的这一规定，遵循目的解释的原则，应当持第二种观点。同时，考虑到该条文所在的位置是走私普通货物、物品罪的罪名，如果前面两次是走私的其他禁止类或限制类的货物、物品如假币、淫秽物品，第三次走私的是普通货物、物品，最后综合三次走私把罪名确定为走私普通货物、物品罪则会让人感到不伦不类或名不副实。因此遵循体系解释的原则，应当持第二种观点。而如果彻底从文义解释的角度出发而不考虑其他解释方法，那么可以得出三次走私的对象都可以不受普通货物、物品的限制的结论，因为《刑法修正案》（八）中规定的三次"走私"其后均未写明是什么类型的货物、物品。事实上也有人持这一比较极端的观点，其认为三次走私的对象由于"刑法并未限定小额多次走私的对象仅为普通货物、物品，从有效打击走私犯罪的角度考虑，刑法规定的其他走私对象均可包括在内"。但我们应当看到，当使用文义解释得出的结论与使用体系解释、目的解释得出的结论有冲突时，应当优先考虑体系解释及目的解释。易言之，体系解释、目的解释的效力要高于文义解释。因为体系解释是根据刑法条文在整个刑法中的地位及条文所处位置来阐明其规范意旨的一种非常重要的解释方法。同时，与其他的法解释一样，在解释刑法时，必须考虑刑法最终要实现何种目的，进而作出符合该目的的合理解释。在采用文义解释、历史解释、体系解释等解释理由均不能得出唯一解释结论时，以及在采取上述解释理由提示了解释结论时，必须由目的解释来最终决定。在此意义上说，目的解释与其说是一种具体的解释方法，不如说是一种解释方向或最重要的解释原则。如前所述，如果彻底从体系解释及目的解释的角度出发，那么可以得出三次走私的对象都应当是普通货物、物品的结论。而《解释》对这一问题采取了一种前后不一致的折中态度："被给予二次行政处罚"的走私行为对象包括走私普通货物、物品及其他货物、物品；"又走私"行为对象仅指走私普通货物、物品。也即前半段采取的是文义解释的方法，而后半段采取的是体系解释的方法。由于其最终并未接受目的解释方法的检验，故笔者认为其存在不合理之处。

第二，从行为对象是否已经纳入犯罪圈的角度出发，持第一种观点可能会出现表面符合"一年内曾因走私被给予二次行政处罚"的规定，但实质上不符合该规定内涵的情形出现。如前两次行为人均因走私外币（仅逃避《携带外汇出境许可证》管理，也即只逃证不逃税的情形，因此外币无论走私数量或次数多少或情节多严重均不构成走私罪）被海关行政处罚，第三次走私的是普通货物、物品，这种情形若按第一种观点也可构成走私普通货物、物品罪。显然，这样的结论是不合理的。因为前两次走私的外币从来就没有纳入犯罪圈当中，从来就没有列入走私罪的对象范围，因此不应当与第三次走私的普通货物、物品放在一起进行刑事评价。擅自扩大犯罪圈的做法难谓符合罪刑法定原则。

第三，从行为的社会危害性及司法公正的角度出发，如果认为前两次走私的对象也包括其他货物、物品，那么可能出现：第一次走私的是普通货物、第二次走私的是淫秽物品、第三次走私的是普通货物，在此情形下第三次行为就应当认定为走私普通货物罪，但如果前面第二次走私的是普通货物、第三次走私的是淫秽物品，在此情形下第三次行为就不能认定为走私普通货物罪。但在上述两种情形下前后三次走私的对象是一模一样的，仅仅因为顺序的不同（有可能是因为偶然的因素，更有可能是因为行为人

## 8. 携带香烟进境不接受检查是否属于走私

有意识的选择行为所致）而导致结果的差异，前后两种情形的社会危害性有差别吗？遵循公平原则，应当持第二种观点，这样既可避免上述司法不公的情况出现，也可避免行为人规避入罪行为的出现。

但同时我们应当看到，第二种观点也并非完美，其存在行为类型没有纳入犯罪圈的问题，可能出现表面既符合"一年内曾因走私被给予二次行政处罚"的规定，也符合"又走私"的规定，但实质上均不符合这些规定内涵的情形（持第一种观点同样不能避免该情形的出现）。这里需要指出的是，"又走私"是指第三次行为原本仅构成走私违法行为（仅需行政处罚），但因为具备了"一年内曾因走私被给予二次行政处罚"的身份因此被规定为构成犯罪，而如果仅针对第三次行为单独评价就已经构成走私犯罪的情形则根本就不需要适用《刑法修正案》（八），因此不属于"又走私"的适用范围。由于海关法与刑法在走私的概念、行为对象范围、行为类型范围等方面存在对接上的不衔接、不周延、不匹配，导致一些构成走私普通货物、物品的行为即使情节再进一步严重也不能构成走私普通货物、物品罪。如海上运输、收购、贩卖无合法证明的普通应税货物、物品的行为，无论情节多严重，也不能认定为走私普通货物、物品罪。而如果从表面上看，连续三次都是在海上运输、收购、贩卖无合法证明的普通应税货物、物品的行为既符合"一年内曾因走私被给予二次行政处罚"的规定，也符合"又走私"的规定，但无论如何，都不应当将该第三次行为认定为走私普通货物、物品罪。因此，建议下一步出台新的司法解释时应当明确把这种情形排除在外，或者在修改刑法时把海上运输、收购、贩卖无合法证明的普通应税货物、物品的行为纳入犯罪圈。

（二）如何理解"一年内"

《解释》第17条规定，刑法第153条第1款规定的"一年内"，以因走私第一次受到行政处罚的生效之日与"又走私"行为实施之日的时间间隔计算确定。例如，行为人X在2012年1月15日实施了低报价格的进口报关行为，海关缉私局于同年1月25日对行为人X作出并送达行政罚款的决定。2013年1月10日，行为人X又实施了伪报货物品名的进口报关行为，海关缉私局于同年1月27日作出并送达行政处罚的决定。在上述情况下，如果以行为发生时间计算，那么行为人X实施两次走私行为的时间间隔在1年之内，符合"一年内曾因走私被给予二次行政处罚"的条件。如果以行政处罚作出时间计算，那么上述两次行政处罚的时间已经超出一年的时间范畴，故不符合上述条件。因此，笔者认为从表面上看，该问题似乎为无稽之谈，但深究起来，该问题确实涉及对当事人是否构成犯罪的是非问题。笔者认为，只要两次行政处罚作出并送达的时间与第三次走私行为发生的时间在一年内即可，并不要求两次走私行为发生的时间必须在一年内，这里的"一年"是指行为年，而非自然年。因此，上述行为人X不符合"一年内曾因走私被给予二次行政处罚"的情形。

此外，还有一种观点认为行政处罚不仅要作出并送达还必须要等待行政复议、行政诉讼期限届满才能称之为生效。笔者认为，该观点值得商榷，因为从一些大陆法系国家、地区的行政法理论和立法实践来看，行政行为的生效是指行政行为通知送达相对人或公告之日起生效。如《德国行政程序法》第43条第1款规定："行政行为以对相对人或因该行为而涉及的人通知的时刻开始生效。"又如我国台湾地区"行政程序法"第110条规定："书面之行政处分自送达相对人及已知之利害关系人起；书面以外之行政处分自以其他适当方法通知或使其知悉时起，依送达、通知或使知悉之内容对其发生效力。一般处分自公告或刊登政府公报、新闻纸最后登载日发生效力，但处分另订不同日期，从其规定。"行政行为的生效意味着该行为的公定力、不可变更力、不可争力、实现力的发生，也意味着争讼时效的开始，同时意味着相对人享有权利、履行义务的开始。[①]

### 六、法条链接

**《中华人民共和国海关法》**

**第八十二条** 违反本法及有关法律、行政法规，逃避海关监管，偷逃应纳税款、逃避国家有关进出境的禁止性或者限制性管理，有下列情形之

---

① 晏山嵘：《走私犯罪案例精解》，中国法制出版社2014年版，第6页。

## 8. 携带香烟进境不接受检查是否属于走私

一的，是走私行为：（一）运输、携带、邮寄国家禁止或者限制进出境货物、物品或者依法应当缴纳税款的货物、物品进出境的；（二）未经海关许可并且未缴纳应纳税款、交验有关许可证件，擅自将保税货物、特定减免税货物以及其他海关监管货物、物品、进境的境外运输工具，在境内销售的；（三）有逃避海关监管，构成走私的其他行为的。有前款所列行为之一，尚不构成犯罪的，由海关没收走私货物、物品及违法所得，可以并处罚款；专门或者多次用于掩护走私的货物、物品，专门或者多次用于走私的运输工具，予以没收，藏匿走私货物、物品的特制设备，责令拆毁或者没收。有第一款所列行为之一，构成犯罪的，依法追究刑事责任。

**《中华人民共和国海关行政处罚实施条例》**

**第七条** 违反海关法及其他有关法律、行政法规，逃避海关监管，偷逃应纳税款、逃避国家有关进出境的禁止性或者限制性管理，有下列情形之一的，是走私行为：（一）未经国务院或者国务院授权的机关批准，从未设立海关的地点运输、携带国家禁止或者限制进出境的货物、物品或者依法应当缴纳税款的货物、物品进出境的；（二）经过设立海关的地点，以藏匿、伪装、瞒报、伪报或者其他方式逃避海关监管，运输、携带、邮寄国家禁止或者限制进出境的货物、物品或者依法应当缴纳税款的货物、物品进出境的；（三）使用伪造、变造的手册、单证、印章、账册、电子数据或者以其他方式逃避海关监管，擅自将海关监管货物、物品、进境的境外运输工具，在境内销售的；（四）使用伪造、变造的手册、单证、印章、账册、电子数据或者以伪报加工贸易制成品单位耗料量等方式，致使海关监管货物、物品脱离监管的；（五）以藏匿、伪装、瞒报、伪报或者其他方式逃避海关监管，擅自将保税区、出口加工区等海关特殊监管区域内的海关监管货物、物品，运出区外的；（六）有逃避海关监管，构成走私的其他行为的。

**第九条** 有本实施条例第七条、第八条所列行为之一的，依照下列规定处罚：（一）走私国家禁止进出口的货物的，没收走私货物及违法所得，可以并处100万元以下罚款；走私国家禁止进出境的物品的，没收走私物品

099

及违法所得,可以并处10万元以下罚款;(二)应当提交许可证件而未提交但未偷逃税款,走私国家限制进出境的货物、物品的,没收走私货物、物品及违法所得,可以并处走私货物、物品等值以下罚款;(三)偷逃应纳税款但未逃避许可证件管理,走私依法应当缴纳税款的货物、物品的,没收走私货物、物品及违法所得,可以并处偷逃应纳税款3倍以下罚款。专门用于走私的运输工具或者用于掩护走私的货物、物品,2年内3次以上用于走私的运输工具或者用于掩护走私的货物、物品,应当予以没收。藏匿走私货物、物品的特制设备、夹层、暗格,应当予以没收或者责令拆毁。使用特制设备、夹层、暗格实施走私的,应当从重处罚。

## 七、小贴士

(1)对香港、澳门地区居民及因私往来香港、澳门地区的内地居民,免税香烟200支,或雪茄50支,或烟丝250克;免税12度以上酒精饮料限1瓶(0.75升以下,含0.75升)。

(2)如果旅客属于当天多次往返(当天进境超过1次)或短期内多次往返(15天内进境超过1次)于港澳地区,那么携带香烟入境的免税限量为40支(2包,限1天1次)或雪茄5支,或烟丝40克,不准免税带酒入境。

(3)对其他旅客,免税香烟400支,或雪茄100支,或烟丝500克;免税12度以上酒精饮料限2瓶(1.5升以下,含1.5升)。

(4)不满16周岁的旅客不准带进烟酒。

# 9. 当着海关关员的面砸碎红酒算不算妨害公务

## ——胡先生妨碍 M 海关执行公务案

### 一、案情简介

2014 年 10 月的一天，M 海关在旅检通关现场依法检查一名旅客携带的红酒（涉税额较小，未达到起刑点）的时候，该旅客突然当着海关关员的面将所携带的两瓶红酒用力砸在地上，将其摔碎。

### 二、处理结果

调查终结后，M 海关制发《行政处罚决定书》给胡先生，根据《海关行政处罚实施条例》第 7 条第 2 项规定将胡先生故意未向海关申报的红酒的携带行为定性为走私行为，根据《海关行政处罚实施条例》第 9 条第 1 款第 3 项规定决定没收上述红酒（事实上只能没收残片残液）。同时根据《海关行政处罚实施条例》第 6 条第 2 款规定，将胡先生妨碍公务抗拒执法的行为移交给 M 市地方公安机关处理。其后，M 市地方公安机关根据《治安管理处罚法》第 50 条第 1 款第 2 项规定对胡先生作出了相应的治安处罚决定。

### 三、法律争点

1. 旅客砸酒的行为应当如何定性处理？
2. 如果旅客抗拒、阻碍的是缉私警察执法，又会是什么后果呢？

### 四、法律分析及专业点评

（一）旅客砸酒的行为应当如何定性处理

就该行为应当如何定性处理，引发了争议。主要有以下三种观点：第一种观点认为，应当认定为走私进而从重处罚；第二种观点认为应按照不依照规定接受海关检查、查验来定性处罚；第三种观点认为应当移交地方公安机关，由其按照阻碍海关依法执行公务来治安处罚或按照以暴力方式妨害公务的涉罪行为进行侦查并移送起诉。笔者认为，《海关行政处罚实施条例》第22条第9项规定的不接受海关检查、查验的行为一般是指海关针对进出境运输工具所载货物、物品的不配合检查、查验违法行为的一种定性处理。而且不接受海关检查、查验的行为应当说在程度上较轻，不如阻碍的主观恶性及客观危害大。有相当多的人持第三种观点，即认为应按照阻碍海关依法执行公务来治安处罚或按照以暴力方式妨害公务的涉罪行为进行侦查并移送起诉。

这里首先要弄清楚三个规定中相关关键词的含义：第一，《海关行政处罚实施条例》第6条第2款规定"抗拒、阻碍其他海关关员依法执行职务的，应当报告地方公安机关依法处理"中的"阻碍"是何意思？第二，《治安管理处罚法》第50条第1款第2项规定"阻碍国家机关工作人员依法执行职务的"，"处警告或者二百元以下罚款；情节严重的，处五日以上十日以下拘留，可以并处五百元以下罚款"中的"阻碍"是何意思？第三，《刑法》第277条第1款规定"以暴力、威胁方法阻碍国家机关工作人员依法执行职务的，处三年以下有期徒刑、拘役、管制或者罚金"中的"暴力"阻碍是何意思？如果上述三个关键词对本案的砸酒行为都具有解释力和涵盖力的话，则按照第三种观点处理就不成问题了。

笔者认为，第一个规定即《海关行政处罚实施条例》中的"阻碍"主要是指以下三类行为：第一类，直接针对海关关员人身或执法运输工具、相关物品的违法行为。具体有：（1）殴打或威胁、公然侮辱正在执行职务的海关关员的。主要是对海关关员的身体进行打击，或以杀害、伤害等手段相威胁，或以语言、手势等方式对海关关员辱骂、侮辱，以此来阻碍海关执法。（2）采取撞船（车）、烧船（车）、沉船等手段阻碍海关关员依法执行职务或对依法执行职务的公务船（车）故意设置障碍或损毁相关物品的。第二类，妨碍海关关员调查取证的行为。具体有：（1）阻碍依法执行职务的海关关员进入有关住所、场所或妨碍海关关员调查取证的。（2）煽动他人或群众阻碍依法执行职务的海关关员依法执行职务的。（3）哄抢或煽动他人哄抢海关关员依法扣押或扣留的涉嫌走私货物、物品、运输工具、特制设备或其他财物的。（4）故意隐瞒、转移、变卖、损毁海关关员依法扣押、扣留或应当扣押、扣留的涉嫌违法的货物、物品、运输工具、特制设备或其他财物的。（5）故意窝藏、转移、毁灭证据或串供、作伪证等，阻碍海关关员依法执行职务的。第三类，以其他方式掩护、帮助走私的行为。具体有：（1）采用冲关、闯关等方式强行冲撞海关监管卡口、海关在海上设立的中途监管站和海关关员设置的警戒带、警戒区的。（2）受雇监视、跟踪海关关员依法执行职务，为走私分子通风报信和为走私活动提供帮助的。据此，涉案旅客砸酒以毁灭证据、逃避处罚的行为基本符合"阻碍"执法的范围。

关于第二个规定即《治安管理处罚法》中的"阻碍"的意思争议较大。如有学者认为该法中的"阻碍"是指"未使用暴力、威胁方法"，并认为如果使用暴力、威胁方法的，则构成犯罪。笔者不同意该观点，主要理由如下：第一，《治安管理处罚法》中的阻碍执法与《刑法》中的妨害执法应当具有衔接性，不应当是非暴力就构成治安违法，一旦使用暴力就铁定构成犯罪，那《刑法》第13条但书"但是情节显著轻微危害不大的，不认为是犯罪"的规定还有必要存在吗？（当然，关于妨害公务的治安违法行为与妨害公务的犯罪行为之间的界限是另外需要探讨研究的问题，笔者也期待出台相关的司法解释予以明确。）第二，从文义解释的角度上来理解，阻碍既包括暴力型的阻碍，也包括非暴力型的阻碍。第三，从比较解释的角度上来看，《刑法》第426条与《刑法》第277条一样都规定了可以使用暴力、威胁的方法阻碍执法，《治安管理处罚法》作此类解释也不为过。因此，笔者认为旅客砸酒的行为可以纳入《治安管理处罚法》中的"阻碍"范围。但这里还是有一个问题，对物使用暴力是否属于使用暴力？或者说，要成立使用暴力只能是针对海关关员吗？这个问题在后文中会有解释。

第三个规定即《刑法》第 277 条第 1 款规定中的"暴力"阻碍又是何意呢？我国《刑法》很多罪名都规定了"暴力"作为犯罪手段，从而"暴力"成为一个重要的犯罪要件之一，如抢劫、强奸、强迫交易等罪。因此对"暴力"这个词的理解仅在妨害公务犯罪中去体会是完全不够的，上海辞书出版社于 1999 年出版的《辞海》对暴力是这样解释的："强暴并侵犯他人人身、财产等权利的行为是暴力。"我们再去理解妨害公务犯罪中的"暴力"。首先，妨害公务罪中"暴力"，应当属于看得见的"暴力"，毫无疑问妨害公务罪中的行为人采用"暴力"最常见的就是直接拳打脚踢、扇耳光、用手抓晓、捆绑、按倒控制公务人员的身体，也就是学者们所说的"直接暴力"。这种"直接暴力"对人身体的侵犯最直观，所造成的非法侵害也是可以预见，因而也最容易辨认为妨害公务"暴力"。其次，"暴力"侵犯人身、财产使用的手段应该是"公然的强制手段"，故有学者所认为妨害公务案件新的阻碍手段类型层出不穷，为了打击犯罪，应当将"暴力"解释为一切力量，范围广泛，不仅仅包括为"有形力"，还包括"无形力"（如对执行公务的人员实施催眠术及下药麻醉）的解释是错误的。最后，暴力既包括对人的暴力，也包括对物的暴力。对人的暴力还包括对正在协助执行公务的武警、协管员实施暴力，也属于暴力抗法的范畴。国家设立妨害公务罪的立法目的是社会秩序的正常管理，执法实践中，很多"水客"为了抗拒海关管理，有时候也会采取故意毁坏办公用品、执法设备的行为，如推翻警车、撕烂海关关员所穿制服等方式，上述行为应该属于学者们所说的"间接暴力"，虽然行为人侵犯的是物，但这些物与海关关员依法履行职务密切相关，毁坏了执行公务所需要物的同时也同样会构成对海关关员的心理强制及阻碍海关关员对公务的继续履行。如日本学者大谷实就认为对物施加暴力有时候也会对公务员的身体产生物理上的影响。

## 9. 当着海关关员的面砸碎红酒算不算妨害公务

如用工具将在被没收的汽车中放置的存放私自酿制的酒的容器破坏，致使酒流失的行为就是间接暴力。再如，当着专卖局事务官的面将私制香烟往地上扔或者当着司法警察的面将装有兴奋剂的玻璃瓶踩碎等行为即属间接暴力。日本刑法学家西田典之教授也认为，要成立间接暴力，至少要求公务员能够感知到该暴行，因此必须当着公务员的面实施。同时，暴力行为必须会造成现实危害、破坏、损坏的可能和实际的后果，这种暴力行为的后果阻碍了合法公务的正常执行。因此说，认为涉案旅客砸酒的行为应移交给地方公安机关处理的观点是不无道理的，本案中M海关也是这么操作的。

但同时我们也要看到，抗拒执法中的暴力可以区分为两大类：第一类是进攻型暴力；第二类是防守型暴力。本案中胡先生采取的就是防守型暴力，其并没有针对海关关员的人身或财产发动攻击，事实上也没有对海关关员的人身或财产造成任何损害，如上所述，胡先生的行为还属于一种间接暴力，其行为并没有直接针对海关关员的人身或财产。因此说胡先生行为的危害性比起进攻型暴力及直接暴力来说无疑要小很多。而且，海关执法实践对于较轻微的暴力抗拒、阻碍执法行为也是采取依主行为定性之后从重处罚的模式进行处理的。根据有关宽严相济的执法政策及广东分署统一省内海关执法的意见等相关规定，对于多次违法、抗拒海关执法、造成恶劣影响的，海关一般是在主行为定性的基础上给予较重的行政处罚。因此，笔者认为，海关对本案胡先生的处理完全可以按照走私行为从重处罚，而不必移交地方公安机关处理。

（二）如果旅客抗拒、阻碍的是缉私警察执法，又会是什么后果呢

《海关行政处罚实施条例》第6条赋予海关缉私部门有权依照《治安管理处罚法》对尚未构成犯罪的抗拒、阻碍海关缉私警察执行职务的行为实施治安处罚，但不包括抗拒、阻碍其他海关工作人员执法，抗拒、阻碍后者执行职务的，应当报告地方公安机关依法处理。该权力体现为防卫性和自我保障性，具体为缉私警察在执行职务中的人身安全防卫性及保障顺利执行职务，不因外界暴力、威胁而中断，系海关缉私执法的辅助性权力。

海关系统的主流观点认为，上述"海关缉私警察执行职务"既包括刑事执法，也包括行政执法。笔者认为，该观点值得商榷，《海关法》第4条规定："国家在海关总署设立专门侦查走私犯罪的公安机构，配备专职缉私警察，负责对其管辖的走私犯罪案件的侦查、拘留、执行逮捕、预审。海关侦查走私犯罪公安机构履行侦查、拘留、执行逮捕、预审职责，应当按照《中华人民共和国刑事诉讼法》的规定办理。海关侦查走私犯罪公安机构根据国家有关规定，可以设立分支机构。各分支机构办理其管辖的走私犯罪案件，应当依法向有管辖权的人民检察院移送起诉。地方各级公安机关应当配合海关侦查走私犯罪公安机构依法履行职责。"据此，海关缉私警察属于国家法律规定的专司侦办走私犯罪职能的行业警察及刑事警察，虽然海关缉私部门系属海关的职能部门之一，但其具有相对独立性，其职能范围是法律明文限定了的，而公权力必须遵循"法无明文授权不可为"的法律原则，因此缉私警察不应从事法定的侦办走私犯罪职能以外的其他外部执法活动。虽然《国务院办公厅关于海关总署走私犯罪侦查机构职能调整和更名的复函》（国办函〔2002〕83号）第2条规定："……缉私局主要负责研究提出打击走私违法犯罪活动的方针、政策并组织实施，组织汇总打击走私违法犯罪活动的形势分析；研究提出侦办走私罪案件的规章制度并组织实施；研究提出查处走私和违规案件的规章制度并组织实施；研究提出打击海上走私的规章制度并组织实施；研究提出缉私情报工作规章制度并组织实施；研究提出海关缉私警察队伍管理、装备管理等有关规章制度并组织实施；组织开展打击走私违法犯罪的国际（地区）间合作。"据此缉私警察有权开展行政执法活动，但很明显国务院办公厅的文件既不是法律，更无权更改法律确定的事项，上述复函所载内容要真正合法有效必须要修改《海关法》才行。

综上所述，对于尚未构成犯罪的抗拒、阻碍海关缉私警察执行职务的行为，要区分为两类情形来考察：第一类，抗拒、阻碍缉私警察依法履行刑事执法职能的，可以由海关缉私部门直接依照《治安管理处罚法》实施治安处罚；第二类，抗拒、阻碍缉私警察"依法"履行行政执法职能的，

9. 当着海关关员的面砸碎红酒算不算妨害公务

海关缉私部门无权依照《治安管理处罚法》实施治安处罚,只能依法采取其他措施。

其实,从更为严格的意义上来说,《海关行政处罚实施条例》第6条也无权赋予海关缉私部门治安管理处罚权,因其为行政法规,无权更改或扩大《海关法》第4条确定的事项范围,要调整就必须修改《海关法》,理由同上。

### 五、延展阅读

抗拒、阻碍海关执法还可能给当事人带来的不利后果。

(一) 主行为被海关认定为走私的可能性加大

海关执法实践认为,在办理行邮渠道违法案件时,应结合当事人的行为特征、进出境记录、是否曾经受过类似行政处罚等情节认定违法行为性质。如当事人采用闯关、暴力对抗等形式逃避、抗拒海关检查的,可结合其他情节一起综合认定当事人具有走私的主观故意。

(二) 当事人本人不得查阅自己的案件材料

海关总署2004年第1号公告第4条规定,对于"抗拒海关检查、调查、稽查的","当事人不得查阅案件材料,但可委托律师查阅"。

(三) 情节严重的,当事人可能会被追究刑事责任

《刑法》第157条第2款规定:"以暴力、威胁方法抗拒缉私的,以走私罪和本法第277条规定的阻碍国家机关工作人员依法执行职务罪,依照数罪并罚的规定处罚。"

### 六、法条链接

《中华人民共和国海关法》

第四条 国家在海关总署设立专门侦查走私犯罪的公安机构,配备专职缉私警察,负责对其管辖的走私犯罪案件的侦查、拘留、执行逮捕、预审。海关侦查走私犯罪公安机构履行侦查、拘留、执行逮捕、预审职责,应当按照《中华人民共和国刑事诉讼法》的规定办理。海关侦

查走私犯罪公安机构根据国家有关规定，可以设立分支机构。各分支机构办理其管辖的走私犯罪案件，应当依法向有管辖权的人民检察院移送起诉。地方各级公安机关应当配合海关侦查走私犯罪公安机构依法履行职责。

**《中华人民共和国海关行政处罚实施条例》**

**第六条** 抗拒、阻碍海关侦查走私犯罪公安机构依法执行职务的，由设在直属海关、隶属海关的海关侦查走私犯罪公安机构依照治安管理处罚的有关规定给予处罚。抗拒、阻碍其他海关工作人员依法执行职务的，应当报告地方公安机关依法处理。

**第七条** 违反海关法及其他有关法律、行政法规，逃避海关监管，偷逃应纳税款、逃避国家有关进出境的禁止性或者限制性管理，有下列情形之一的，是走私行为：（一）未经国务院或者国务院授权的机关批准，从未设立海关的地点运输、携带国家禁止或者限制进出境的货物、物品或者依法应当缴纳税款的货物、物品进出境的；（二）经过设立海关的地点，以藏匿、伪装、瞒报、伪报或者其他方式逃避海关监管，运输、携带、邮寄国家禁止或者限制进出境的货物、物品或者依法应当缴纳税款的货物、物品进出境的；（三）使用伪造、变造的手册、单证、印章、账册、电子数据或者以其他方式逃避海关监管，擅自将海关监管货物、物品、进境的境外运输工具，在境内销售的；（四）使用伪造、变造的手册、单证、印章、账册、电子数据或者以伪报加工贸易制成品单位耗料量等方式，致使海关监管货物、物品脱离监管的；（五）以藏匿、伪装、瞒报、伪报或者其他方式逃避海关监管，擅自将保税区、出口加工区等海关特殊监管区域内的海关监管货物、物品，运出区外的；（六）有逃避海关监管，构成走私的其他行为的。

**第九条** 有本实施条例第七条、第八条所列行为之一的，依照下列规定处罚：（一）走私国家禁止进出口的货物的，没收走私货物及违法所得，可以并处100万元以下罚款；走私国家禁止进出境的物品的，没收走私物品及违法所得，可以并处10万元以下罚款；（二）应当提交许可证件而未提

## 9. 当着海关关员的面砸碎红酒算不算妨害公务

交但未偷逃税款,走私国家限制进出境的货物、物品的,没收走私货物、物品及违法所得,可以并处走私货物、物品等值以下罚款;(三)偷逃应纳税款但未逃避许可证件管理,走私依法应当缴纳税款的货物、物品的,没收走私货物、物品及违法所得,可以并处偷逃应纳税款3倍以下罚款。专门用于走私的运输工具或者用于掩护走私的货物、物品,2年内3次以上用于走私的运输工具或者用于掩护走私的货物、物品,应当予以没收。藏匿走私货物、物品的特制设备、夹层、暗格,应当予以没收或者责令拆毁。使用特制设备、夹层、暗格实施走私的,应当从重处罚。

**第二十二条** 有下列行为之一的,予以警告,可以处5万元以下罚款,有违法所得的,没收违法所得:(一)未经海关同意,进出境运输工具擅自装卸进出境货物、物品或者上下进出境旅客的;(二)未经海关同意,进出境运输工具擅自兼营境内客货运输或者用于进出境运输以外的其他用途的;(三)未按照规定办理海关手续,进出境运输工具擅自改营境内运输的;(四)未按照规定期限向海关传输舱单等电子数据、传输的电子数据不准确或者未按照规定期限保存相关电子数据,影响海关监管的;(五)进境运输工具在进境以后向海关申报以前,出境运输工具在办结海关手续以后出境以前,不按照交通主管部门或者海关指定的路线行进的;(六)载运海关监管货物的船舶、汽车不按照海关指定的路线行进的;(七)进出境船舶和航空器,由于不可抗力被迫在未设立海关的地点停泊、降落或者在境内抛掷、起卸货物、物品,无正当理由不向附近海关报告的;(八)无特殊原因,未将进出境船舶、火车、航空器到达的时间、停留的地点或者更换的时间、地点事先通知海关的;(九)不按照规定接受海关对进出境运输工具、货物、物品进行检查、查验的。

### 《中华人民共和国治安管理处罚法》

**第五十条** 有下列行为之一的,处警告或者二百元以下罚款;情节严重的,处五日以上十日以下拘留,可以并处五百元以下罚款:(一)拒不执行人民政府在紧急状态情况下依法发布的决定、命令的;(二)阻碍国家机关工作人员依法执行职务的;(三)阻碍执行紧急任务的消防车、救护车、工程抢险车、警车等车辆通行的;(四)强行冲闯公安机关设置的警戒带、警戒区的。阻碍人民警察依法执行职务的,从重处罚。

**《中华人民共和国刑法》**

**第二百七十七条** 以暴力、威胁方法阻碍国家机关工作人员依法执行职务的,处三年以下有期徒刑、拘役、管制或者罚金。以暴力、威胁方法阻碍全国人民代表大会和地方各级人民代表大会代表依法执行代表职务的,依照前款的规定处罚。在自然灾害和突发事件中,以暴力、威胁方法阻碍红十字会工作人员依法履行职责的,依照第一款的规定处罚。故意阻碍国家安全机关、公安机关依法执行国家安全工作任务,未使用暴力、威胁方法,造成严重后果的,依照第一款的规定处罚。

## 七、小贴士

(一)缉私治安处罚案件的办理程序

1. 受理与调查

缉私部门在执法过程中遇到抗拒、阻碍依法执行职务的违法行为的,应作为治安处罚案件进行受理并立即展开调查,对于严重危害治安秩序及威胁公共安全的人员,可以强制带离现场,或采取其他措施,并可以适用录音、录像等手段收集、固定证据。

缉私部门对于此类案件的基本调查措施与方法主要有:传唤、询问、检查、扣押、先行登记保存证据、鉴定及辨认等几种措施和方法。此外,还可以使用勘验等调查方法。

缉私部门作出治安管理处罚决定前,应当告知违反治安管理行为人或其法定监护人作出治安管理处罚的事实、理由及依据,并告知违反治安管理行为人依法享有的权利。违反治安管理行为人有权陈述和申辩。缉私部门必须充分听取违反治安管理行为人的意见,对违反治安管理行为人提出的事实、理由和证据,应当进行复核;违反治安管理行为人提出的事实、理由或者证据成立的,缉私部门应当采纳,不得因违反治安管理行为人的

## 9. 当着海关关员的面砸碎红酒算不算妨害公务

陈述、申辩而加重处罚。

此外，符合简易程序的，缉私部门还可以依法作出当场处罚决定。

2. 审核与决定

审核部门应对该类案件的证据、事实、程序、适法等进行审核，然后分别作出处罚决定、不予处罚、退回补充调查、纠正错误程序或移交其他部门等审核意见。

对于需要作出缉私治安处罚决定的，由受理的隶属海关缉私分局或直属海关缉私局决定并作出。治安案件从受理、调查到作出裁决，一般不得超过 30 日。特殊情形下，经上一级缉私部门批准，可以延长 30 日。但鉴定、检测时间不计算在内。

如果违法行为人不讲真实姓名、住址，身份不明的，只要违法事实清楚，证据确实充分的，可以按其自报姓名、贴附照片作出治安处罚决定，并在相关法律文书中注明。阻碍缉私警察依法执行职务的，根据《治安管理处罚法》第 50 条规定，可依法处警告或 200 元以下罚款；情节严重的，处 5 日以上 10 日以下拘留，可以并处 500 元以下罚款。因治安处罚必须是吊销许可证或处 2000 元以上罚款的，当事人才有权申请听证。因此，缉私治安处罚不在上述听证范围。

3. 送达与执行

缉私部门作出治安处罚决定之后，应当向被处罚人宣告治安处罚决定书，并当场交付给被处罚人，由其签收。如拒绝签收的，由办案人员注明拒签情况。无法当场向被处罚人宣布的，必须在 2 日内将处罚决定书送达被处罚人。有被侵害人，应当将决定书副本抄送被侵害人。缉私部门决定给予行政拘留处罚的，应当及时将处罚情况通知其家属，被处罚人拒不提供家属联系方式的，可以不通知，但应在决定书上注明。

由于强制执行与警告、罚款的执行与其他处罚的执行相同，故不赘述，以下仅介绍拘留与附加罚的执行：

（1）对被决定给予行政拘留处罚的人，由作出决定的缉私部门送当地公安机关行政拘留所执行。对于违法嫌疑人在拘留决定前已经被留置盘问或传唤的，被限制人身自由的时间应当折抵拘留执行时间。

对于已满14周岁不满16周岁，已满16周岁不满18周岁且初次违反治安管理的，70周岁以上的，怀孕或哺乳自己不满1周岁婴儿的，行政拘留处罚决定应当作出，但不予执行。同时还有其他处罚的，其他处罚应当执行。

被处罚人不服行政拘留处罚决定，申请行政复议、提起行政诉讼的，可向缉私部门提出暂缓执行行政拘留的申请。缉私部门认为暂缓执行行政拘留不致发生社会危险的，由被处罚人或其近亲属提出符合《治安管理处罚法》第108条规定条件的担保人，或按每日行政拘留200元的标准交纳保证金，行政拘留的处罚决定暂缓执行。担保人应符合下列条件：与本案无牵连、享有政治权利，人身自由未受到限制、在当地有常住户口和固定住所、有能力履行担保义务。担保人应保证被担保人不逃避行政拘留处罚的执行。担保人不履行担保义务，致使被担保人逃避行政拘留处罚的执行的，由缉私部门对其处3000元以下罚款。被决定给予行政拘留处罚的人交纳保证金，暂缓行政拘留后，逃避行政拘留处罚的执行的，保证金予以没收并上缴国库，已作出的行政拘留决定仍应执行。行政拘留的处罚决定被撤销，或行政拘留处罚开始执行的，缉私部门收取的保证金应及时退还交纳人。

（2）对于外国人并处限期出境或驱逐出境的，由海关缉私部门向其宣布，并移交当地公安机关出入境管理部门执行。

（二）缉私治安处罚案件的救济程序

当事人不服缉私部门作出的缉私治安处罚决定而申请行政复议的，只能向上一级缉私部门提出。根据行政诉讼的管辖原则，治安处罚案件属于基层法院一审管辖范围，也即当事人对缉私部门作出的治安处罚决定不服的，应向当地相应基层法院提起行政诉讼。这与《行政诉讼法》规定的海关处理的案件由中级法院管辖并不矛盾，因为此处规定的是以海关名义作出处罚的案件，而上述治安处罚案件是以缉私部门的名义作出的。

### 9. 当着海关关员的面砸碎红酒算不算妨害公务

此外,如果由缉私治安处罚引发国家赔偿纠纷的,也应当向作出治安处罚的缉私部门提出,不管处理结果如何或是否答复,如果期间届满当事人仍然不服的即可依法提起复议或诉讼,而且复议可适用和解、调解,诉讼可适用调解。①

---

① 晏山嵘:《海关行政处罚实务指导》,中国法制出版社 2011 年版,第 228 页。

# 10. 从香港带 iPad 进境为何海关不以发票价即优选成交价格法估价征税

——韩先生不服 E 海关行政征收决定行政复议案

## 一、案情简介

2010 年 10 月 15 日，中国籍旅客韩先生经广东某口岸进境，携带了在香港购买的 iPad 一台，发票显示购买的实际价格为港币 3888 元。现场关员告知其可以选择退运物品或者征税进境。韩先生称自己是去香港、澳门旅游，证件不具备多次往返的条件，选择征税进境。E 海关考虑到 iPad 主要功能接近于手提电脑，根据海关总署 2010 年第 54 号公告关于《关于进境旅客所携行李物品验放标准有关事宜的公告》和海关总署 2007 年第 25 号公告关于《入境旅客行李物品和个人邮递物品进口税税则归类表》及《入境旅客行李物品和个人邮递物品完税价格表》之有关规定，将其认定为"笔记本电脑"，确定完税价格为 5000 元人民币，适用 20% 的税率，向韩先生征收了税款 1000 元人民币后放行了该台 iPad。

## 二、复议情况

韩先生不服，向海关总署广东分署申请行政复议。（2011 年 1 月 26 日，海关总署发布第 6 号公告，将计算机等信息技术产品的税率由 20% 降为 10%。——笔者注）

韩先生认为：（1）海关征税于法无据。根据海关监管规定，个人携带

10. 从香港带 iPad 进境为何海关不以发票价即优选成交价格法估价征税

进出境的行李物品应当以自用、合理数量为限,且居民旅客在境外获取总值超过人民币 5000 元的自用物品,或非居民旅客拟留在境内总值超过 2000 元的物品,入境时均要如实填写《申报单》向海关申报,办理纳税等相关手续。申请人携带的物品 iPad 只有港币 3888 元,距离人民币 5000 元的征税标准还相差很远,不能征税。(2) 关于苹果 iPad 的归类问题。在美国的 eBay 及其他网站上,iPad 归于手机类。凡是熟悉 iPad 的人都知道,iPad 不能像一般电脑可以随意安装软件和运行软件。例如,iPad 就不能安装微软的 Word 软件,主要是用来浏览网页,播放电影、音乐等,只是苹果 IPOD 的放大版,并不属于电脑范畴。(3) 海关确定完税价格错误。如果海关坚持 iPad 属于手提电脑,也应当按照完税价格 × 20% 的方式计征应缴税款。因为申请人购买的 iPad 是港币 3888 元,根据汇率的换算,该 iPad 的应缴税款应该是 3340 元 × 20% = 668 元,而不是海关收取的 5000 元 × 20% = 1000 元。鉴于此,申请人认为海关确定完税价格错误,征收税款于法无据。

E 海关认为:(1) 从 iPad 的性质和功能分析,iPad 功能接近于"笔记本电脑",根据现行税则有关规定,将其归类为"笔记本电脑"依据充分。(2) 海关总署 2010 年第 54 号公告规定:进境居民旅客携带在境外获取的个人自用进境物品,总值在 5000 元人民币以内(含 5000 元)的;非居民旅客携带拟留在中国境内的个人自用进境物品,总值在 2000 元人民币以内(含 2000 元)的,海关予以免税放行,单一品种限自用、合理数量,但烟草制品、酒精制品以及国家规定应当征税的 20 种商品等另按有关规定办理。iPad 作为"笔记本电脑",属于国家明确规定应当征税的 20 种商品之一,依法不能免税。(3) 根据海关总署 2007 年第 25 号公告中《入境旅客行李物品和个人邮递物品完税价格表》关于"本表所列完税价格与应税物品实际价格相比悬殊达到 3 倍(或 1/3)及以上程度的,经现场科级领导同意,可以采取另行确定完税价格原则或按物品实际成交价格计征税赋"的规定,韩先生虽然提供了 iPad 在境外的购买发票,但其价格(港币 3888 元)没有达到上述规定要求,不应按其实际成交价格征税。E 海关将 iPad 确定为人民币 5000 元计征税款,并无不当。

上述案件在全国来说并非个别现象，自2010年11月后，由对iPad征税招致的来自公众、媒体乃至政府相关部门的忧虑与质疑，引发了海关的公关危机。

在复议期间，申请人韩先生主动撤回了复议申请，行政复议程序终止并结案。

### 三、法律争点

1. 关于进境行李物品验放标准的合理性探讨。
2. 对iPad征收进口税是否有违WTO相关规则？
3. 关于完税价格的认定方法是否合理的探讨。
4. 对应采取的几种监管举措之探讨。

### 四、法律分析及专业点评

（一）关于进境行李物品验放标准的合理性探讨

我国根据商品不同的进境或进口途径区分不同的征税模式，可分为货物税、电商税及行邮物品税三大类，适用不同的管理规定，包括报关方式、税率、许可证件等。个人自带进境的物品与货物的区别在于它不具有商业性质。在行邮物品渠道，海关认定个人物品一直使用自用、合理数量标准。自用是指本人使用或者赠予亲友使用的非商业或非盈利用途。海关对于旅客行李物品和个人邮递物品，采取国际通行做法，简化行邮物品的通关手续，实行简易税制，即对进境旅客行李物品和个人邮寄物品征收进口税。进口税实际是将关税、增值税、消费税三税合一。

在此基础上，海关对于进境旅客行李物品和个人邮递物品的验放标准是不同的。案发当时，海关总署2010年第54号公告对于旅客行李物品，采取限值验放标准，即居民旅客携带在境外获取的个人自用进境物品，总值在5000元人民币以内（含5000元）的，非居民旅客携带拟留在中国境内的个人自用进境物品，总值在2000元人民币以内（含2000元）的，海关予以免税放行。单一品种限自用、合理数量，但烟草制品、酒精制品以及国家

10. 从香港带 iPad 进境为何海关不以发票价即优选成交价格法估价征税

规定应当征税的 20 种商品等另按有关规定办理。iPad 即属于上述 20 种不予免税的商品之一。旅客行李物品超出以上规定限值的，经海关审核确属自用的，海关仅对超出部分的个人自用进境物品征税，只有对不可分割的单件物品，才全额征税。我们认为，当今全球经济一体化浪潮方兴未艾，我国与其他国家在政治、经济、文化等方面的交往日趋紧密和频繁，为满足国人物质、文化、教育、旅游等诸方面日益增长的合理需要，应当适当调整放宽旅客行李物品和个人邮递物品的验放和征税标准。①

（二）对 iPad 征收进口税是否有违 WTO 相关规则

曾有观点认为，中国 2001 年加入 WTO 后承诺对各类计算机减税，到 2005 年已降至零关税，而针对 iPad 征收 20% 的税是否违反 WTO 相关规则？海关认为 WTO 规则主要针对国家、地区间的贸易，涉及的是货物。个人自用的 iPad 是物品不是货物。海关总署 2010 年第 54 号公告针对的是个人物品。故在入境的时候，对个人自用的 iPad 征税并不违反 WTO 规则。根据当时海

---

① 2016 年 2 月 18 日开始实施的财政部、商务部、海关总署、国家税务总局、国家旅游局等五部委《关于口岸进境免税店政策的公告》（财政部 2016 年第 19 号公告）顺应形势规定了更为宽松的政策，增加了一定数量的免税购物额度，此举进一步方便了国内消费者在境内购物，该公告第 5 条规定："在维持居民旅客进境物品 5000 元人民币免税限额不变基础上，允许其在口岸进境免税店增加一定数量的免税购物额度，连同境外免税购物额总计不超过 8000 元人民币。"由上可见，目前进境自带物品要想免税就得同时符合以下三个条件：第一，境外购物的免税额度价值不得超过人民币 5000 元；第二，口岸进境免税店购物的免税额度价值不得超过人民币 3000 元；第三，境外＋口岸进境免税店购物的免税额度总价值不得超过人民币 8000 元。不过，也有学者认为如果从立法原意的角度考虑，似不应区分境外购买还是口岸进境免税店购买，应统一给一个 8000 元的额度，笔者认为，这种观点无疑更有利于当事人。还有学者提出，上述"免税"或"免征"应当叫"不征"比较科学，笔者认为这种观点具有一定道理，但考虑到整个海关税的法规范体系与国内税的法规范体系关于这一问题的表述一向区别比较大，故而还是保留"免税"或"免征"的表述方式。（如《财政部、国家税务总局关于清理上报个人所得税有关减免税和不征税项目及标准的通知》就区分了"免税"和"不征"两种情形予以分别规定；但反观海关法体系，从《海关法》第 56 条，《关税条例》第 45 条，海关总署 2010 年第 43 号公告，海关总署 2010 年第 54 号公告，及财政部、商务部、海关总署、国家税务总局、国家旅游局等五部委《关于口岸进境免税店政策的公告》，即财政部 2016 年第 19 号公告等，绝大部分规定都没有区分"免税"和"不征"两种情形来表述，而是采用了"免征"或"免税"的表述方式，只有在规定进口无代价抵偿货物或退换货物等少数情形下采用了"不征"关税的表述方式。值得一提的是，业已废止的《海关总署关于调整进出境邮件中个人物品的限值和免税额的通知》，即署监〔1994〕774 号文里面的确分别规定了 400 元与 500 元的免税额度，笔者认为那个是无条件免税额度，即哪怕超出 400 元或 500 元物品价值的也要扣减这部分额度出来，但目前已经取消了这种做法。如果将来又出现的话，不妨称之为"无条件免税额度"及"附条件免税额度"，这样或许相对人会更容易理解。）

117

海关行政处罚案例精解

关的《完税价格表》，笔记本电脑使用的一般完税价格是 5000 元，虽然 iPad 在香港购买的价格并不到 4000 元。如前所述，这是因为海关针对行邮渠道旅客进境物品实行简易税制的结果，这是"以便利和简化为原则，避免在通关环节因审定个人物品价格给旅客带来不便"。按照当时的税则归类表，iPad 被列入 19 类"计算机及其外围设备"，执行 20% 的进口税率。撇开 WTO 规则，既然个人自用的 iPad 是物品不是货物，具有"非贸易性"的特征，那么，相对于作为货物进口的 iPad 享受零关税、17% 的增值税率已是上限而言，针对旅客携带进境的 iPad 执行 20% 税率，是否有失公允？此后作出的有关税率的调整，证明当初出台的有关验放规定的确存在值得商榷的地方。关于对 iPad 之类 IT 产品适用 20% 进口税率，并非始于 2010 年发布的第 54 号公告。早在 2007 年 6 月 11 日发布、8 月 1 日开始实施的海关总署第 25 号公告，即关于修订《入境旅客行李物品和个人邮递物品进口税税则归类表》（以下简称《归类表》）及《入境旅客行李物品和个人邮递物品完税价格表》（以下简称《完税价格表》）的公告，就已经将有关税率定为 20%。实施三年多，都无人根据我国 2001 年加入 WTO 后承诺逐年降低各类计算机等的进口关税，并已于 2005 年降至零关税的事实，对此提出过任何异议与质疑。也许，无论是社会公众，还是政府的其他相关部门，都觉得 WTO 规则针对的是货物，与个人物品无涉。而三年后却突然爆发基于海关对 iPad 征税问题的异议与质疑。这很耐人寻味。虽然海关总署对此作出了必要的解释说明。但是后来发生的一些改变，证明海关此前作出的有关规定，的确显得有些草率。2011 年 1 月 26 日发布的海关总署 2011 年第 6 号公告，决定将《进境物品进口税率表》中原归入税号 2 的计算机等 IT 产品归入税号 1 中，税率相应地从 20% 降到 10%（目前根据海关总署 2016 年第 25 号公告，即海关总署《关于〈中华人民共和国进境物品归类表〉和〈中华人民共和国进境物品完税价格表〉的公告》的规定，相应税率又已调整为 15%）。虽然上述海关总署 2011 年第 6 号公告并未解释此时更改税率的原因，但联系一段时间以来公众对 iPad 适用 20% 税率的忧虑与质疑，不难看出，这明显是直面现实，回应了有关诉求，修正了此前的失误。目前，

118

10. 从香港带 iPad 进境为何海关不以发票价即优选成交价格法估价征税

对不同规格型号的包含 iPad 在内的平板电脑、触屏式笔记本电脑及"其他计算机"实行了另行确定完税价格的政策，也就是说不再是"一刀切"地按照一般笔记本电脑以一个固定的基准价征税。

（三）关于完税价格的认定方法是否合理的探讨

海关在进境旅客行李物品和个人邮递物品的监管中，是按照《进境物品进口税税率表》及《归类表》《完税价格表》，对其进行归类、确定完税价格和确定适用税率。《完税价格表》（海关总署 2007 年第 25 号公告）备注第 2 条的规定，"本表所列完税价格与应税物品实际价格相差悬殊达到 3 倍（或 1/3）及以上程度时，经现场科级领导同意，可采取另行确定价格原则或按物品实际价格计征税赋"。[①] 根据该条规定，对于进境旅客行李物品和个人邮寄物品，现场海关一般是按照《完税价格表》确定的完税价格计征物品税款，只有完税价格与物品的实际购买价格相差悬殊殊达到 3 倍（或 1/3）及以上程度，海关才以物品实际价格或另行确定价格计征税款。这也就是为什么旅客在香港花 4000 元购买的 iPad，进境时海关按照 5000 元的完税价格征税。

之所以这样规定，有关部门的解释是为了简化、便利个人行李物品和邮递物品的通关手续，避免在通关环节因审定个人物品价格给旅客和收件人带来的不便，从而提高通关效率。而如此的简化、便利，相对人却要承担更多的税赋，难怪相对人对这样的"简化、便利"不领情了。

《完税价格表》中各种税号商品的价格，是海关参考市场同类商品的价格区间，并综合考虑旅客携带物品的主要种类后确定的。由于商品购买地点、购买时间、具体型号的不同，即使是同税号商品，实际成交价格也会

---

[①] 目前取代海关总署 2007 年第 25 号公告的是海关总署 2012 年第 15 号公告，该公告规定"进境物品完税价格遵循以下原则确定：（一）进境物品的完税价格由海关依法遵循以下原则确定：1.《完税价格表》已列明完税价格的物品，按照《完税价格表》确定；2.《完税价格表》未列明完税价格的物品，按照相同物品相同来源地最近时间的主要市场零售价格确定其完税价格；3. 实际购买价格是《完税价格表》列明完税价格的 2 倍及以上，或是《完税价格表》列明完税价格的 1/2 及以下的物品，进境物品所有人应向海关提供销售方依法开具的真实交易的购物发票或收据，并承担相关责任。海关可以根据物品所有人提供的上述相关凭证，依法确定应税物品完税价格。（二）边疆地区民族特需商品的完税价格按照海关总署另行审定的完税价格表执行"。

119

出现差异,有的高于价格表中所列价格,有的低于价格表所列价格,而且商品价格在不断变化,《完税价格表》不可避免地具有一定的滞后性。

那为什么不以物品的实际购买价格计征税款呢?有观点认为,商业发票的价格并不一定真实和准确,很容易造假,以发票价格作为完税价格计征税款存在较大风险。笔者对此并不认同。下面从货物与物品的审价原理作一分析。

货物是以其实际成交价格为基础审查确定完税价格,除非海关有理由怀疑纳税义务人申报的成交价格的真实性和准确性,海关才可以不接受该成交价格,另行估定完税价格。据此,海关在是否接受纳税义务人申报价格的标准上,采取的是类似"优势证据证明标准",即如果有关证据显示申报价格不真实的可能性明显大于其真实的可能性,使海关有理由相信它很可能不真实,尽管还不能完全排除存在相反的可能性,也允许海关根据优势证据认定申报价格不真实这一事实。笔者认为,物品与货物在完税价格的确定上具有一定的共通性,就是都应当首先适用以成交价格方法审查确定完税价格这个原则,因为成交价格是最能真实反映货物、物品实际价格的。只有在不能以成交价格方法确定完税价格时,对货物和物品才分别采取不同的估价原则审查确定完税价格。因此,海关应当允许旅客或收件人对其进境行李物品或邮递物品的实际价格向海关申报,并审查其申报的价格是否真实,这也是海关的职责。笔者不能认为商业发票价格的真伪不容易确定就对发票一概不予认可,这无异于因噎废食。笔者认为,除了以下两种情况,海关一般应当接受旅客或收件人申报的物品价格,一是有理由怀疑旅客或收件人提供的发票本身是虚假的,二是有理由怀疑发票价格的真实性和准确性的,对此旅客或收件人又无法提供证据资料消除海关的合理怀疑。第二种情况实践中通常是发票上的价格明显低于该商品的市场价格,旅客或收件人又不能作出合理解释的情况。

实行简易税制的结果是海关给出的完税价格是一种区间价格、基准价格,换言之,属虚拟价格,而非实际成交价格。套用《完税价格表》具体列明的有关价格进行作业,实际成交价格高于价格表中所列价格的,征税

## 10. 从香港带 iPad 进境为何海关不以发票价即优选成交价格法估价征税

对象自然窃喜；低于所列价格的，必然受伤。对 iPad 的最初定价之所以饱受争议，被人诟病，一方面是归类存在疑问，另一方面是定价过于机械，有失客观合理。

事实上，在业务实践中，海关对物品的定价存在着两种模式。一是按《完税价格表》具体列明的定价，也就是遵循所谓的"便利简化"原则；二是自觉不自觉地运用《海关估价协议》中关于实际成交价格的定义，对有关物品按照实际购买情况进行估价，要么参照旅客提供的发票或购物小票，要么通过有关价格资料库来确定完税价格。这时物品与货物的定价方法并无二致。在《完税价格表》中每一大类税号中都备有"其他"的另估税号。笔者认为，海关现行估价模式是存在着矛盾的。这就是为什么始终解不开公众心中疑团的原因。iPad 征税之所以引起公众忧虑与质疑，是因为当初采用的是一种不真实的价格，被认为只是为了海关征税的方便。而最终消除公众疑虑的是海关面对事实，及时作出调整和改变，采用了实际成交价格法进行估价。因此，无论海关认为旅客携带进境的是物品还是货物，是否适用《海关估价协议》，一个无可否认的事实是，使用实际成交价格进行估价，是双方都能接受的第一选择。或许可以考虑采取这样的模式，如果确有证据表明实际成交价格低于海关《完税价格表》中具体列明的定价，则按照实际成交价格进行估价征税；而如果实际成交价格高于《完税价格表》具体列明的定价，则一律按照《完税价格表》的定价来征税。至于如何避免或减少虚假申报的问题，笔者认为：一是可以细化征管程序。例如，已经作为审价依据的购物凭证及其他资料，海关可以加盖骑缝章或予以编号录入电脑，这样就可以确保这些资料无法被再次利用。二是采取弹性管控措施。对于那些虚假申报的纳税义务人，一经查实，可以取消其一段时间内的某些税收优惠待遇，如针对这样的旅客，其之后购买的商品即便实际成交价格高于《完税价格表》具体列明的定价，也不再按照《完税价格表》的定价来征税，而应按照实际成交价格来估价征税，并对虚假申报行为采取相应的处罚措施。

### （四）对应采取的几种监管举措之探讨

以 iPad 征税为例，其实当时就陷入"两难"境地——一方面，其售价在5000元以下,按理应符合5000元以下免予纳税的规定;另一方面,iPad被海关归列为电脑产品类,却又被认为符合相关规定。最终还是被列为"需缴纳关税"的类别。据分析,相关规定指的是目前还在执行的"国发〔1994〕64号"文,即《国务院批转关税税则委员会、财政部、国家税务总局关于第二步清理关税和进口环节税减免规定意见的通知》。该文规定,自1995年1月1日起,对20种商品(包括电脑等)无论任何贸易方式、任何地区、企业、单位和个人,一律停止减免税。上述规定已执行了近二十年。未知制定此政策的原意是什么。单从字面上看,20种商品似乎是针对以"任意"贸易方式进口的货物,与个人自用物品无多大关系。因为我们看到,该文同时规定:对我各类出国(境)人员及台胞、华侨可免税携带进境这些物品的规定暂予保留。举例说,对驻外机构人员免税携带进境的家用电器,现行规定是半年一大件五小件,其中大件估价不能超过5000元。姑且不论20种商品停止减免税的规定是否延伸到个人自用物品,单从限值免税的精神来看,各类出国(境)人员享受的待遇实际上是相通的。这就不难理解,在业务实践中,当一名居民旅客携带一台估价不足5000元的照相机或手机进境而被告知需要缴纳进口税时,会感到难以接受。因为他们虽然也了解海关5000元以下免税(目前该免税额已经相应调高)的规定,但却并不清楚还有一些物品属于不予免税商品。

改革开放三十余年,国家经济社会一日千里,已发生了翻天覆地的巨大变化。因此有必要检视与梳理一下现行有关政策。应当正视,对"国发〔1994〕64号"文,我们的理解与执行是否存在偏差,不予免税的20种商品是否仅指货物,旅客自用物品是否不属于必征范围,至少是否应该与人们所理解的那样,只是有限值限量问题。这是一个很大的问号。20种应当征税商品的税收政策源自国务院1994年批准实施的第二步清理关税和进口环节税减免规定行动,出自《国务院批转关税税则委员会、财政部、国家税务局关于第二步清理关税和进口环节税减免规定意见的通知》(国发〔1994〕64号)。物品具有非贸易的属性。为了满足旅客和收件人的自用需求、促进对外交往,规定一定数额的物品可以免税,是国际上的通行惯例。这一惯

10. 从香港带 iPad 进境为何海关不以发票价即优选成交价格法估价征税

例得到《海关法》和《关税条例》的确认。《海关法》第 56 条第 4 项规定，"规定数额以内的物品"减免进出口关税。《进出口关税条例》第 57 条中规定，"海关总署规定数额以内的个人自用进境物品，免征进口税"。因此，对规定免税数额以内的 20 种物品一律不予减免税，既违反国家法律规定，又与国际通行惯例不符，还容易造成旅客的不理解和质疑。因此，笔者认为"20 种商品必须征税"的规定是不合理的。

而且，行李物品进口税征管作为一项公共政策，它的制定往往被看成是各利益主体协调、博弈甚至妥协的过程，但无论如何必须按程序进行。在此过程中应充分论证，充分征询平行单位的意见并广泛听取民众意见。综合考虑各方面因素，诸如规则适用、税基税负、估价方法等对征税标准产生的影响，最后出台各方都满意的措施。同时应建立与港澳两地对口执法部门的行政互助，加强与有关行业协会的合作，强化市场调研，实行动态调整，不断更新、充实与完善物品价格资料库，实现货物与物品价格资料库的互动乃至融合。

笔者认为从长远来说，还应当采取以下措施：一是建议实施单一的免税限值、限量管理，取消例外商品，扩大免税范围。依照国内居民当前的消费能力，"20 种不予免税商品"中的多数如手机、电脑、相机、家用电器等均属于日常消费品，不再是需要限制消费的奢侈品。因此，为照顾进境旅客的合理需求，有必要在物品税征管规定中取消"20 种不予免税商品"规定，扩大进境旅客可免税携带范围，对除实施海关限量管理的金银、货币和烟酒外，实施单一的 5000 元免税限额管理，方便旅客了解、掌握，促进遵从。二是建议提供申报奖励，鼓励税收遵从行为。在当前物品税的征管中存在大面积的税收不遵从[①]的状况下，除了对不遵从者进行处罚之外，还可以对表现诚实主动申报的纳税人给予奖励，适用特别减免的优惠税率，适用简化纳税手续是一种对诚实纳税人的奖励，也可以考虑为主动申报的纳税人提供一个额外的税前扣除额。仿照货物税优惠税率与普通税率的差

---

① 通常税收遵从被理解为纳税人是否依照税法履行纳税义务的问题。如果纳税人不认真履行或设法逃避税收义务就是税收不遵从。

别化税率设计，每一个具体的物品税税目都设置两种税率，一种是适用于主动申报旅客的优惠税率，另一种是适用于经查缉补税旅客的普通税率（并不是惩罚性的税率，但从理论上应足以使不遵从行为变得不经济）。三是建立旅客征信系统。在对进境旅客海关通关情况进行广泛采集（以业务岗位录入为主）的基础上，形成关区甚至全国范围的旅客征信系统，将被海关责令补税视为旅客信用污点之一，对污点旅客实施重点查验，对诚信旅客信任放行。长远看，该系统可与银行、税务、出入境等部门的征信系统联网，成为公民征信系统的重要组成部分，从而促使进境旅客爱护信用记录，主动申报履行纳税义务。

**五、延展阅读**

（一）对于行邮税制改革的立法建议

笔者认为，关于行邮税制度的改革和立法的加强可以从以下几个方面入手：

第一，行邮税的《归类表》及《完税价格表》两个表应当与《进出口税则》同步修订，每年至少修订一次（目前是几年才修订一次，根本跟不上形势发展）并与《进出口税则》同时公布施行。第二年《进出口税则》某税则号列项下拟下调的货物综合税率低于对应行邮税税率的，对应行邮税税率可以一并下调；

第二，物品归类需要新增、分立、合并、取消、完税价格需要变更的，原则上每年调整一次。这项工作要讲究及时性和效率性。即使只有不多的项目需要调整，也要按期调整，以免因为这些项目引发社会不必要的误解和质疑；

第三，建立动态的舆情监控和统计分析机制，及时捕捉那些社会各界高度关注、进境数量突然猛增的热门商品。必要时海关可以不受一年一次的限制，临时调整这些热门商品的归类和完税价格，主动回应社会热点，避免工作陷于被动；

第四，重新制定规章层级的《海关征收进境物品进口税办法》，统一规

## 10. 从香港带 iPad 进境为何海关不以发票价即优选成交价格法估价征税

定海关征收行邮税的主要制度，界定海关和纳税义务人之间的权利义务。同时考虑到行李物品监管、邮递物品监管、快件物品监管都有各自特点，海关当局应当尽快制定新的《海关行李物品监管办法》《海关邮递物品监管办法》《海关快件监管办法》，在三个办法中分别规定各自领域征收进口税的具体制度；

第五，建议建立科学合理的海关行邮物品估价制度。完税价格是计征行邮税的基础，《海关法》第 55 条第 3 款规定："进出境物品的完税价格，由海关依法确定。"对于非商业的进口（包括行邮物品）的估价，国际惯例一般制订简化的程序。随着我国对外交流的进一步扩大和发展，国内外居民往来日益方便、快捷和频繁，行邮物品种类繁杂、价格差异大的特点也日趋明显，要求海关对行邮物品的审价征税工作更准确和到位。笔者认为：

（1）参考货运渠道的做法，参照《海关审定进出口货物完税价格办法》，应尽快专门制定一部行邮物品的审价办法，应该包括行邮物品海关估价的目的、法律依据、估价原则、估价方法、特殊物品的完税价格、完税价格的审查确定等规范内容。

（2）应当实行以下四条估价原则：

一是行邮物品估价仍应以《完税价格表》为基础，保持统一性和确定性。统一性系指各行邮现场的估价做法尽可能统一，便于执行；确定性系指纳税义务人能够较为准确地预估行邮物品的完税价格。

二是行邮物品估价可以尽可能采信被估物品的实际价格。实际价格就是该物品买卖的成交价格，其直接表现形式为发票、销售收据、收银小票、网络交易记录等价格资料。只要纳税义务人提出申请，可以按照应税物品实际价格估价，而不是简单机械地照搬对《完税价格表》上的完税价格。

三是行邮物品完税价格应符合简单和公正的标准，符合征管惯例。即使在无法使用实际价格估价的情况下，完税价格的审查确定基础也应该是简单与公正的，可以参考此前对同类物品征税确定的完税价格。

四是对于无法确认实际价格的物品，采用特殊的估价方式，如对贵金属及其制品,建议参考上海黄金交易所这一全国性的开放平台的挂牌价格,加上10%的手工费计算完税价格;对中国邮票(含小型张、纪念封等),建议参考中国集邮总公司编纂的《中华人民共和国邮票目录》和《集邮》杂志上的邮品价格进行估价。

(二) 对海淘新政后最容易误读的十大疑问的解答

财政部、海关总署、国家税务总局三部委发布的《关于跨境电子商务零售进口税收政策的通知》(财关税〔2016〕18号,2016年4月8日起实施)公布了最新海淘政策,有些相对人对海淘新政存在误读现象。常见的有以下10个问题比较容易遭到误读,具体为:

(1) 海淘只要在限值范围内,就不用交税。

答:这种理解是不正确的。跨境电子商务零售进口商品的单次交易限值为人民币2000元,个人年度交易限值为人民币20 000元,但是限值内只免除关税,消费税和增值税是不能免除的,按照正常货物税的70%予以计征。

(2) 海淘商品仍然可以享受50元的免税额度。

答:这种理解是不正确的。50元的免税额度是指行邮税的免税额度,但现在海淘商品已经不再使用行邮税的标准来征税了。

案例一,海淘新政前,一盒600g的德国原装进口APTAMIL爱他美2+单罐装婴幼儿奶粉,洋码头目前售价为170元,行邮税税率为10%。因此应交的税为:170元×10% = 17元。但17元低于50元的免税额度,因此只需要支付170元就可以购得该奶粉了。

案例二,海淘新政后,同样一盒600g的德国原装进口APTAMIL爱他美2+单罐装婴幼儿奶粉,洋码头售价也是170元,增值税税率为17%,然后再打7折。因此应交的税为:170元×17%(增值税税率)×70% = 20.23元。这样海淘新政后需要支付190.23元才可以购得该奶粉,比之前贵了20.23元。

(3) 只要超过限值的海淘商品,就一律不得进口。

答:这种理解是不正确的。超过单次限值、累加后超过个人年度限值

10. 从香港带 iPad 进境为何海关不以发票价即优选成交价格法估价征税

的单次交易,以及完税价格超过 2000 元限值的单个不可分割商品,还是可以进口的,但是均要按照一般贸易方式也就是要按照货物税全额征税。

(4) 目前我国海关根据商品类型对税收分类可以分为货物税和行邮税两种。

答:这种理解是不正确的。虽然海淘货物的商品属性究竟为货物还是物品是有争议的,看你站在什么角度去看。但如果为了更好地理解海淘新政,不妨可以根据商品类型将海关税收区分为货物税、电商税及行邮税三种。

|  | 货物税(一般贸易) | 电商税 | 行邮税 |
| --- | --- | --- | --- |
| 税种 | 关税、增值税、消费税等 | 不含关税,仅含增值税、消费税 | 关税、增值税、消、费税合一 |
| 税率 | 正常货物税 | 增值税、消费税按货物税的 70% | 正常行邮税 |
| 免税额度 | 50 元以下 | 无 | 50 元以下 |
| 按货物税全额征税 | 一般要按货物税全额征税(但符合法定减免的情形除外) | 超出单次 2000 元;累加超出 20 000 元;完税价格超出 2000 元的单个不可分割商品 | 不属于自用合理数量的商品 |

(5) 对允许进口的超限值的海淘商品,在征税时应扣除免关税的 2000 元或累加的 20 000 元额度。

答:这种理解是不正确的。超过单次限值、累加后超过个人年度限值的单次交易,以及完税价格超过 2000 元限值的单个不可分割商品,都将均按照一般贸易货物税予以全额征税。也即,不会按照很多人想象的那样扣除免税的单次 2000 元或累加的 20 000 元,只要是超出,就全额征收,而不是仅征超出的部分。

(6) 海淘免关税额度一经使用,即便退货也不能恢复相应额度。

答:这种理解是不正确的。跨境电子商务零售进口商品自海关放行之日起 30 日内退货的,可申请退税,并相应调整和恢复个人年度交易总额。

127

但是，当年未使用完毕的额度不能转到下一年度继续累加使用（根据海关总署办公厅下发的《关于执行跨境电商税收新政有关事宜的通知》，一年的期限是从自然年计算，其中 2016 年自 4 月 8 日起算）。

（7）旅客自带（非代购）进境渠道的商品，也要按照海淘新政来征税。

答：这种理解是不正确的。对于旅客自带（非代购）渠道的商品，"在维持居民旅客进境物品 5000 元人民币免税限额不变基础上，允许其在口岸进境免税店增加一定数量的免税购物额，连同境外免税购物额总计不超过 8000 元人民币"。这里说的免税是完全免税（其实就是行邮税）的，而不是免除某个税种但其他税种又得征税。而且，从一些执法者的观点来看，要想免税就得同时符合以下三个条件：第一，境外购物的免税额度价值不得超过人民币 5000 元；第二，口岸进境免税店购物的免税额度价值不得超过人民币 3000 元；第三，境外＋口岸进境免税店购物的免税额度总价值不得超过人民币 8000 元。

案例一，王先生在香港买了人民币 2000 元商品，而在罗湖口岸进境免税店买了人民币 4000 元商品，这样就不符合免税条件，哪怕总额并没有超出人民币 8000 元的额度；

案例二，刘女士在澳门买了人民币 6000 元商品，而在横琴口岸进境免税店买了人民币 3000 元商品，这也不符合免税条件，因为只要两种方式中有任意一种超出上述规定的额度就不能享受完全免税的政策；

案例三，马先生在美国买了人民币 5000 元商品，而在广州白云机场进境免税店买了人民币 3000 元商品，这样无论从任意一种单独方式的额度来看，还是从总额来看都符合上述免税政策，因此就可以完全免税了。

（8）旅客自带（非代购）进境渠道的所有正常普通商品都可以按照上述 5000 元或 8000 元的标准来免税。

答：这种理解是不正确的。第一，还存在 20 种不予免税商品。这 20 种不予免税的商品具体包含：电视机、摄像机、录像机、放像机、音响设备、空调器、电冰箱（电冰柜）、洗衣机、照相机、复印机、程控电话交换机、微型计算机及外设、电话机、无限寻呼系统、传真机、电子计算器、打字

## 10. 从香港带 iPad 进境为何海关不以发票价即优选成交价格法估价征税

机及文字处理机、家具、灯具和餐料；第二，对于烟酒等特定商品也是单独予以监管的。香港、澳门地区居民及因私往来香港、澳门地区的内地居民，免税香烟 200 支，或雪茄 50 支，或烟丝 250 克；免税 12 度以上酒精饮料限 1 瓶（0.75 升以下）。其他旅客，免税香烟 400 支，或雪茄 100 支，或烟丝 500 克；免税 12 度以上酒精饮料限 2 瓶（1.5 升以下）。

（9）旅客在境外购买的商品是用来免费送给亲戚朋友的，因此不属于自用合理范围。

答：这种理解是不正确的。"自用"，指旅客本人自用、馈赠亲友而非为出售或出租等；"合理数量"，指海关根据旅客的情况、旅行目的和居留时间所确定的正常数量。总之，只要不是为了得到物质上的好处或报酬，大致就可以归入自用合理的范围。

（10）旅客自带（非代购）进境渠道的商品如果超出 5000 元或 8000 元标准就应按照发票或购物小票的价格来征税。

答：这种理解是不正确的。国务院关税税则委员会、海关总署等有权部门依法对各种类型的商品确定了一个固定的价格，根据这个价格来征税，而不论你买的商品实际花费了多少。但有一种情形例外，就是你买的商品价格超出了海关价格的 2 倍或者不到 1/2 倍，那就按照你购买的实际价格来征税（当然也要提供购买凭证）。以下案例为旅客所购货物很多，已超出 5000 元或 8000 元的免税额度，因此对其中物品都另需征税的情形：

案例一，孙先生购买的皮鞋为 500 元，按照海关的价格显示为 300 元一双，税率为 30%，那么孙先生就只需要征 90 元的税了；

案例二，牛女士购买的皮鞋为 1000 元，按照海关的价格显示为 300 元一双，但她买的鞋子的价格超出了海关价格的 2 倍以上，那么就应按照实际价格 1000 元的 30% 来征税（税率为 30%），那么牛女士就要征 300 元的税了；

案例三，罗先生购买的皮鞋为 100 元，按照海关的价格显示为 300 元一双，但她买的鞋子的价格不到海关价格的 1/2 倍，那么就应按照实际价

129

格 100 元的 30% 来征税（税率为 30%），那么罗先生就只需要征 30 元的税了。

### 六、法条链接

**《海关总署公告 2007 年第 25 号》（该规定目前已废止）中《入境旅客行李物品和个人邮递物品完税价格表》**

本表所列完税价格与应税物品实际价格相比悬殊达到 3 倍（或 1/3）及以上程度的，经现场科级领导同意，可以采取另行确定完税价格原则或按物品实际成交价格计征税赋。

**《海关总署公告 2012 年第 15 号》**

**第二条** 进境物品完税价格遵循以下原则确定：（一）进境物品的完税价格由海关依法遵循以下原则确定：1.《完税价格表》已列明完税价格的物品，按照《完税价格表》确定；2.《完税价格表》未列明完税价格的物品，按照相同物品相同来源地最近时间的主要市场零售价格确定其完税价格；3. 实际购买价格是《完税价格表》列明完税价格的 2 倍及以上，或是《完税价格表》列明完税价格的 1/2 及以下的物品，进境物品所有人应向海关提供销售方依法开具的真实交易的购物发票或收据，并承担相关责任。海关可以根据物品所有人提供的上述相关凭证，依法确定应税物品完税价格。（二）边疆地区民族特需商品的完税价格按照海关总署另行审定的完税价格表执行。

**《海关总署公告 2010 年第 54 号》**

**第一条** 进境居民旅客携带在境外获取的个人自用进境物品，总值在 5000 元人民币以内（含 5000 元）的；非居民旅客携带拟留在中国境内的个人自用进境物品，总值在 2000 元人民币以内（含 2000 元）的，海关予以免税放行，单一品种限自用、合理数量，但烟草制品、酒精制品以及国家规定应当征税的 20 种商品等另按有关规定办理。（目前该额度已经相应调高）

10. 从香港带 iPad 进境为何海关不以发票价即优选成交价格法估价征税

## 七、小贴士

（一）目前海关对进境物品现在通行的归类原则

（1）《归类表》已列名的物品，归入其列名类别；

（2）《归类表》未列名的物品，按其主要功能（或用途）归入相应类别；

（3）不能按照上述原则归入相应类别的物品，归入"其他物品"类别。

（二）目前海关对进境物品估价现在通行的定价原则

（1）完税价格是指海关在计征关税时使用的计税价格。完税价格是指海关根据有关规定对进出口货物进行审定或估定后通过估价确定的价格，它是海关征收关税的依据。通常完税价格就是发票上表明的成交价格，但只有当进出口商申报的价格被海关接受后才能成为进出口货物的完税价格；

（2）对《完税价格表》中未列明物品和明确另行确定完税价格的物品，仍实行估价制度。估价依次参考：相同物品相同来源地最近时间市场零售价格、行邮物品资料管理子系统中价格资料、有效购物凭证。相同物品按就低不就高原则选用；

（3）如果物品审定价格是列明的完税价格的 2 倍以下或 1/2 倍以上，需按照列明的完税价格计征行邮税；反之，如果物品审定价格是列明的完税价格的 2 倍及以上或 1/2 倍及以下，需将审定价格作为该物品的完税价格；

（4）对有可能存在的物品完税价格与实际购买价格差距的问题，是为了保证通关的快捷和征税的简化。考虑到物品种类及来源的多样性和价格确定的复杂性，海关认为已充分考虑了当前国内、国外有关物品的实际价格状况，尽可能使用了合理原则来确定物品的完税价格。

# 附件：旅检案件常用法律法规及进境物品归类表、进境物品完税价格表、文物出境审核标准

## 中华人民共和国海关法

（1987年1月22日第六届全国人民代表大会常务委员会第十九次会议通过；根据2000年7月8日第九届全国人民代表大会常务委员会第十六次会议《关于修改〈中华人民共和国海关法〉的决定》修正；根据2013年6月29日第十二届全国人民代表大会常务委员会第三次会议《关于修改〈中华人民共和国文物保护法〉等十二部法律的决定》第二次修正；根据2013年12月28日第十二届全国人民代表大会常务委员会第六次会议《关于修改〈中华人民共和国海洋保护法〉等七部法律决定》第三次修正）

### 第一章 总 则

**第一条** 为了维护国家的主权和利益，加强海关监督管理，促进对外经济贸易和科技文化交往，保障社会主义现代化建设，特制定本法。

**第二条** 中华人民共和国海关是国家的进出关境（以下简称进出境）监督管理机关。海关依照本法和其他有关法律、行政法规，监管进出境的运输工具、货物、行李物品、邮递物品和其他物品（以下简称进出境运输工具、货物、物品），征收关税和其他税、费，查缉走私，并编制海关统计和办理其他海关业务。

**第三条** 国务院设立海关总署，统一管理全国海关。

附件：旅检案件常用法律法规及进境物品归类表、
进境物品完税价格表、文物出境审核标准

国家在对外开放的口岸和海关监管业务集中的地点设立海关。海关的隶属关系，不受行政区划的限制。

海关依法独立行使职权，向海关总署负责。

**第四条** 国家在海关总署设立专门侦查走私犯罪的公安机构，配备专职缉私警察，负责对其管辖的走私犯罪案件的侦查、拘留、执行逮捕、预审。

海关侦查走私犯罪公安机构履行侦查、拘留、执行逮捕、预审职责，应当按照《中华人民共和国刑事诉讼法》的规定办理。

海关侦查走私犯罪公安机构根据国家有关规定，可以设立分支机构。各分支机构办理其管辖的走私犯罪案件，应当依法向有管辖权的人民检察院移送起诉。

地方各级公安机关应当配合海关侦查走私犯罪公安机构依法履行职责。

**第五条** 国家实行联合缉私、统一处理、综合治理的缉私体制。海关负责组织、协调、管理查缉走私工作。有关规定由国务院另行制定。

各有关行政执法部门查获的走私案件，应当给予行政处罚的，移送海关依法处理；涉嫌犯罪的，应当移送海关侦查走私犯罪公安机构、地方公安机关依据案件管辖分工和法定程序办理。

**第六条** 海关可以行使下列权力：

（一）检查进出境运输工具，查验进出境货物、物品；对违反本法或者其他有关法律、行政法规的，可以扣留。

（二）查阅进出境人员的证件；查问违反本法或者其他有关法律、行政法规的嫌疑人，调查其违法行为。

（三）查阅、复制与进出境运输工具、货物、物品有关的合同、发票、帐册、单据、记录、文件、业务函电、录音录像制品和其他资料；对其中与违反本法或者其他有关法律、行政法规的进出境运输工具、货物、物品有牵连的，可以扣留。

（四）在海关监管区和海关附近沿海沿边规定地区，检查有走私嫌疑的运输工具和有藏匿走私货物、物品嫌疑的场所，检查走私嫌疑人的身体；

对有走私嫌疑的运输工具、货物、物品和走私犯罪嫌疑人，经直属海关关长或者其授权的隶属海关关长批准，可以扣留；对走私犯罪嫌疑人，扣留时间不超过二十四小时，在特殊情况下可以延长至四十八小时。

在海关监管区和海关附近沿海沿边规定地区以外，海关在调查走私案件时，对有走私嫌疑的运输工具和除公民住处以外的有藏匿走私货物、物品嫌疑的场所，经直属海关关长或者其授权的隶属海关关长批准，可以进行检查，有关当事人应当到场；当事人未到场的，在有见证人在场的情况下，可以径行检查；对其中有证据证明有走私嫌疑的运输工具、货物、物品，可以扣留。

海关附近沿海沿边规定地区的范围，由海关总署和国务院公安部门会同有关省级人民政府确定。

（五）在调查走私案件时，经直属海关关长或者其授权的隶属海关关长批准，可以查询案件涉嫌单位和涉嫌人员在金融机构、邮政企业的存款、汇款。

（六）进出境运输工具或者个人违抗海关监管逃逸的，海关可以连续追至海关监管区和海关附近沿海沿边规定地区以外，将其带回处理。

（七）海关为履行职责，可以配备武器。海关工作人员佩带和使用武器的规则，由海关总署会同国务院公安部门制定，报国务院批准。

（八）法律、行政法规规定由海关行使的其他权力。

**第七条** 各地方、各部门应当支持海关依法行使职权，不得非法干预海关的执法活动。

**第八条** 进出境运输工具、货物、物品，必须通过设立海关的地点进境或者出境。在特殊情况下，需要经过未设立海关的地点临时进境或者出境的，必须经国务院或者国务院授权的机关批准，并依照本法规定办理海关手续。

**第九条** 进出口货物，除另有规定的外，可以由进出口货物收发货人自行办理报关纳税手续，也可以由进出口货物收发货人委托海关准予注册登记的报关企业办理报关纳税手续。

附件：旅检案件常用法律法规及进境物品归类表、
进境物品完税价格表、文物出境审核标准

进出境物品的所有人可以自行办理报关纳税手续，也可以委托他人办理报关纳税手续。

**第十条** 报关企业接受进出口货物收发货人的委托，以委托人的名义办理报关手续的，应当向海关提交由委托人签署的授权委托书，遵守本法对委托人的各项规定。

报关企业接受进出口货物收发货人的委托，以自己的名义办理报关手续的，应当承担与收发货人相同的法律责任。

委托人委托报关企业办理报关手续的，应当向报关企业提供所委托报关事项的真实情况；报关企业接受委托人的委托办理报关手续的，应当对委托人所提供情况的真实性进行合理审查。

**第十一条** 进出口货物收发货人、报关企业办理报关手续，必须依法经海关注册登记。未依法经海关注册登记，不得从事报关业务。

报关企业和报关人员不得非法代理他人报关，或者超出其业务范围进行报关活动。

**第十二条** 海关依法执行职务，有关单位和个人应当如实回答询问，并予以配合，任何单位和个人不得阻挠。

海关执行职务受到暴力抗拒时，执行有关任务的公安机关和人民武装警察部队应当予以协助。

**第十三条** 海关建立对违反本法规定逃避海关监管行为的举报制度。

任何单位和个人均有权对违反本法规定逃避海关监管的行为进行举报。

海关对举报或者协助查获违反本法案件的有功单位和个人，应当给予精神的或者物质的奖励。

海关应当为举报人保密。

## 第二章 进出境运输工具

**第十四条** 进出境运输工具到达或者驶离设立海关的地点时，运输工

135

具负责人应当向海关如实申报，交验单证，并接受海关监管和检查。

停留在设立海关的地点的进出境运输工具，未经海关同意，不得擅自驶离。

进出境运输工具从一个设立海关的地点驶往另一个设立海关的地点的，应当符合海关监管要求，办理海关手续，未办结海关手续的，不得改驶境外。

第十五条　进境运输工具在进境以后向海关申报以前，出境运输工具在办结海关手续以后出境以前，应当按照交通主管机关规定的路线行进；交通主管机关没有规定的，由海关指定。

第十六条　进出境船舶、火车、航空器到达和驶离时间、停留地点、停留期间更换地点以及装卸货物、物品时间，运输工具负责人或者有关交通运输部门应当事先通知海关。

第十七条　运输工具装卸进出境货物、物品或者上下进出境旅客，应当接受海关监管。

货物、物品装卸完毕，运输工具负责人应向海关递交反映实际装卸情况的交接单据和记录。

上下进出境运输工具的人员携带物品的，应当向海关如实申报，并接受海关检查。

第十八条　海关检查进出境运输工具时，运输工具负责人应当到场，并根据海关的要求开启舱室、房间、车门；有走私嫌疑的，并应开拆可能藏匿走私货物、物品的部位，搬移货物、物料。

海关根据工作需要，可以派员随运输工具执行职务，运输工具负责人应当提供方便。

第十九条　进境的境外运输工具和出境的境内运输工具，未向海关办理手续并缴纳关税，不得转让或者移作他用。

第二十条　进出境船舶和航空器兼营境内客、货运输，应当符合海关监管要求。

进出境运输工具改营境内运输，需向海关办理手续。

第二十一条 沿海运输船舶、渔船和从事海上作业的特种船舶，未经海关同意，不得载运或者换取、买卖、转让进出境货物、物品。

第二十二条 进出境船舶和航空器，由于不可抗力的原因，被迫在未设立海关的地点停泊、降落或者抛掷、起卸货物、物品，运输工具负责人应当立即报告附近海关。

## 第三章 进出境货物

第二十三条 进口货物自进境起到办结海关手续止，出口货物自向海关申报起到出境止，过境、转运和通运货物自进境起到出境止，应当接受海关监管。

第二十四条 进口货物的收货人、出口货物的发货人应当向海关如实申报，交验进出口许可证件和有关单证。国家限制进出口的货物，没有进出口许可证件的，不予放行，具体处理办法由国务院规定。

进口货物的收货人应当自运输工具申报进境之日起十四日内，出口货物的发货人除海关特准的外应当在货物运抵海关监管区后、装货的二十四小时以前，向海关申报。

进口货物的收货人超过前款规定期限向海关申报的，由海关征收滞报金。

第二十五条 办理进出口货物的海关申报手续，应当采用纸质报关单和电子数据报关单的形式。

第二十六条 海关接受申报后，报关单证及其内容不得修改或者撤销，但符合海关规定情形的除外。

第二十七条 进口货物的收货人经海关同意，可以在申报前查看货物或者提取货样。需要依法检疫的货物，应当在检疫合格后提取货样。

第二十八条 进出口货物应当接受海关查验。海关查验货物时，进口货物的收货人、出口货物的发货人应当到场，并负责搬移货物，开拆和重封货物的包装。海关认为必要时，可以径行开验、复验或者提取货样。

海关在特殊情况下对进出口货物予以免验，具体办法由海关总署制定。

第二十九条  除海关特准的外，进出口货物在收发货人缴清税款或者提供担保后，由海关签印放行。

第三十条  进口货物的收货人自运输工具申报进境之日起超过三个月未向海关申报的，其进口货物由海关提取依法变卖处理，所得价款在扣除运输、装卸、储存等费用和税款后，尚有余款的，自货物依法变卖之日起一年内，经收货人申请，予以发还；其中属于国家对进口有限制性规定，应当提交许可证件而不能提供的，不予发还。逾期无人申请或者不予发还的，上缴国库。

确属误卸或者溢卸的进境货物，经海关审定，由原运输工具负责人或者货物的收发货人自该运输工具卸货之日起三个月内，办理退运或者进口手续；必要时，经海关批准，可以延期三个月。逾期未办手续的，由海关按前款规定处理。

前两款所列货物不宜长期保存的，海关可以根据实际情况提前处理。

收货人或者货物所有人声明放弃的进口货物，由海关提取依法变卖处理；所得价款在扣除运输、装卸、储存等费用后，上缴国库。

第三十一条  经海关批准暂时进口或者暂时出口的货物，应当在六个月内复运出境或者复运进境；在特殊情况下，经海关同意，可以延期。

第三十二条  经营保税货物的储存、加工、装配、展示、运输、寄售业务和经营免税商店，应当符合海关监管要求，经海关批准，并办理注册手续。

保税货物的转让、转移以及进出保税场所，应当向海关办理有关手续，接受海关监管和查验。

第三十三条  企业从事加工贸易，应当持有关批准文件和加工贸易合同向海关备案，加工贸易制成品单位耗料量由海关按照有关规定核定。

加工贸易制成品应当在规定的期限内复出口。其中使用的进口料件，属于国家规定准予保税的，应当向海关办理核销手续；属于先征收税款的，

附件：旅检案件常用法律法规及进境物品归类表、
　　　进境物品完税价格表、文物出境审核标准

依法向海关办理退税手续。

加工贸易保税进口料件或者制成品因故转为内销的，海关凭准予内销的批准文件，对保税的进口料件依法征税；属于国家对进口有限制性规定的，还应当向海关提交进口许可证件。

**第三十四条** 经国务院批准在中华人民共和国境内设立的保税区等海关特殊监管区域，由海关按照国家有关规定实施监管。

**第三十五条** 进口货物应当由收货人在货物的进境地海关办理海关手续，出口货物应当由发货人在货物的出境地海关办理海关手续。

经收发货人申请，海关同意，进口货物的收货人可以在设有海关的指运地、出口货物的发货人可以在设有海关的启运地办理海关手续。上述货物的转关运输，应当符合海关监管要求；必要时，海关可以派员押运。

经电缆、管道或者其他特殊方式输送进出境的货物，经营单位应当定期向指定的海关申报和办理海关手续。

**第三十六条** 过境、转运和通运货物，运输工具负责人应当向进境地海关如实申报，并应当在规定期限内运输出境。

海关认为必要时，可以查验过境、转运和通运货物。

**第三十七条** 海关监管货物，未经海关许可，不得开拆、提取、交付、发运、调换、改装、抵押、质押、留置、转让、更换标记、移作他用或者进行其他处置。

海关加施的封志，任何人不得擅自开启或者损毁。

人民法院判决、裁定或者有关行政执法部门决定处理海关监管货物的，应当责令当事人办结海关手续。

**第三十八条** 经营海关监管货物仓储业务的企业，应当经海关注册，并按照海关规定，办理收存、交付手续。

在海关监管区外存放海关监管货物，应当经海关同意，并接受海关监管。

违反前两款规定或者在保管海关监管货物期间造成海关监管货物损毁或者灭失的，除不可抗力外，对海关监管货物负有保管义务的人应当承担

139

相应的纳税义务和法律责任。

第三十九条　进出境集装箱的监管办法、打捞进出境货物和沉船的监管办法、边境小额贸易进出口货物的监管办法，以及本法未具体列明的其他进出境货物的监管办法，由海关总署或者由海关总署会同国务院有关部门另行制定。

第四十条　国家对进出境货物、物品有禁止性或者限制性规定的，海关依据法律、行政法规、国务院的规定或者国务院有关部门依据法律、行政法规的授权作出的规定实施监管。具体监管办法由海关总署制定。

第四十一条　进出口货物的原产地按照国家有关原产地规则的规定确定。

第四十二条　进出口货物的商品归类按照国家有关商品归类的规定确定。

海关可以要求进出口货物的收发货人提供确定商品归类所需的有关资料；必要时，海关可以组织化验、检验，并将海关认定的化验、检验结果作为商品归类的依据。

第四十三条　海关可以根据对外贸易经营者提出的书面申请，对拟作进口或者出口的货物预先作出商品归类等行政裁定。

进口或者出口相同货物，应当适用相同的商品归类行政裁定。

海关对所作出的商品归类等行政裁定，应当予以公布。

第四十四条　海关依照法律、行政法规的规定，对与进出境货物有关的知识产权实施保护。

需要向海关申报知识产权状况的，进出口货物收发货人及其代理人应当按照国家规定向海关如实申报有关知识产权状况，并提交合法使用有关知识产权的证明文件。

第四十五条　自进出口货物放行之日起三年内或者在保税货物、减免税进口货物的海关监管期限内及其后的三年内，海关可以对与进出口货物直接有关的企业、单位的会计帐簿、会计凭证、报关单证以及其他有关资料和有关进出口货物实施稽查。具体办法由国务院规定。

附件：旅检案件常用法律法规及进境物品归类表、
进境物品完税价格表、文物出境审核标准

## 第四章　进出境物品

**第四十六条**　个人携带进出境的行李物品、邮寄进出境的物品，应当以自用、合理数量为限，并接受海关监管。

**第四十七条**　进出境物品的所有人应当向海关如实申报，并接受海关查验。

海关加施的封志，任何人不得擅自开启或者损毁。

**第四十八条**　进出境邮袋的装卸、转运和过境，应当接受海关监管。邮政企业应当向海关递交邮件路单。

邮政企业应当将开拆及封发国际邮袋的时间事先通知海关，海关应当按时派员到场监管查验。

**第四十九条**　邮运进出境的物品，经海关查验放行后，有关经营单位方可投递或者交付。

**第五十条**　经海关登记准予暂时免税进境或者暂时免税出境的物品，应当由本人复带出境或者复带进境。

过境人员未经海关批准，不得将其所带物品留在境内。

**第五十一条**　进出境物品所有人声明放弃的物品、在海关规定期限内未办理海关手续或者无人认领的物品，以及无法投递又无法退回的进境邮递物品，由海关依照本法第三十条的规定处理。

**第五十二条**　享有外交特权和豁免的外国机构或者人员的公务用品或者自用物品进出境，依照有关法律、行政法规的规定办理。

## 第五章　关　　税

**第五十三条**　准许进出口的货物、进出境物品，由海关依法征收关税。

141

第五十四条　进口货物的收货人、出口货物的发货人、进出境物品的所有人，是关税的纳税义务人。

第五十五条　进出口货物的完税价格，由海关以该货物的成交价格为基础审查确定。成交价格不能确定时，完税价格由海关依法估定。

进口货物的完税价格包括货物的货价、货物运抵中华人民共和国境内输入地点起卸前的运输及其相关费用、保险费；出口货物的完税价格包括货物的货价、货物运至中华人民共和国境内输出地点装载前的运输及其相关费用、保险费，但是其中包含的出口关税税额，应当予以扣除。

进出境物品的完税价格，由海关依法确定。

第五十六条　下列进出口货物、进出境物品，减征或者免征关税：

（一）无商业价值的广告品和货样；

（二）外国政府、国际组织无偿赠送的物资；

（三）在海关放行前遭受损坏或者损失的货物；

（四）规定数额以内的物品；

（五）法律规定减征、免征关税的其他货物、物品；

（六）中华人民共和国缔结或者参加的国际条约规定减征、免征关税的货物、物品。

第五十七条　特定地区、特定企业或者有特定用途的进出口货物，可以减征或者免征关税。特定减税或者免税的范围和办法由国务院规定。

依照前款规定减征或者免征关税进口的货物，只能用于特定地区、特定企业或者特定用途，未经海关核准并补缴关税，不得移作他用。

第五十八条　本法第五十六条、第五十七条第一款规定范围以外的临时减征或者免征关税，由国务院决定。

第五十九条　经海关批准暂时进口或者暂时出口的货物，以及特准进口的保税货物，在货物收发货人向海关缴纳相当于税款的保证金或者提供担保后，准予暂时免纳关税。

第六十条　进出口货物的纳税义务人，应当自海关填发税款缴款书之日起十五日内缴纳税款；逾期缴纳的，由海关征收滞纳金。纳税义务人、

担保人超过三个月仍未缴纳的,经直属海关关长或者其授权的隶属海关关长批准,海关可以采取下列强制措施:

（一）书面通知其开户银行或者其他金融机构从其存款中扣缴税款;

（二）将应税货物依法变卖,以变卖所得抵缴税款;

（三）扣留并依法变卖其价值相当于应纳税款的货物或者其他财产,以变卖所得抵缴税款。

海关采取强制措施时,对前款所列纳税义务人、担保人未缴纳的滞纳金同时强制执行。

进出境物品的纳税义务人,应当在物品放行前缴纳税款。

**第六十一条** 进出口货物的纳税义务人在规定的纳税期限内有明显的转移、藏匿其应税货物以及其他财产迹象的,海关可以责令纳税义务人提供担保;纳税义务人不能提供纳税担保的,经直属海关关长或者其授权的隶属海关关长批准,海关可以采取下列税收保全措施:

（一）书面通知纳税义务人开户银行或者其他金融机构暂停支付纳税义务人相当于应纳税款的存款;

（二）扣留纳税义务人价值相当于应纳税款的货物或者其他财产。

纳税义务人在规定的纳税期限内缴纳税款的,海关必须立即解除税收保全措施;期限届满仍未缴纳税款的,经直属海关关长或者其授权的隶属海关关长批准,海关可以书面通知纳税义务人开户银行或者其他金融机构从其暂停支付的存款中扣缴税款,或者依法变卖所扣留的货物或者其他财产,以变卖所得抵缴税款。

采取税收保全措施不当,或者纳税义务人在规定期限内已缴纳税款,海关未立即解除税收保全措施,致使纳税义务人的合法权益受到损失的,海关应当依法承担赔偿责任。

**第六十二条** 进出口货物、进出境物品放行后,海关发现少征或者漏征税款,应当自缴纳税款或者货物、物品放行之日起一年内,向纳税义务人补征。因纳税义务人违反规定而造成的少征或者漏征,海关在三年以内可以追征。

第六十三条　海关多征的税款，海关发现后应当立即退还；纳税义务人自缴纳税款之日起一年内，可以要求海关退还。

第六十四条　纳税义务人同海关发生纳税争议时，应当缴纳税款，并可以依法申请行政复议；对复议决定仍不服的，可以依法向人民法院提起诉讼。

第六十五条　进口环节海关代征税的征收管理，适用关税征收管理的规定。

# 第六章　海关事务担保

第六十六条　在确定货物的商品归类、估价和提供有效报关单证或者办结其他海关手续前，收发货人要求放行货物的，海关应当在其提供与其依法应当履行的法律义务相适应的担保后放行。法律、行政法规规定可以免除担保的除外。

法律、行政法规对履行海关义务的担保另有规定的，从其规定。

国家对进出境货物、物品有限制性规定，应当提供许可证件而不能提供的，以及法律、行政法规规定不得担保的其他情形，海关不得办理担保放行。

第六十七条　具有履行海关事务担保能力的法人、其他组织或者公民，可以成为担保人。法律规定不得为担保人的除外。

第六十八条　担保人可以以下列财产、权利提供担保：

（一）人民币、可自由兑换货币；

（二）汇票、本票、支票、债券、存单；

（三）银行或者非银行金融机构的保函；

（四）海关依法认可的其他财产、权利。

第六十九条　担保人应当在担保期限内承担担保责任。担保人履行担保责任的，不免除被担保人应当办理有关海关手续的义务。

附件：旅检案件常用法律法规及进境物品归类表、
　　　进境物品完税价格表、文物出境审核标准

第七十条　海关事务担保管理办法，由国务院规定。

# 第七章　执法监督

第七十一条　海关履行职责，必须遵守法律，维护国家利益，依照法定职权和法定程序严格执法，接受监督。

第七十二条　海关工作人员必须秉公执法，廉洁自律，忠于职守，文明服务，不得有下列行为：

（一）包庇、纵容走私或者与他人串通进行走私；

（二）非法限制他人人身自由，非法检查他人身体、住所或者场所，非法检查、扣留进出境运输工具、货物、物品；

（三）利用职权为自己或者他人谋取私利；

（四）索取、收受贿赂；

（五）泄露国家秘密、商业秘密和海关工作秘密；

（六）滥用职权，故意刁难，拖延监管、查验；

（七）购买、私分、占用没收的走私货物、物品；

（八）参与或者变相参与营利性经营活动；

（九）违反法定程序或者超越权限执行职务；

（十）其他违法行为。

第七十三条　海关应当根据依法履行职责的需要，加强队伍建设，使海关工作人员具有良好的政治、业务素质。

海关专业人员应当具有法律和相关专业知识，符合海关规定的专业岗位任职要求。

海关招收工作人员应当按照国家规定，公开考试，严格考核，择优录用。

海关应当有计划地对其工作人员进行政治思想、法制、海关业务培训和考核。海关工作人员必须定期接受培训和考核，经考核不合格的，不得

145

继续上岗执行职务。

**第七十四条** 海关总署应当实行海关关长定期交流制度。

海关关长定期向上一级海关述职，如实陈述其执行职务情况。海关总署应当定期对直属海关关长进行考核，直属海关应当定期对隶属海关关长进行考核。

**第七十五条** 海关及其工作人员的行政执法活动，依法接受监察机关的监督；缉私警察进行侦查活动，依法接受人民检察院的监督。

**第七十六条** 审计机关依法对海关的财政收支进行审计监督，对海关办理的与国家财政收支有关的事项，有权进行专项审计调查。

**第七十七条** 上级海关应当对下级海关的执法活动依法进行监督。上级海关认为下级海关作出的处理或者决定不适当的，可以依法予以变更或者撤销。

**第七十八条** 海关应当依照本法和其他有关法律、行政法规的规定，建立健全内部监督制度，对其工作人员执行法律、行政法规和遵守纪律的情况，进行监督检查。

**第七十九条** 海关内部负责审单、查验、放行、稽查和调查等主要岗位的职责权限应当明确，并相互分离、相互制约。

**第八十条** 任何单位和个人均有权对海关及其工作人员的违法、违纪行为进行控告、检举。收到控告、检举的机关有权处理的，应当依法按照职责分工及时查处。收到控告、检举的机关和负责查处的机关应当为控告人、检举人保密。

**第八十一条** 海关工作人员在调查处理违法案件时，遇有下列情形之一的，应当回避：

（一）是本案的当事人或者是当事人的近亲属；

（二）本人或者其近亲属与本案有利害关系；

（三）与本案当事人有其他关系，可能影响案件公正处理的。

附件：旅检案件常用法律法规及进境物品归类表、
进境物品完税价格表、文物出境审核标准

# 第八章 法律责任

**第八十二条** 违反本法及有关法律、行政法规，逃避海关监管，偷逃应纳税款、逃避国家有关进出境的禁止性或者限制性管理，有下列情形之一的，是走私行为：

（一）运输、携带、邮寄国家禁止或者限制进出境货物、物品或者依法应当缴纳税款的货物、物品进出境的；

（二）未经海关许可并且未缴纳应纳税款、交验有关许可证件，擅自将保税货物、特定减免税货物以及其他海关监管货物、物品、进境的境外运输工具，在境内销售的；

（三）有逃避海关监管，构成走私的其他行为的。

有前款所列行为之一，尚不构成犯罪的，由海关没收走私货物、物品及违法所得，可以并处罚款；专门或者多次用于掩护走私的货物、物品，专门或者多次用于走私的运输工具，予以没收，藏匿走私货物、物品的特制设备，责令拆毁或者没收。

有第一款所列行为之一，构成犯罪的，依法追究刑事责任。

**第八十三条** 有下列行为之一的，按走私行为论处，依照本法第八十二条的规定处罚：

（一）直接向走私人非法收购走私进口的货物、物品的；

（二）在内海、领海、界河、界湖，船舶及所载人员运输、收购、贩卖国家禁止或者限制进出境的货物、物品，或者运输、收购、贩卖依法应当缴纳税款的货物，没有合法证明的。

**第八十四条** 伪造、变造、买卖海关单证，与走私人通谋为走私人提供贷款、资金、帐号、发票、证明、海关单证，与走私人通谋为走私人提供运输、保管、邮寄或者其他方便，构成犯罪的，依法追究刑事责任；尚不构成犯罪的，由海关没收违法所得，并处罚款。

147

第八十五条 个人携带、邮寄超过合理数量的自用物品进出境，未依法向海关申报的，责令补缴关税，可以处以罚款。

第八十六条 违反本法规定有下列行为之一的，可以处以罚款，有违法所得的，没收违法所得：

（一）运输工具不经设立海关的地点进出境的；

（二）不将进出境运输工具到达的时间、停留的地点或者更换的地点通知海关的；

（三）进出口货物、物品或者过境、转运、通运货物向海关申报不实的；

（四）不按照规定接受海关对进出境运输工具、货物、物品进行检查、查验的；

（五）进出境运输工具未经海关同意，擅自装卸进出境货物、物品或者上下进出境旅客的；

（六）在设立海关的地点停留的进出境运输工具未经海关同意，擅自驶离的；

（七）进出境运输工具从一个设立海关的地点驶往另一个设立海关的地点，尚未办结海关手续又未经海关批准，中途擅自改驶境外或者境内未设立海关的地点的；

（八）进出境运输工具，不符合海关监管要求或者未向海关办理手续，擅自兼营或者改营境内运输的；

（九）由于不可抗力的原因，进出境船舶和航空器被迫在未设立海关的地点停泊、降落或者在境内抛掷、起卸货物、物品，无正当理由，不向附近海关报告的；

（十）未经海关许可，擅自将海关监管货物开拆、提取、交付、发运、调换、改装、抵押、质押、留置、转让、更换标记、移作他用或者进行其他处置的；

（十一）擅自开启或者损毁海关封志的；

（十二）经营海关监管货物的运输、储存、加工等业务，有关货物灭失

附件：旅检案件常用法律法规及进境物品归类表、
进境物品完税价格表、文物出境审核标准

或者有关记录不真实，不能提供正当理由的；

（十三）有违反海关监管规定的其他行为的。

第八十七条　海关准予从事有关业务的企业，违反本法有关规定的，由海关责令改正，可以给予警告，暂停其从事有关业务，直至撤销注册。

第八十八条　未经海关注册登记从事报关业务的，由海关予以取缔，没收违法所得，可以并处罚款。

第八十九条　报关企业非法代理他人报关或者超出其业务范围进行报关活动的，由海关责令改正，处以罚款；情节严重的，撤销其报关注册登记。

报关人员非法代理他人报关或者超出其业务范围进行报关活动的，由海关责令改正，处以罚款。

第九十条　进出口货物收发货人、报关企业向海关工作人员行贿的，由海关撤销其报关注册登记，并处以罚款；构成犯罪的，依法追究刑事责任，并不得重新注册登记为报关企业。

报关人员向海关工作人员行贿的，处以罚款；构成犯罪的，依法追究刑事责任。

第九十一条　违反本法规定进出口侵犯中华人民共和国法律、行政法规保护的知识产权的货物的，由海关依法没收侵权货物，并处以罚款；构成犯罪的，依法追究刑事责任。

第九十二条　海关依法扣留的货物、物品、运输工具，在人民法院判决或者海关处罚决定作出之前，不得处理。但是，危险品或者鲜活、易腐、易失效等不宜长期保存的货物、物品以及所有人申请先行变卖的货物、物品、运输工具，经直属海关关长或者其授权的隶属海关关长批准，可以先行依法变卖，变卖所得价款由海关保存，并通知其所有人。

人民法院判决没收或者海关决定没收的走私货物、物品、违法所得、走私运输工具、特制设备，由海关依法统一处理，所得价款和海关决定处以的罚款，全部上缴中央国库。

第九十三条　当事人逾期不履行海关的处罚决定又不申请复议或者向

人民法院提起诉讼的,作出处罚决定的海关可以将其保证金抵缴或者将其被扣留的货物、物品、运输工具依法变价抵缴,也可以申请人民法院强制执行。

**第九十四条** 海关在查验进出境货物、物品时,损坏被查验的货物、物品的,应当赔偿实际损失。

**第九十五条** 海关违法扣留货物、物品、运输工具,致使当事人的合法权益受到损失的,应当依法承担赔偿责任。

**第九十六条** 海关工作人员有本法第七十二条所列行为之一的,依法给予行政处分;有违法所得的,依法没收违法所得;构成犯罪的,依法追究刑事责任。

**第九十七条** 海关的财政收支违反法律、行政法规规定的,由审计机关以及有关部门依照法律、行政法规的规定作出处理;对直接负责的主管人员和其他直接责任人员,依法给予行政处分;构成犯罪的,依法追究刑事责任。

**第九十八条** 未按照本法规定为控告人、检举人、举报人保密的,对直接负责的主管人员和其他直接责任人员,由所在单位或者有关单位依法给予行政处分。

**第九十九条** 海关工作人员在调查处理违法案件时,未按照本法规定进行回避的,对直接负责的主管人员和其他直接责任人员,依法给予行政处分。

# 第九章 附　　则

**第一百条** 本法下列用语的含义:

直属海关,是指直接由海关总署领导,负责管理一定区域范围内的海关业务的海关;隶属海关,是指由直属海关领导,负责办理具体海关业务的海关。

附件：旅检案件常用法律法规及进境物品归类表、
　　　进境物品完税价格表、文物出境审核标准

　　进出境运输工具，是指用以载运人员、货物、物品进出境的各种船舶、车辆、航空器和驮畜。

　　过境、转运和通运货物，是指由境外启运、通过中国境内继续运往境外的货物。其中，通过境内陆路运输的，称过境货物；在境内设立海关的地点换装运输工具，而不通过境内陆路运输的，称转运货物；由船舶、航空器载运进境并由原装运输工具载运出境的，称通运货物。

　　海关监管货物，是指本法第二十三条所列的进出口货物，过境、转运、通运货物，特定减免税货物，以及暂时进出口货物、保税货物和其他尚未办结海关手续的进出境货物。

　　保税货物，是指经海关批准未办理纳税手续进境，在境内储存、加工、装配后复运出境的货物。

　　海关监管区，是指设立海关的港口、车站、机场、国界孔道、国际邮件互换局（交换站）和其他有海关监管业务的场所，以及虽未设立海关，但是经国务院批准的进出境地点。

　　**第一百零一条**　经济特区等特定地区同境内其他地区之间往来的运输工具、货物、物品的监管办法，由国务院另行规定。

　　**第一百零二条**　本法自1987年7月1日起施行。1951年4月18日中央人民政府公布的《中华人民共和国暂行海关法》同时废止。

# 中华人民共和国海关行政处罚实施条例

## 第一章 总 则

**第一条** 为了规范海关行政处罚，保障海关依法行使职权，保护公民、法人或者其他组织的合法权益，根据《中华人民共和国海关法》（以下简称海关法）及其他有关法律的规定，制定本实施条例。

**第二条** 依法不追究刑事责任的走私行为和违反海关监管规定的行为，以及法律、行政法规规定由海关实施行政处罚的行为的处理，适用本实施条例。

**第三条** 海关行政处罚由发现违法行为的海关管辖，也可以由违法行为发生地海关管辖。

2个以上海关都有管辖权的案件，由最先发现违法行为的海关管辖。

管辖不明确的案件，由有关海关协商确定管辖，协商不成的，报请共同的上级海关指定管辖。

重大、复杂的案件，可以由海关总署指定管辖。

**第四条** 海关发现的依法应当由其他行政机关处理的违法行为，应当移送有关行政机关处理；违法行为涉嫌犯罪的，应当移送海关侦查走私犯罪公安机构、地方公安机关依法办理。

**第五条** 依照本实施条例处以警告、罚款等行政处罚，但不没收进出境货物、物品、运输工具的，不免除有关当事人依法缴纳税款、提交进出口许可证件、办理有关海关手续的义务。

**第六条** 抗拒、阻碍海关侦查走私犯罪公安机构依法执行职务的，由设在直属海关、隶属海关的海关侦查走私犯罪公安机构依照治安管理处罚

附件：旅检案件常用法律法规及进境物品归类表、
　　　进境物品完税价格表、文物出境审核标准

的有关规定给予处罚。

抗拒、阻碍其他海关工作人员依法执行职务的，应当报告地方公安机关依法处理。

## 第二章　走私行为及其处罚

**第七条**　违反海关法及其他有关法律、行政法规，逃避海关监管，偷逃应纳税款、逃避国家有关进出境的禁止性或者限制性管理，有下列情形之一的，是走私行为：

（一）未经国务院或者国务院授权的机关批准，从未设立海关的地点运输、携带国家禁止或者限制进出境的货物、物品或者依法应当缴纳税款的货物、物品进出境的；

（二）经过设立海关的地点，以藏匿、伪装、瞒报、伪报或者其他方式逃避海关监管，运输、携带、邮寄国家禁止或者限制进出境的货物、物品或者依法应当缴纳税款的货物、物品进出境的；

（三）使用伪造、变造的手册、单证、印章、账册、电子数据或者以其他方式逃避海关监管，擅自将海关监管货物、物品、进境的境外运输工具，在境内销售的；

（四）使用伪造、变造的手册、单证、印章、账册、电子数据或者以伪报加工贸易制成品单位耗料量等方式，致使海关监管货物、物品脱离监管的；

（五）以藏匿、伪装、瞒报、伪报或者其他方式逃避海关监管，擅自将保税区、出口加工区等海关特殊监管区域内的海关监管货物、物品，运出区外的；

（六）有逃避海关监管，构成走私的其他行为的。

**第八条**　有下列行为之一的，按走私行为论处：

（一）明知是走私进口的货物、物品，直接向走私人非法收购的；

153

（二）在内海、领海、界河、界湖，船舶及所载人员运输、收购、贩卖国家禁止或者限制进出境的货物、物品，或者运输、收购、贩卖依法应当缴纳税款的货物，没有合法证明的。

第九条 有本实施条例第七条、第八条所列行为之一的，依照下列规定处罚：

（一）走私国家禁止进出口的货物的，没收走私货物及违法所得，可以并处100万元以下罚款；走私国家禁止进出境的物品的，没收走私物品及违法所得，可以并处10万元以下罚款；

（二）应当提交许可证件而未提交但未偷逃税款，走私国家限制进出境的货物、物品的，没收走私货物、物品及违法所得，可以并处走私货物、物品等值以下罚款；

（三）偷逃应纳税款但未逃避许可证件管理，走私依法应当缴纳税款的货物、物品的，没收走私货物、物品及违法所得，可以并处偷逃应纳税款3倍以下罚款。

专门用于走私的运输工具或者用于掩护走私的货物、物品，2年内3次以上用于走私的运输工具或者用于掩护走私的货物、物品，应当予以没收。藏匿走私货物、物品的特制设备、夹层、暗格，应当予以没收或者责令拆毁。使用特制设备、夹层、暗格实施走私的，应当从重处罚。

第十条 与走私人通谋为走私人提供贷款、资金、账号、发票、证明、海关单证的，与走私人通谋为走私人提供走私货物、物品的提取、发运、运输、保管、邮寄或者其他方便的，以走私的共同当事人论处，没收违法所得，并依照本实施条例第九条的规定予以处罚。

第十一条 报关企业、报关人员和海关准予从事海关监管货物的运输、储存、加工、装配、寄售、展示等业务的企业，构成走私犯罪或者1年内有2次以上走私行为的，海关可以撤销其注册登记、取消其报关从业资格。

## 第三章 违反海关监管规定的行为及其处罚

**第十二条** 违反海关法及其他有关法律、行政法规和规章但不构成走私行为的，是违反海关监管规定的行为。

**第十三条** 违反国家进出口管理规定，进出口国家禁止进出口的货物的，责令退运，处 100 万元以下罚款。

**第十四条** 违反国家进出口管理规定，进出口国家限制进出口的货物，进出口货物的收发货人向海关申报时不能提交许可证件的，进出口货物不予放行，处货物价值 30% 以下罚款。

违反国家进出口管理规定，进出口属于自动进出口许可管理的货物，进出口货物的收发货人向海关申报时不能提交自动许可证明的，进出口货物不予放行。

**第十五条** 进出口货物的品名、税则号列、数量、规格、价格、贸易方式、原产地、启运地、运抵地、最终目的地或者其他应当申报的项目未申报或者申报不实的，分别依照下列规定予以处罚，有违法所得的，没收违法所得：

（一）影响海关统计准确性的，予以警告或者处 1000 元以上 1 万元以下罚款

（二）影响海关监管秩序的，予以警告或者处 1000 元以上 3 万元以下罚款；

（三）影响国家许可证件管理的，处货物价值 5% 以上 30% 以下罚款；

（四）影响国家税款征收的，处漏缴税款 30% 以上 2 倍以下罚款；

（五）影响国家外汇、出口退税管理的，处申报价格 10% 以上 50% 以下罚款。

**第十六条** 进出口货物收发货人未按照规定向报关企业提供所委托报关事项的真实情况，致使发生本实施条例第十五条规定情形的，对委托人

海关行政处罚案例精解

依照本实施条例第十五条的规定予以处罚。

**第十七条** 报关企业、报关人员对委托人所提供情况的真实性未进行合理审查，或者因工作疏忽致使发生本实施条例第十五条规定情形的，可以对报关企业处货物价值10%以下罚款，暂停其6个月以内从事报关业务或者执业；情节严重的，撤销其报关注册登记、取消其报关从业资格。

**第十八条** 有下列行为之一的，处货物价值5%以上30%以下罚款，有违法所得的，没收违法所得：

（一）未经海关许可，擅自将海关监管货物开拆、提取、交付、发运、调换、改装、抵押、质押、留置、转让、更换标记、移作他用或者进行其他处置的；

（二）未经海关许可，在海关监管区以外存放海关监管货物的；

（三）经营海关监管货物的运输、储存、加工、装配、寄售、展示等业务，有关货物灭失、数量短少或者记录不真实，不能提供正当理由的；

（四）经营保税货物的运输、储存、加工、装配、寄售、展示等业务，不依照规定办理收存、交付、结转、核销等手续，或者中止、延长、变更、转让有关合同不依照规定向海关办理手续的；

（五）未如实向海关申报加工贸易制成品单位耗料量的；

（六）未按照规定期限将过境、转运、通运货物运输出境，擅自留在境内的；

（七）未按照规定期限将暂时进出口货物复运出境或者复运进境，擅自留在境内或者境外的；

（八）有违反海关监管规定的其他行为，致使海关不能或者中断对进出口货物实施监管的。

前款规定所涉货物属于国家限制进出口需要提交许可证件，当事人在规定期限内不能提交许可证件的，另处货物价值30%以下罚款；漏缴税款的，可以另处漏缴税款1倍以下罚款。

**第十九条** 有下列行为之一的，予以警告，可以处物品价值20%以下罚款，有违法所得的，没收违法所得：

附件：旅检案件常用法律法规及进境物品归类表、
进境物品完税价格表、文物出境审核标准

（一）未经海关许可，擅自将海关尚未放行的进出境物品开拆、交付、投递、转移或者进行其他处置的；

（二）个人运输、携带、邮寄超过合理数量的自用物品进出境未向海关申报的；

（三）个人运输、携带、邮寄超过规定数量但仍属自用的国家限制进出境物品进出境，未向海关申报但没有以藏匿、伪装等方式逃避海关监管的；

（四）个人运输、携带、邮寄物品进出境，申报不实的；

（五）经海关登记准予暂时免税进境或者暂时免税出境的物品，未按照规定复带出境或者复带进境的；

（六）未经海关批准，过境人员将其所带物品留在境内的。

第二十条　运输、携带、邮寄国家禁止进出境的物品进出境，未向海关申报但没有以藏匿、伪装等方式逃避海关监管的，予以没收，或者责令退回，或者在海关监管下予以销毁或者进行技术处理。

第二十一条　有下列行为之一的，予以警告，可以处10万元以下罚款，有违法所得的，没收违法所得：

（一）运输工具不经设立海关的地点进出境的；

（二）在海关监管区停留的进出境运输工具，未经海关同意擅自驶离的；

（三）进出境运输工具从一个设立海关的地点驶往另一个设立海关的地点，尚未办结海关手续又未经海关批准，中途改驶境外或者境内未设立海关的地点的；

（四）进出境运输工具到达或者驶离设立海关的地点，未按照规定向海关申报、交验有关单证或者交验的单证不真实的。

第二十二条　有下列行为之一的，予以警告，可以处5万元以下罚款，有违法所得的，没收违法所得：

（一）未经海关同意，进出境运输工具擅自装卸进出境货物、物品或者上下进出境旅客的；

（二）未经海关同意，进出境运输工具擅自兼营境内客货运输或者用于

157

进出境运输以外的其他用途的;

（三）未按照规定办理海关手续,进出境运输工具擅自改营境内运输的;

（四）未按照规定期限向海关传输舱单等电子数据、传输的电子数据不准确或者未按照规定期限保存相关电子数据,影响海关监管的;

（五）进境运输工具在进境以后向海关申报以前,出境运输工具在办结海关手续以后出境以前,不按照交通主管部门或者海关指定的路线行进的;

（六）载运海关监管货物的船舶、汽车不按照海关指定的路线行进的;

（七）进出境船舶和航空器,由于不可抗力被迫在未设立海关的地点停泊、降落或者在境内抛掷、起卸货物、物品,无正当理由不向附近海关报告的;

（八）无特殊原因,未将进出境船舶、火车、航空器到达的时间、停留的地点或者更换的时间、地点事先通知海关的;

（九）不按照规定接受海关对进出境运输工具、货物、物品进行检查、查验的。

第二十三条　有下列行为之一的,予以警告,可以处3万元以下罚款:

（一）擅自开启或者损毁海关封志的;

（二）遗失海关制发的监管单证、手册等凭证,妨碍海关监管的;

（三）有违反海关监管规定的其他行为,致使海关不能或者中断对进出境运输工具、物品实施监管的。

第二十四条　伪造、变造、买卖海关单证的,处5万元以上50万元以下罚款,有违法所得的,没收违法所得;构成犯罪的,依法追究刑事责任。

第二十五条　进出口侵犯中华人民共和国法律、行政法规保护的知识产权的货物的,没收侵权货物,并处货物价值30%以下罚款;构成犯罪的,依法追究刑事责任。

需要向海关申报知识产权状况,进出口货物收发货人及其代理人未按照规定向海关如实申报有关知识产权状况,或者未提交合法使用有关知识

附件：旅检案件常用法律法规及进境物品归类表、
进境物品完税价格表、文物出境审核标准

产权的证明文件的，可以处5万元以下罚款。

第二十六条 报关企业、报关人员和海关准予从事海关监管货物的运输、储存、加工、装配、寄售、展示等业务的企业，有下列情形之一的，责令改正，给予警告，可以暂停其6个月以内从事有关业务或者执业：

（一）拖欠税款或者不履行纳税义务的；

（二）报关企业出让其名义供他人办理进出口货物报关纳税事宜的；

（三）损坏或者丢失海关监管货物，不能提供正当理由的；

（四）有需要暂停其从事有关业务或者执业的其他违法行为的。

第二十七条 报关企业、报关人员和海关准予从事海关监管货物的运输、储存、加工、装配、寄售、展示等业务的企业，有下列情形之一的，海关可以撤销其注册登记、取消其报关从业资格：

（一）1年内3人次以上被海关暂停执业的；

（二）被海关暂停从事有关业务或者执业，恢复从事有关业务或者执业后1年内再次发生本实施条例第二十六条规定情形的；

（三）有需要撤销其注册登记或者取消其报关从业资格的其他违法行为的。

第二十八条 报关企业、报关人员非法代理他人报关或者超出海关准予的从业范围进行报关活动的，责令改正，处5万元以下罚款，暂停其6个月以内从事报关业务或者执业；情节严重的，撤销其报关注册登记、取消其报关从业资格。

第二十九条 进出口货物收发货人、报关企业、报关人员向海关工作人员行贿的，撤销其报关注册登记、取消其报关从业资格，并处10万元以下罚款；构成犯罪的，依法追究刑事责任，并不得重新注册登记为报关企业和取得报关从业资格。

第三十条 未经海关注册登记和未取得报关从业资格从事报关业务的，予以取缔，没收违法所得，可以并处10万元以下罚款。

第三十一条 提供虚假资料骗取海关注册登记、报关从业资格的，撤销其注册登记、取消其报关从业资格，并处30万元以下罚款。

159

**第三十二条** 法人或者其他组织有违反海关法的行为,除处罚该法人或者组织外,对其主管人员和直接责任人员予以警告,可以处 5 万元以下罚款,有违法所得的,没收违法所得。

# 第四章 对违反海关法行为的调查

**第三十三条** 海关发现公民、法人或者其他组织有依法应当由海关给予行政处罚的行为的,应当立案调查。

**第三十四条** 海关立案后,应当全面、客观、公正、及时地进行调查、收集证据。

海关调查、收集证据,应当按照法律、行政法规及其他有关规定的要求办理。

海关调查、收集证据时,海关工作人员不得少于 2 人,并应当向被调查人出示证件。

调查、收集的证据涉及国家秘密、商业秘密或者个人隐私的,海关应当保守秘密。

**第三十五条** 海关依法检查走私嫌疑人的身体,应当在隐蔽的场所或者非检查人员的视线之外,由 2 名以上与被检查人同性别的海关工作人员执行。

走私嫌疑人应当接受检查,不得阻挠。

**第三十六条** 海关依法检查运输工具和场所,查验货物、物品,应当制作检查、查验记录。

**第三十七条** 海关依法扣留走私犯罪嫌疑人,应当制发扣留走私犯罪嫌疑人决定书。对走私犯罪嫌疑人,扣留时间不超过 24 小时,在特殊情况下可以延长至 48 小时。

海关应当在法定扣留期限内对被扣留人进行审查。排除犯罪嫌疑或者法定扣留期限届满的,应当立即解除扣留,并制发解除扣留决定书。

附件：旅检案件常用法律法规及进境物品归类表、
进境物品完税价格表、文物出境审核标准

第三十八条　下列货物、物品、运输工具及有关账册、单据等资料，海关可以依法扣留：

（一）有走私嫌疑的货物、物品、运输工具；

（二）违反海关法或者其他有关法律、行政法规的货物、物品、运输工具；

（三）与违反海关法或者其他有关法律、行政法规的货物、物品、运输工具有牵连的账册、单据等资料；

（四）法律、行政法规规定可以扣留的其他货物、物品、运输工具及有关账册、单据等资料。

第三十九条　有违法嫌疑的货物、物品、运输工具无法或者不便扣留的，当事人或者运输工具负责人应当向海关提供等值的担保，未提供等值担保的，海关可以扣留当事人等值的其他财产。

第四十条　海关扣留货物、物品、运输工具以及账册、单据等资料的期限不得超过1年。因案件调查需要，经直属海关关长或者其授权的隶属海关关长批准，可以延长，延长期限不得超过1年。但复议、诉讼期间不计算在内。

第四十一条　有下列情形之一的，海关应当及时解除扣留：

（一）排除违法嫌疑的；

（二）扣留期限、延长期限届满的；

（三）已经履行海关行政处罚决定的；

（四）法律、行政法规规定应当解除扣留的其他情形。

第四十二条　海关依法扣留货物、物品、运输工具、其他财产以及账册、单据等资料，应当制发海关扣留凭单，由海关工作人员、当事人或者其代理人、保管人、见证人签字或者盖章，并可以加施海关封志。加施海关封志的，当事人或者其代理人、保管人应当妥善保管。

海关解除对货物、物品、运输工具、其他财产以及账册、单据等资料的扣留，或者发还等值的担保，应当制发海关解除扣留通知书、海关解除担保通知书，并由海关工作人员、当事人或者其代理人、保管人、见证人

161

签字或者盖章。

**第四十三条** 海关查问违法嫌疑人或者询问证人，应当个别进行，并告知其权利和作伪证应当承担的法律责任。违法嫌疑人、证人必须如实陈述、提供证据。

海关查问违法嫌疑人或者询问证人应当制作笔录，并当场交其辨认，没有异议的，立即签字确认；有异议的，予以更正后签字确认。

严禁刑讯逼供或者以威胁、引诱、欺骗等非法手段收集证据。

海关查问违法嫌疑人，可以到违法嫌疑人的所在单位或者住处进行，也可以要求其到海关或者海关指定的地点进行。

**第四十四条** 海关收集的物证、书证应当是原物、原件。收集原物、原件确有困难的，可以拍摄、复制，并可以指定或者委托有关单位或者个人对原物、原件予以妥善保管。

海关收集物证、书证，应当开列清单，注明收集的日期，由有关单位或者个人确认后签字或者盖章。

海关收集电子数据或者录音、录像等视听资料，应当收集原始载体。收集原始载体确有困难的，可以收集复制件，注明制作方法、制作时间、制作人等，并由有关单位或者个人确认后签字或者盖章。

**第四十五条** 根据案件调查需要，海关可以对有关货物、物品进行取样化验、鉴定。

海关提取样品时，当事人或者其代理人应当到场；当事人或者其代理人未到场的，海关应当邀请见证人到场。提取的样品，海关应当予以加封，并由海关工作人员及当事人或者其代理人、见证人确认后签字或者盖章。

化验、鉴定应当交由海关化验鉴定机构或者委托国家认可的其他机构进行。

化验人、鉴定人进行化验、鉴定后，应当出具化验报告、鉴定结论，并签字或者盖章。

**第四十六条** 根据海关法有关规定，海关可以查询案件涉嫌单位和涉嫌人员在金融机构、邮政企业的存款、汇款。

附件：旅检案件常用法律法规及进境物品归类表、
　　　进境物品完税价格表、文物出境审核标准

海关查询案件涉嫌单位和涉嫌人员在金融机构、邮政企业的存款、汇款，应当出示海关协助查询通知书。

第四十七条　海关依法扣留的货物、物品、运输工具，在人民法院判决或者海关行政处罚决定作出之前，不得处理。但是，危险品或者鲜活、易腐、易烂、易失效、易变质等不宜长期保存的货物、物品以及所有人申请先行变卖的货物、物品、运输工具，经直属海关关长或者其授权的隶属海关关长批准，可以先行依法变卖，变卖所得价款由海关保存，并通知其所有人。

第四十八条　当事人有权根据海关法的规定要求海关工作人员回避。

## 第五章　海关行政处罚的决定和执行

第四十九条　海关作出暂停从事有关业务、暂停报关执业、撤销海关注册登记、取消报关从业资格、对公民处 1 万元以上罚款、对法人或者其他组织处 10 万元以上罚款、没收有关货物、物品、走私运输工具等行政处罚决定之前，应当告知当事人有要求举行听证的权利；当事人要求听证的，海关应当组织听证。

海关行政处罚听证办法由海关总署制定。

第五十条　案件调查终结，海关关长应当对调查结果进行审查，根据不同情况，依法作出决定。

对情节复杂或者重大违法行为给予较重的行政处罚，应当由海关案件审理委员会集体讨论决定。

第五十一条　同一当事人实施了走私和违反海关监管规定的行为且二者之间有因果关系的，依照本实施条例对走私行为的规定从重处罚，对其违反海关监管规定的行为不再另行处罚。

同一当事人就同一批货物、物品分别实施了 2 个以上违反海关监管规定的行为且二者之间有因果关系的，依照本实施条例分别规定的处罚幅度，择其重者处罚。

第五十二条　对2个以上当事人共同实施的违法行为，应当区别情节及责任，分别给予处罚。

第五十三条　有下列情形之一的，应当从重处罚：

（一）因走私被判处刑罚或者被海关行政处罚后在2年内又实施走私行为的；

（二）因违反海关监管规定被海关行政处罚后在1年内又实施同一违反海关监管规定的行为的；

（三）有其他依法应当从重处罚的情形的。

第五十四条　海关对当事人违反海关法的行为依法给予行政处罚的，应当制作行政处罚决定书。

对同一当事人实施的2个以上违反海关法的行为，可以制发1份行政处罚决定书。

对2个以上当事人分别实施的违反海关法的行为，应当分别制发行政处罚决定书。

对2个以上当事人共同实施的违反海关法的行为，应当制发1份行政处罚决定书，区别情况对各当事人分别予以处罚，但需另案处理的除外。

第五十五条　行政处罚决定书应当依照有关法律规定送达当事人。

依法予以公告送达的，海关应当将行政处罚决定书的正本张贴在海关公告栏内，并在报纸上刊登公告。

第五十六条　海关作出没收货物、物品、走私运输工具的行政处罚决定，有关货物、物品、走私运输工具无法或者不便没收的，海关应当追缴上述货物、物品、走私运输工具的等值价款。

第五十七条　法人或者其他组织实施违反海关法的行为后，有合并、分立或者其他资产重组情形的，海关应当以原法人、组织作为当事人。

对原法人、组织处以罚款、没收违法所得或者依法追缴货物、物品、走私运输工具的等值价款的，应当以承受其权利义务的法人、组织作为被执行人。

附件：旅检案件常用法律法规及进境物品归类表、
进境物品完税价格表、文物出境审核标准

第五十八条 罚款、违法所得和依法追缴的货物、物品、走私运输工具的等值价款，应当在海关行政处罚决定规定的期限内缴清。

当事人按期履行行政处罚决定、办结海关手续的，海关应当及时解除其担保。

第五十九条 受海关处罚的当事人或者其法定代表人、主要负责人应当在出境前缴清罚款、违法所得和依法追缴的货物、物品、走私运输工具的等值价款。在出境前未缴清上述款项的，应当向海关提供相当于上述款项的担保。未提供担保，当事人是自然人的，海关可以通知出境管理机关阻止其出境；当事人是法人或者其他组织的，海关可以通知出境管理机关阻止其法定代表人或者主要负责人出境。

第六十条 当事人逾期不履行行政处罚决定的，海关可以采取下列措施：

（一）到期不缴纳罚款的，每日按罚款数额的3%加处罚款；

（二）根据海关法规定，将扣留的货物、物品、运输工具变价抵缴，或者以当事人提供的担保抵缴；

（三）申请人民法院强制执行。

第六十一条 当事人确有经济困难，申请延期或者分期缴纳罚款的，经海关批准，可以暂缓或者分期缴纳罚款。

当事人申请延期或者分期缴纳罚款的，应当以书面形式提出，海关收到申请后，应当在10个工作日内作出决定，并通知申请人。海关同意当事人暂缓或者分期缴纳的，应当及时通知收缴罚款的机构。

第六十二条 有下列情形之一的，有关货物、物品、违法所得、运输工具、特制设备由海关予以收缴：

（一）依照《中华人民共和国行政处罚法》第二十五条、第二十六条规定不予行政处罚的当事人携带、邮寄国家禁止进出境的货物、物品进出境的；

（二）散发性邮寄国家禁止、限制进出境的物品进出境或者携带数量零星的国家禁止进出境的物品进出境，依法可以不予行政处罚的；

165

（三）依法应当没收的货物、物品、违法所得、走私运输工具、特制设备，在海关作出行政处罚决定前，作为当事人的自然人死亡或者作为当事人的法人、其他组织终止，且无权利义务承受人的；

（四）走私违法事实基本清楚，但当事人无法查清，自海关公告之日起满3个月的；

（五）有违反法律、行政法规，应当予以收缴的其他情形的。

海关收缴前款规定的货物、物品、违法所得、运输工具、特制设备，应当制发清单，由被收缴人或者其代理人、见证人签字或者盖章。被收缴人无法查清且无见证人的，应当予以公告。

**第六十三条** 人民法院判决没收的走私货物、物品、违法所得、走私运输工具、特制设备，或者海关决定没收、收缴的货物、物品、违法所得、走私运输工具、特制设备，由海关依法统一处理，所得价款和海关收缴的罚款，全部上缴中央国库。

## 第六章 附　　则

**第六十四条** 本实施条例下列用语的含义是：

"设立海关的地点"，指海关在港口、车站、机场、国界孔道、国际邮件互换局（交换站）等海关监管区设立的卡口，海关在保税区、出口加工区等海关特殊监管区域设立的卡口，以及海关在海上设立的中途监管站。

"许可证件"，指依照国家有关规定，当事人应当事先申领，并由国家有关主管部门颁发的准予进口或者出口的证明、文件。

"合法证明"，指船舶及所载人员依照国家有关规定或者依照国际运输惯例所必须持有的证明其运输、携带、收购、贩卖所载货物、物品真实、合法、有效的商业单证、运输单证及其他有关证明、文件。

"物品"，指个人以运输、携带等方式进出境的行李物品、邮寄进出境的物品，包括货币、金银等。超出自用、合理数量的，视为货物。

附件：旅检案件常用法律法规及进境物品归类表、
进境物品完税价格表、文物出境审核标准

"自用"，指旅客或者收件人本人自用、馈赠亲友而非为出售或者出租。

"合理数量"，指海关根据旅客或者收件人的情况、旅行目的和居留时间所确定的正常数量。

"货物价值"，指进出口货物的完税价格、关税、进口环节海关代征税之和。

"物品价值"，指进出境物品的完税价格、进口税之和。

"应纳税款"，指进出口货物、物品应当缴纳的进出口关税、进口环节海关代征税之和。

"专门用于走私的运输工具"，指专为走私而制造、改造、购买的运输工具。

"以上"、"以下"、"以内"、"届满"，均包括本数在内。

第六十五条 海关对外国人、无国籍人、外国企业或者其他组织给予行政处罚的，适用本实施条例。

第六十六条 国家禁止或者限制进出口的货物目录，由国务院对外贸易主管部门依照《中华人民共和国对外贸易法》的规定办理；国家禁止或者限制进出境的物品目录，由海关总署公布。

第六十七条 依照海关规章给予行政处罚的，应当遵守本实施条例规定的程序。

第六十八条 本实施条例自 2004 年 11 月 1 日起施行。1993 年 2 月 17 日国务院批准修订、1993 年 4 月 1 日海关总署发布的《中华人民共和国海关法行政处罚实施细则》同时废止。

# 中华人民共和国海关办理行政处罚案件程序规定

(署令第 159 号)

## 第一章 总 则

**第一条** 为了规范海关办理行政处罚案件程序，保护公民、法人或者其他组织的合法权益，根据《中华人民共和国行政处罚法》、《中华人民共和国海关法》、《中华人民共和国海关行政处罚实施条例》（以下简称海关行政处罚实施条例）及有关法律、行政法规的规定，制定本规定。

**第二条** 海关办理行政处罚案件的程序适用本规定。法律、行政法规另有规定的除外。

海关侦查走私犯罪公安机构办理治安管理处罚案件的程序依照《中华人民共和国治安管理处罚法》、《公安机关办理行政案件程序规定》执行。

**第三条** 海关办理行政处罚案件应当遵循公正、公开、及时和便民的原则。

**第四条** 海关办理行政处罚案件，在少数民族聚居或者多民族共同居住的地区，应当使用当地通用的语言进行查问和询问。

对不通晓当地通用语言文字的当事人，应当为其提供翻译人员。

**第五条** 海关办理行政处罚案件过程中涉及国家秘密、商业秘密、海关工作秘密或者个人隐私的，应当保守秘密。

附件：旅检案件常用法律法规及进境物品归类表、
　　　进境物品完税价格表、文物出境审核标准

## 第二章　一般规定

**第六条**　海关发现的依法应当由其他行政机关或者刑事侦查部门处理的违法行为，应当制作案件移送函，及时将案件移送有关行政机关或者刑事侦查部门处理。

**第七条**　海关在调查、收集证据时，办理行政处罚案件的海关工作人员（以下简称办案人员）不得少于2人，并且应当向当事人或者有关人员出示执法证件。

**第八条**　办案人员有下列情形之一的，应当回避，当事人及其代理人有权申请其回避：

（一）是本案的当事人或者当事人的近亲属；

（二）本人或者其近亲属与本案有利害关系；

（三）与本案当事人有其他关系，可能影响案件公正处理的。

**第九条**　办案人员的回避，由其所属的直属海关或者隶属海关关长决定。

**第十条**　办案人员要求回避的，应当提出书面申请，并且说明理由。

办案人员具有应当回避的情形之一，没有申请回避，当事人及其代理人也没有申请他们回避的，有权决定他们回避的海关关长可以指令他们回避。

当事人及其代理人要求办案人员回避的，应当提出申请，并且说明理由。口头提出申请的，海关应当记录在案。

**第十一条**　对当事人及其代理人提出的回避申请，海关应当在3个工作日内作出决定并且书面通知申请人。

对海关驳回回避申请有异议的，当事人及其代理人可以在收到书面通知后的3个工作日内向作出决定的海关申请复核1次；作出决定的海关应当在3个工作日内作出复核决定并且书面通知申请人。

第十二条　在海关作出回避决定前，办案人员不停止办理行政处罚案件。在回避决定作出以前，办案人员进行的与案件有关的活动是否有效，由作出回避决定的海关根据案件情况决定。

第十三条　化验人、鉴定人和翻译人员的回避，适用本规定第八条至第十二条的规定。

第十四条　海关办理行政处罚案件的证据种类主要有：

（一）书证；

（二）物证；

（三）视听资料、电子数据；

（四）证人证言；

（五）化验报告、鉴定结论；

（六）当事人的陈述；

（七）查验、检查记录。

证据应当经查证属实，才能作为认定事实的根据。

第十五条　海关收集的物证、书证应当是原物、原件。收集原物、原件确有困难的，可以拍摄、复制足以反映原物、原件内容或者外形的照片、录像、复制件，并且可以指定或者委托有关单位或者个人对原物、原件予以妥善保管。

收集物证、书证的原物、原件的，应当开列清单，注明收集的日期，由有关单位或者个人确认后盖章或者签字。

收集由有关单位或者个人保管书证原件的复制件、影印件或者抄录件的，应当注明出处和收集时间，经提供单位或者个人核对无异后盖章或者签字。

收集由有关单位或者个人保管物证原物的照片、录像的，应当附有制作过程及原物存放处的文字说明，并且由提供单位或者个人在文字说明上盖章或者签字。

提供单位或者个人拒绝盖章或者签字的，办案人员应当注明。

第十六条　海关收集电子数据或者录音、录像等视听资料，应当收集

附件：旅检案件常用法律法规及进境物品归类表、
　　　进境物品完税价格表、文物出境审核标准

原始载体。收集原始载体确有困难的，可以收集复制件，注明制作方法、制作时间、制作人、证明对象以及原始载体存放处等，并且由有关单位或者个人确认后盖章或者签字。

海关对收集的电子数据或者录音、录像等视听资料的复制件应当进行证据转换，电子数据能转换为纸质资料的应当及时打印，录音资料应当附有声音内容的文字记录，并且由有关单位或者个人确认后盖章或者签字。

**第十七条** 违法行为在 2 年内未被发现的，不再给予行政处罚。法律另有规定的除外。

前款规定的期限，从违法行为发生之日起计算；违法行为有连续或者继续状态的，从行为终了之日起计算。

**第十八条** 期间以时、日、月、年计算。期间开始的时和日，不计算在期间内。期间届满的最后一日是法定节假日或者法定休息日的，以其后的第一个工作日为期间届满日期。

期间不包括在途时间，法定期满前交付邮寄的，不视为逾期。

**第十九条** 当事人因不可抗拒的事由或者其他正当理由耽误期限的，在障碍消除后的 10 日内可以向海关申请顺延期限，是否准许，由海关决定。

**第二十条** 海关送达行政法律文书，应当直接送交受送达人。受送达人是公民的，本人不在交其同住成年家属签收；受送达人是法人或者其他组织的，应当由法人的法定代表人、其他组织的主要负责人或者该法人、组织负责收件的人签收；受送达人有委托接受送达的代理人的，可以送交代理人签收。

直接送达行政法律文书，由受送达人在送达回证上签字或者盖章，并且注明签收日期。送达回证上的签收日期为送达日期。

**第二十一条** 受送达人或者与其同住的成年家属拒绝签收行政法律文书，送达人应当邀请见证人到场，说明情况，在送达回证上注明拒收事由和日期，由送达人、见证人签字或者盖章，把行政法律文书留在受送达人的住所，即视为送达。

171

**第二十二条** 直接送达行政法律文书有困难的，可以委托其他海关代为送达，或者邮寄送达。

委托其他海关代为送达的，应当向受托海关出具委托手续，并且由受托海关向当事人出示。

邮寄送达的，应当附有送达回证并且以送达回证上注明的收件日期为送达日期；送达回证没有寄回的，以挂号信回执或者查询复单上注明的收件日期为送达日期。

**第二十三条** 海关对中华人民共和国领域内有住所的外国人、无国籍人、外国企业或者组织送达行政法律文书，适用本规定第二十条至第二十二条规定。

海关对中华人民共和国领域内没有住所的外国人、无国籍人、外国企业或者组织能够直接送交行政法律文书的，应当直接送达。受送达人有委托接受送达的代理人的，海关可以向代理人直接送达，也可以向受送达人在中华人民共和国领域内设立的代表机构或者有权接受送达的分支机构、业务代办人直接送达。海关对授权委托有疑问的，可以要求代理人提供经过公证机关公证的授权委托书。

直接送达行政法律文书有困难并且受送达人所在国的法律允许邮寄送达的，可以邮寄送达。

海关向我国香港、澳门和台湾地区送达法律文书的，比照对中华人民共和国领域内没有住所的外国人、无国籍人、外国企业或者组织送达法律文书的相关规定执行。

**第二十四条** 受送达人是军人的，通过其所在部队团以上单位的政治机关转交。

受送达人是被监禁的或者被劳动教养的，通过其所在监所、劳动改造单位或者劳动教养单位转交。

受送达人在送达回证上的签收日期，为送达日期。

**第二十五条** 经采取本规定第二十条至第二十四条规定的送达方式无法送达的，公告送达。

附件：旅检案件常用法律法规及进境物品归类表、
进境物品完税价格表、文物出境审核标准

依法予以公告送达的，海关应当将行政法律文书的正本张贴在海关公告栏内。行政处罚决定书公告送达的，还应当在报纸上刊登公告。

公告送达，自发出公告之日起满60日，视为送达；对在中华人民共和国领域内没有住所的当事人进行公告送达，自发出公告之日起满6个月，视为送达。

法律、行政法规另有规定，以及我国缔结或者参加的国际条约中约定有特别送达方式的除外。

第二十六条　违法事实确凿并且有法定依据，对公民处以50元以下、对法人或者其他组织处以1000元以下罚款或者警告的行政处罚的，可以按照《中华人民共和国行政处罚法》第五章第一节的有关规定当场作出行政处罚决定。

# 第三章　案件调查

## 第一节　立　案

第二十七条　海关发现公民、法人或者其他组织有依法应当由海关给予行政处罚的行为的，应当立案调查。

第二十八条　海关受理或者发现的违法线索，经核实有下列情形之一的，不予立案：

（一）没有违法事实的；

（二）违法行为超过法律规定的处罚时效的；

（三）其他依法不予立案的情形。

海关决定不予立案的，应当制作不予立案通知书，及时通知举报人、线索移送机关或者主动投案的违法嫌疑人。

## 第二节　查问、询问

**第二十九条**　办案人员查问违法嫌疑人、询问证人应当个别进行，并且告知其依法享有的权利和作伪证应当承担的法律责任。

违法嫌疑人、证人应当如实陈述、提供证据。

**第三十条**　办案人员查问违法嫌疑人，可以到其所在单位或者住所进行，也可以要求其到海关或者指定的地点进行。

办案人员询问证人，可以到其所在单位或者住所进行。必要时，也可以通知证人到海关或者指定地点进行。

**第三十一条**　查问、询问应当制作查问、询问笔录。

查问、询问笔录上所列项目，应当按照规定填写齐全，并且注明查问、询问开始和结束的时间；办案人员应当在查问、询问笔录上签字。

查问、询问笔录应当当场交给被查问人、被询问人核对或者向其宣读。被查问人、被询问人核对无误后，应当在查问、询问笔录上逐页签字或者捺指印，拒绝签字或者捺指印的，办案人员应当在查问、询问笔录上注明。如记录有误或者遗漏，应当允许被查问人、被询问人更正或者补充，并且在更正或者补充处签字或者捺指印。

**第三十二条**　查问、询问聋、哑人时，应当有通晓聋、哑手语的人作为翻译人员参加，并且在笔录上注明被查问人、被询问人的聋、哑情况。

查问、询问不通晓中国语言文字的外国人、无国籍人，应当为其提供翻译人员；被查问人、被询问人通晓中国语言文字不需要提供翻译人员的，应当出具书面声明，办案人员应当在查问、询问笔录中注明。

翻译人员的姓名、工作单位和职业应当在查问、询问笔录中注明。翻译人员应当在查问、询问笔录上签字。

**第三十三条**　海关首次查问违法嫌疑人、询问证人时，应当问明违法嫌疑人、证人的姓名、出生日期、户籍所在地、现住址、身份证件种类及号码、工作单位、文化程度、是否曾受过刑事处罚或者被行政机关给予行

附件：旅检案件常用法律法规及进境物品归类表、
　　　 进境物品完税价格表、文物出境审核标准

政处罚等情况；必要时，还应当问明家庭主要成员等情况。

违法嫌疑人或者证人不满 18 周岁的，查问、询问时应当通知其父母或者其他监护人到场。确实无法通知或者通知后未到场的，应当记录在案。

**第三十四条** 被查问人、被询问人要求自行提供书面陈述材料的，应当准许；必要时，办案人员也可以要求被查问人、被询问人自行书写陈述。

被查问人、被询问人自行提供书面陈述材料的，应当在陈述材料上签字并且注明书写陈述的时间、地点和陈述人等。办案人员收到书面陈述后，应当注明收到时间并且签字确认。

**第三十五条** 查问、询问时，在文字记录的同时，可以根据需要录音、录像。

**第三十六条** 办案人员对违法嫌疑人、证人的陈述应当认真听取，并且如实记录。

办案人员不得以暴力、威胁、引诱、欺骗以及其他非法手段获取陈述。

### 第三节　检查、查验

**第三十七条** 办案人员依法检查运输工具和场所，查验货物、物品，应当制作检查、查验记录。检查、查验记录由办案人员、当事人或者其代理人签字或者盖章；当事人或者其代理人不在场或者拒绝签字或者盖章的，办案人员应当在检查、查验记录上注明，并且由见证人签字或者盖章。

**第三十八条** 办案人员依法检查走私嫌疑人的身体，应当在隐蔽的场所或者非检查人员视线之外，由 2 名以上与被检查人同性别的办案人员执行。

检查走私嫌疑人身体可以由医生协助进行，必要时可前往医疗机构作专业检查。

### 第四节　化验、鉴定

**第三十九条** 在案件调查过程中，需要对有关货物、物品进行取样化

175

验、鉴定的，由海关或者海关委托的化验、鉴定机构提取样品。提取样品时，当事人或者其代理人应当到场；当事人或者其代理人未到场的，海关应当邀请见证人到场。

提取的样品应当予以加封确认，并且填制提取样品记录，由办案人员或者海关委托的化验、鉴定机构人员、当事人或者其代理人、见证人签字或者盖章。

海关提取的样品应当及时送化验、鉴定机构化验、鉴定。

**第四十条** 依法先行变卖或者经海关许可先行放行有关货物、物品的，海关应当提取 1 式 2 份以上样品；样品份数及每份样品数量以能够认定样品的品质特征为限。

**第四十一条** 化验、鉴定应当交由海关化验鉴定机构或者委托国家认可的其他机构进行。有关货物、物品持有人或者所有人应当根据化验、鉴定要求提供化验、鉴定所需的有关资料。

**第四十二条** 化验人、鉴定人进行化验、鉴定后，应当出具化验报告、鉴定结论。

化验报告、鉴定结论应当载明委托人和委托化验、鉴定的事项，向化验、鉴定部门提交的相关材料，化验、鉴定的依据和使用的科学技术手段，化验、鉴定部门和化验、鉴定人资格的说明，并且应当有化验、鉴定人的签字和化验、鉴定部门的盖章。通过分析获得的鉴定结论，应当说明分析过程。

**第四十三条** 当事人对化验报告、鉴定结论有异议的，可以申请重新化验、鉴定 1 次；海关经审查确有正当理由的，应当重新进行化验、鉴定。

化验、鉴定费用由海关承担。但是经当事人申请海关重新化验、鉴定的，如果化验、鉴定结论有改变的，化验、鉴定费用由海关承担；如果化验、鉴定结论没有改变的，化验、鉴定费用由重新化验、鉴定申请人承担。

## 第五节 查询存款、汇款

**第四十四条** 在调查走私案件时，办案人员查询案件涉嫌单位和涉嫌人员在金融机构、邮政企业的存款、汇款，需要经直属海关关长或者其授权的隶属海关关长批准。

第四十五条　办案人员查询案件涉嫌单位和涉嫌人员在金融机构、邮政企业的存款、汇款，应当表明执法身份，出示海关协助查询通知书。

## 第六节　扣留和担保

第四十六条　海关依法扣留货物、物品、运输工具、其他财产及账册、单据等资料，应当出示执法证件，制作扣留凭单送达当事人，当场告知其采取扣留的理由、依据及其依法享有的权利。

扣留凭单应当记载被扣货物、物品、运输工具或者其他财产的品名、规格、数量、重量等，品名、规格、数量、重量当场无法确定的，应当尽可能完整地描述其外在特征。扣留凭单应当由办案人员、当事人或者其代理人、保管人签字或者盖章；当事人或者其代理人不在场或者拒绝签字或者盖章的，办案人员应当在扣留凭单上注明，并且由见证人签字或者盖章。

海关依法扣留货物、物品、运输工具、其他财产及账册、单据等资料，可以加施海关封志。加施海关封志的，当事人或者其代理人、保管人应当妥善保管。

第四十七条　海关扣留货物、物品、运输工具、其他财产以及账册、单据等资料的期限不得超过1年。因案件调查需要，经直属海关关长或者其授权的隶属海关关长批准，可以延长，延长期限不得超过1年。但是复议、诉讼期间不计算在内。

第四十八条　在人民法院判决或者海关行政处罚决定作出之前，对扣留的危险品或者鲜活、易腐、易烂、易失效、易变质等不宜长期保存的货物、物品以及所有人申请先行变卖的货物、物品、运输工具，需要依法先行变卖的，应当经直属海关关长或者其授权的隶属海关关长批准。

海关在变卖前，应当通知先行变卖的货物、物品、运输工具的所有人。如果变卖前无法及时通知的，海关应当在货物、物品、运输工具变卖后，通知其所有人。

第四十九条 海关依法解除对货物、物品、运输工具、其他财产及有关账册、单据等资料的扣留，应当制发解除扣留通知书送达当事人。解除扣留通知书由办案人员、当事人或者其代理人、保管人签字或者盖章；当事人或者其代理人不在场，或者当事人、代理人拒绝签字或者盖章的，办案人员应当在解除扣留通知书上注明，并且由见证人签字或者盖章。

第五十条 有违法嫌疑的货物、物品、运输工具无法或者不便扣留的，当事人或者运输工具负责人向海关提供担保时，办案人员应当制作收取担保凭单送达当事人或者运输工具负责人，收取担保凭单由办案人员、当事人、运输工具负责人或者其代理人签字或者盖章。

收取担保后，可以对涉案货物、物品、运输工具进行拍照或者录像存档。

第五十一条 海关依法解除担保的，应当制发解除担保通知书送达当事人或者运输工具负责人。解除担保通知书由办案人员及当事人、运输工具负责人或者其代理人、保管人签字或者盖章；当事人、运输工具负责人或者其代理人不在场或者拒绝签字或者盖章的，办案人员应当在解除担保通知书上注明，并且由见证人签字或者盖章。

第五十二条 依法对走私犯罪嫌疑人实施人身扣留依照《中华人民共和国海关实施人身扣留规定》的程序办理。

## 第七节 调查中止和终结

第五十三条 海关办理行政处罚案件，在立案后发现当事人的违法行为应当移送其他行政机关或者刑事侦查部门办理的，应当及时移送。

行政处罚案件自海关移送其他行政机关或者刑事侦查部门之日起中止调查。

第五十四条 海关中止调查的行政处罚案件，有下列情形之一的，应当恢复调查：

（一）其他行政机关或者刑事侦查部门已作出处理的海关移送案件，仍

附件：旅检案件常用法律法规及进境物品归类表、
　　　进境物品完税价格表、文物出境审核标准

需要海关作出行政处罚的；

（二）其他行政机关或者刑事侦查部门不予受理或者不予追究刑事责任，退回海关处理的。

第五十五条　经调查后，行政处罚案件有下列情形之一的，可以终结调查：

（一）违法事实清楚、法律手续完备、据以定性处罚的证据充分的；

（二）没有违法事实的；

（三）作为当事人的自然人死亡的；

（四）作为当事人的法人或者其他组织终止，无法人或者其他组织承受其权利义务，又无其他关系人可以追查的；

（五）其他行政机关或者刑事侦查部门已作出处理的海关移送案件，不需要海关作出行政处罚的；

（六）其他依法应当终结调查的情形。

## 第四章　行政处罚的决定

### 第一节　案件审查

第五十六条　海关对已经调查终结的行政处罚案件，应当经过审查；未经审查程序，不得作出撤销案件、不予行政处罚、予以行政处罚等处理决定。

第五十七条　海关对行政处罚案件进行审查时，应当审查案件的违法事实是否清楚，定案的证据是否客观、充分，调查取证的程序是否合法、适当，以及是否存在不予行政处罚或者减轻、从轻、从重处罚的情节，并且提出适用法律和案件处理意见。

有关案件违法事实不清、证据不充分或者调查程序违法的，应当退回补充调查。

第五十八条　不满14周岁的人有违法行为的，不予行政处罚，但是应当责令其监护人加以管教。已满14周岁不满18周岁的人有违法行为的，从轻或者减轻行政处罚。

**第五十九条** 精神病人在不能辨认或者不能控制自己行为时有违法行为的，不予行政处罚，但应当责令其监管人严加看管和治疗。间歇性精神病人在精神正常时有违法行为的，应当给予行政处罚。

## 第二节 告知、复核和听证

**第六十条** 海关在作出行政处罚决定前，应当告知当事人作出行政处罚决定的事实、理由和依据，并且告知当事人依法享有的权利。

作出暂停从事有关业务、撤销海关注册登记、对公民处1万元以上罚款、对法人或者其他组织处10万元以上罚款、没收有关货物、物品、走私运输工具等行政处罚决定之前，应当告知当事人有要求举行听证的权利。

在履行告知义务时，海关应当制发行政处罚告知单，送达当事人。

**第六十一条** 除因不可抗力或者海关认可的其他正当理由外，当事人应当在收到行政处罚告知单的3个工作日内提出书面陈述、申辩和听证申请。逾期视为放弃陈述、申辩和要求听证的权利。

当事人当场口头提出陈述、申辩的，海关应当制作书面记录，并且由当事人签字或者盖章确认。

当事人放弃陈述、申辩和听证权利的，海关可以直接作出行政处罚决定。当事人放弃陈述、申辩和听证权利应当有书面记载，并且由当事人或者其代理人签字或者盖章确认。

**第六十二条** 海关在收到当事人的书面陈述、申辩意见后，应当进行复核；当事人提出的事实、理由或者证据成立的，海关应当采纳。

**第六十三条** 海关不得因当事人的申辩而加重处罚，但是海关发现新的违法事实的除外。

**第六十四条** 经复核后，变更原处罚告知事实、理由、依据、处罚幅度的，应当重新制发海关行政处罚告知单，并且依据本规定第六十条至第六十三条的规定办理。

**第六十五条** 当事人申请举行听证的，依照《中华人民共和国海关行

附件：旅检案件常用法律法规及进境物品归类表、
　　　进境物品完税价格表、文物出境审核标准

政处罚听证办法》规定办理。

## 第三节　处理决定

**第六十六条**　海关关长应当根据对行政处罚案件审查的不同结果，依法作出以下决定：

（一）确有违法行为，应当给予行政处罚的，根据其情节和危害后果的轻重，作出行政处罚决定；

（二）依法不予行政处罚的，作出不予行政处罚决定；

（三）有本规定第五十五条第（二）至（四）项情形之一的，撤销案件；

（四）符合海关行政处罚实施条例第六十二条第（三）、（四）、（五）项规定的收缴条件的，予以收缴；

（五）违法行为涉嫌犯罪的，移送刑事侦查部门依法办理。

海关作出行政处罚决定，应当做到认定违法事实清楚，定案证据确凿充分，违法行为定性准确，适用法律正确，办案程序合法，处罚幅度合理适当。

**第六十七条**　对情节复杂或者重大违法行为给予较重的行政处罚，应当由海关案件审理委员会集体讨论决定。

**第六十八条**　海关依法作出行政处罚决定或者不予行政处罚决定的，应当制发行政处罚决定书或者不予行政处罚决定书。

**第六十九条**　行政处罚决定书应当载明以下内容：

（一）当事人的基本情况，包括当事人姓名或者名称、海关注册编码、报关员海关注册编码、地址等；

（二）违反法律、行政法规或者规章的事实和证据；

（三）行政处罚的种类和依据；

（四）行政处罚的履行方式和期限；

（五）不服行政处罚决定，申请行政复议或者提起行政诉讼的途径和期限；

（六）作出行政处罚决定的海关名称和作出决定的日期，并且加盖作出行政处罚决定海关的印章。

第七十条　不予行政处罚决定书应当载明以下内容：

（一）当事人的基本情况，包括当事人姓名或者名称、海关注册编码、报关员海关注册编码、地址等；

（二）违反法律、行政法规或者规章的事实和证据；

（三）不予行政处罚的依据；

（四）不服不予行政处罚决定，申请行政复议或者提起行政诉讼的途径和期限；

（五）作出不予行政处罚决定的海关名称和作出决定的日期，并且加盖作出不予行政处罚决定海关的印章。

第七十一条　行政处罚决定书应当在宣告后当场交付当事人；当事人不在场的，海关应当在7日内将行政处罚决定书送达当事人。

第七十二条　根据海关行政处罚实施条例第六十二条的规定收缴有关货物、物品、违法所得、运输工具、特制设备的，应当制作收缴清单送达被收缴人。

走私违法事实基本清楚，但是当事人无法查清的案件，海关在制发收缴清单之前，应当制发收缴公告，公告期限为3个月，并且限令有关当事人在公告期限内到指定海关办理相关海关手续。公告期满后仍然没有当事人到海关办理相关海关手续的，海关可以根据海关行政处罚实施条例第六十二条第一款第（四）项的规定予以收缴。

第七十三条　收缴清单应当载明予以收缴的货物、物品、违法所得、运输工具、特制设备的名称、规格、数量或者重量等。有关货物、物品、走私运输工具、特制设备有重要、明显特征或者瑕疵的，办案人员应当在收缴清单中予以注明。

第七十四条　收缴清单由办案人员、被收缴人或者其代理人签字或者盖章。

被收缴人或者其代理人拒绝签字或者盖章，或者被收缴人无法查清但是有见证人在场的，应当由见证人签字或者盖章。

没有被收缴人签字或者盖章的，办案人员应当在收缴清单上注明原因。

根据海关行政处罚实施条例第六十二条第一款第（四）项的规定而制发的收缴清单应当公告送达。

## 第五章 行政处罚决定的执行

第七十五条 海关作出行政处罚决定后，当事人应当在行政处罚决定书规定的期限内，予以履行。

海关对当事人依法作出暂停从事有关业务、撤销其注册登记等行政处罚决定的执行程序，由海关总署另行制定。

第七十六条 当事人确有经济困难向海关提出延期或者分期缴纳罚款的，应当以书面方式提出申请。

海关收到当事人申请延期、分期执行申请后，应当在10个工作日内作出是否准予延期、分期缴纳罚款的决定，并且制发通知书送达申请人。

海关同意当事人延期或者分期缴纳的，应当及时通知收缴罚款的机构。

第七十七条 同意当事人延期或者分期缴纳罚款的，执行完毕的期限自处罚决定书规定的履行期限届满之日起不得超过180日。

第七十八条 当事人逾期不履行行政处罚决定的，海关可以采取下列措施：

（一）到期当事人不缴纳罚款的，每日按照罚款数额的3%加处罚款；

（二）当事人逾期不履行海关的处罚决定又不申请复议或者向人民法院提起诉讼的，海关可以将扣留的货物、物品、运输工具变价抵缴，或者以当事人提供的担保抵缴，也可以申请人民法院强制执行。

第七十九条 海关依照本规定第七十八条规定采取加处罚款、抵缴措施之前，应当制发执行通知书并且送达当事人。

第八十条 受海关处罚的当事人或者其法定代表人、主要负责人在出境前未缴清罚款、违法所得和依法追缴的货物、物品、走私运输工具的等值价款的，也未向海关提供相当于上述款项担保的，海关可以制作阻止出境协助函，通知出境管理机关阻止其出境。

阻止出境协助函应当随附行政处罚决定书等相关行政法律文书，并且载明被阻止出境人员的姓名、性别、出生日期、出入境证件种类和号码。被阻止出境人员是外国人、无国籍人员的，应当注明其英文姓名。

第八十一条　当事人或者其法定代表人、主要负责人缴清罚款、违法所得和依法追缴的货物、物品、走私运输工具等值价款的，或者向海关提供相当于上述款项担保的，海关应当及时制作解除阻止出境协助函通知出境管理机关。

第八十二条　将当事人的担保抵缴或者将当事人被扣留的货物、物品、运输工具依法变价抵缴罚款之后仍然有剩余的，应当及时发还或者解除扣留、解除担保。

第八十三条　自海关送达解除扣留通知书之日起3个月内，当事人无正当理由未到海关办理有关货物、物品、运输工具或者其他财产的退还手续的，海关可以将有关货物、物品、运输工具或者其他财产提取变卖，并且保留变卖价款。变卖价款在扣除自海关送达解除扣留通知书之日起算的仓储等相关费用后，尚有余款的，当事人在海关送达解除扣留通知书之日起1年内应当前来海关办理相关手续，逾期海关将余款上缴国库。

第八十四条　自海关送达解除担保通知书之日起1年内，当事人无正当理由未到海关办理财产、权利凭证退还手续的，由海关将相关财产、权利凭证等变卖折价或者兑付，并且上缴国库。

第八十五条　向人民法院申请强制执行的，海关应当填写申请执行书，并且提供人民法院要求提供的其他材料。

第八十六条　申请人民法院强制执行应当符合《最高人民法院关于执行〈中华人民共和国行政诉讼法〉若干问题的解释》的规定并且在下列期限内提起：

（一）行政处罚决定书送达后当事人未申请行政复议或者向人民法院提

附件：旅检案件常用法律法规及进境物品归类表、
进境物品完税价格表、文物出境审核标准

起诉讼的，在处罚决定书送达之日起 3 个月后起算的 180 日内；

（二）复议决定书送达后当事人未提起行政诉讼的，在复议决定书送达之日起 15 日后起算的 180 日内；

（三）第一审行政判决后当事人未提出上诉的，在判决书送达之日起 15 日后起算的 180 日内；

（四）第一审行政裁定后当事人未提出上诉的，在裁定书送达之日起 10 日后起算的 180 日内；

（五）第二审行政判决书送达之日起 180 日内。

**第八十七条** 当事人实施违反《中华人民共和国海关法》的行为后，发生企业分立、合并或者其他资产重组等情形，对当事人处以罚款、没收违法所得或者依法追缴走私货物、物品、运输工具等值价款的，应当将承受当事人权利义务的法人、组织作为被执行人。

**第八十八条** 有下列情形之一的，应当中止执行：

（一）处罚决定可能存在违法或者不当情况的；

（二）申请人民法院强制执行，人民法院裁定中止执行的；

（三）行政复议机关、人民法院认为需要中止执行的；

（四）其他依法应当中止执行的。

根据前款第（一）项情形中止执行的，应当经直属海关关长或者其授权的隶属海关关长批准。

中止执行的情形消失后，应当恢复执行。

**第八十九条** 有下列情形之一的，应当终结执行：

（一）据以执行的法律文书被撤销的；

（二）作为当事人的自然人死亡的；

（三）作为当事人的法人或者其他组织被依法终止，又无权利义务承受人的，也无其他财产可供执行的；

（四）海关行政处罚决定履行期限届满超过 2 年，海关依法采取各种执行措施后仍无法执行完毕的，但是申请人民法院强制执行情形除外；

（五）申请人民法院强制执行的，人民法院裁定中止执行后超过 2 年仍

185

无法执行完毕的；

（六）申请人民法院强制执行后，人民法院裁定终结执行的；

（七）其他依法应当终结执行的。

# 第六章　简单案件处理程序

**第九十条**　海关对行邮、快件、货管、保税监管等业务现场及其他海关监管业务中违法事实清楚、违法情节轻微的案件，可以适用简单案件处理程序。但适用本规定第二十六条规定程序的除外。

**第九十一条**　适用简单案件处理程序的案件，海关进行现场调查后，可以直接制发行政处罚告知单，当场由当事人或者其代理人签收。

**第九十二条**　有以下所列情形之一的，海关可以当场作出行政处罚决定：

（一）当事人当场放弃陈述、申辩或者听证权利的；

（二）当事人当场进行陈述、申辩，经海关当场复核后，当事人或者其代理人接受复核意见。

当事人当场放弃陈述、申辩、听证的权利，或者当场进行陈述、申辩以及是否接受复核意见的情况，应当有书面记载，由当事人签字或者盖章确认。

当场作出行政处罚决定的，应当制发行政处罚决定书，并且当场送达当事人。

**第九十三条**　适用简单案件处理程序过程中，有下列情形之一的，海关不得当场作出行政处罚决定，应当按照一般程序规定办理：

（一）海关对当事人提出的陈述、申辩意见无法当场进行复核的；

（二）海关当场复核后，当事人对海关的复核意见仍然不服的；

（三）当事人当场依法向海关要求听证的；

（四）海关认为需要进一步调查取证的。

附件：旅检案件常用法律法规及进境物品归类表、
　　　进境物品完税价格表、文物出境审核标准

## 第七章　附　　则

**第九十四条**　办案人员玩忽职守、徇私舞弊、滥用职权、索取或者收受他人财物的，依法给予处分；构成犯罪的，依法追究刑事责任。

**第九十五条**　海关对外国人、无国籍人、外国企业或者组织给予行政处罚的，适用本规定。

**第九十六条**　本规定由海关总署负责解释。

**第九十七条**　本规定自2007年7月1日起施行。

海关行政处罚案例精解

# 中华人民共和国海关办理行政处罚简单案件程序规定

(署令第 188 号)

第一条 为了规范海关办理行政处罚简单案件程序,根据《中华人民共和国行政处罚法》(以下简称《行政处罚法》)、《中华人民共和国海关法》、《中华人民共和国海关行政处罚实施条例》(以下简称《处罚条例》),制定本规定。

第二条 简单案件是指海关在行邮、快件、货管、保税监管等业务现场以及其他海关监管、统计业务中发现的违法事实清楚、违法情节轻微,经现场调查后,可以当场制发行政处罚告知单的违反海关监管规定案件。

第三条 简单案件程序适用于以下案件:

(一)适用《处罚条例》第十五条第一、二项规定进行处理的;

(二)适用《处罚条例》第二十条至第二十三条规定进行处理的;

(三)违反海关监管规定携带货币进出境,金额折合人民币20万元以下的;

(四)其他违反海关监管规定案件货物价值在人民币20万元以下,物品价值在人民币5万元以下的。

第四条 适用简单案件程序办理案件的,海关应当告知当事人。当事人应当根据海关要求提交有关单证材料。

第五条 适用简单案件程序办理案件的,海关应当当场立案,立即开展调查取证工作。

第六条 海关进行现场调查后,应当当场制发行政处罚告知单,并将

附件：旅检案件常用法律法规及进境物品归类表、
进境物品完税价格表、文物出境审核标准

行政处罚告知单交由当事人或者其代理人当场签收。

符合《行政处罚法》第三十三条规定的简单案件，可以不制发行政处罚告知单。

**第七条** 海关依法作出行政处罚决定或者不予行政处罚决定的，应当制发行政处罚决定书或者不予行政处罚决定书，送达当事人或者其代理人。

有下列情形之一的，海关可以当场制发行政处罚决定书，并当场送达当事人或者其代理人：

（一）当事人对被告知的事实、理由以及依据无异议，并填写《放弃陈述、申辩、听证权利声明》的；

（二）当事人对海关告知的内容提出陈述、申辩意见，海关能够当场进行复核且当事人对当场复核意见无异议的。

**第八条** 适用简单案件程序办理的案件，海关应当在立案后5个工作日以内制发行政处罚决定书。

**第九条** 适用简单案件程序办理的案件有下列情形之一的，海关应当终止适用简单案件程序，适用一般程序规定办理，并告知当事人：

（一）海关发现新的违法事实，认为案件需要进一步调查取证的；

（二）当事人对海关告知的内容提出陈述、申辩意见，海关无法当场进行复核的；

（三）海关当场复核后，当事人对海关的复核意见仍然不服的；

（四）当事人向海关提出听证申请的。

**第十条** 本规定中的"以下"、"以内"，均包括本数在内。

**第十一条** 本规定由海关总署负责解释。

**第十二条** 本规定自2010年4月1日起施行。

# 中华人民共和国海关
# 对进出境旅客行李物品监管办法

## 第一章 总 则

**第一条** 依照《中华人民共和国海关法》，制定本办法。

**第二条** 进出境旅客行李物品，必须通过设立海关的地点进境或者出境。

**第三条** 进出境旅客必须将所带的全部行李物品交海关查验。在交验前，应填写"旅客行李申报单"或海关规定的其它申报单证向海关申报；或按海关规定的申报方式如实向海关申报。

旅客经由实施"红绿通道"验放制度的海关进出境，应按照海关公布的选择"红绿通道"的规定，选择通道，办理行李物品进境或出境手续。

**第四条** 查验进出境旅客行李物品的时间和场所，由海关指定。海关查验行李物品时，物品所有人应当到场并负责搬移物品，开拆和重封物品的包装。海关认为必要时，可以单独进行查验。海关对进出境行李物品加施的封志，任何人不得擅自开启或者损毁。

**第五条** 进出境旅客可以自行办理报关纳税手续，也可以委托他人办理报关纳税手续；接受委托办理报关纳税手续的代理人应当按照本办法对其委托人的各项规定办理海关手续，承担各项义务和责任。

**第六条** 旅客行李物品，应以自用合理数量为限，超出自用合理数量范围的，不准进境或出境。

旅客行李物品，经海关审核，按本办法附件《旅客进出境行李物品分类表》（以下简称《分类表》）规定的范围验放。进出境物品的合理数量和

附件：旅检案件常用法律法规及进境物品归类表、
进境物品完税价格表、文物出境审核标准

准许各类旅客进出境物品的具体限值、限量及征免税规定，另行制订。

第七条　旅客携运《中华人民共和国禁止进出境物品表》所列的物品进出境，在海关检查以前主动报明的，分别予以没收或者责令退回，并可酌情处以罚款。藏匿不报的，按照《中华人民共和国海关法》第八十二条的规定处罚。

旅客携运《中华人民共和国限制进出境物品表》所列物品和中华人民共和国政府特别管制的物品进出境，海关按国家有关法规办理。

第八条　旅客以分离运输方式运进行李物品，应当在进境时向海关申报。经海关核准后，自旅客进境之日起六个月内（含六个月，下同）运进。海关办理验放手续时，连同已经放行的行李物品合并计算。

以分离运输方式运出的行李物品，应由物品所有人持有效的出境证件在出境前办妥海关手续。

第九条　经海关核准暂时进出境的旅行自用物品，在旅客行李物品监管时限内，由旅客复带出境或进境。海关依照规定凭担保准予暂免税放行的其它物品，应由旅客在规定期限内，办结进出境手续或将原物复带出境或进境。

第十条　进出境物品所有人声明放弃的物品和自运输工具申报进境之日起逾期三个月（易腐及易失效的物品可提前处理，下同）未办理海关手续的物品，以及在海关监管区内逾期三个月无人认领的物品，均由海关按照《中华人民共和国海关法》第五十一条的规定处理。

第十一条　旅客携运属下列情形的物品，海关不予放行，予以退运或由旅客存入海关指定的仓库。物品所有人应当在三个月内办理退运、结案手续。逾期不办的，由海关依照本办法第十条的规定处理。

（一）不属自用的；

（二）超出合理数量范围的；

（三）超出海关规定的物品品种、规格、限量、限值的；

（四）未办理海关手续的；

（五）未按章缴税的；

191

（六）根据规定不能放行的其它物品。

**第十二条** 旅客应在旅客行李物品监管时限内，依照本办法和根据本办法制订的其它管理规定，办结物品进出境的海关手续。

**第十三条** 海关依照本办法和根据本办法制定的其它管理规定免税放行的物品，自物品进境之日起两年内，出售、转让、出租或移作他用的，应向海关申请批准，并按规定补税。

按规定免税或征税进境的汽车，不得出售、转让、出租或移作他用。在汽车运进使用两年后，因特殊原因需要转让的，必须报经海关批准；其中免税运进的，应按规定补税。

**第十四条** 进境旅客携带"境外售券、境内提货"单据进境，应向海关申报，海关办理物品验放手续时，连同其随身携带的实物合并计入有关征免税限量。

**第十五条** 涉及特定地区、特定旅客和特定物品进出境的管理规定，由中华人民共和国海关总署授权有关海关依照本办法的原则制订，经海关总署批准后，予以公告实施。

**第十六条** 进出境旅客未按本办法或根据本办法制订的其它管理规定办理进出境物品的申请、报关、纳税以及其它有关手续的，有关物品不准进境或出境。对违反本办法并构成走私或违反海关监管规定行为的，海关依照《中华人民共和国海关法》和《中华人民共和国海关行政处罚实施条例》给予处罚。

## 第二章 短期旅客

**第十七条** 短期旅客携带进出境的行李物品应以旅行需用物品为限。

短期旅客中的居民和非居民中的中国籍人携带进境属于《分类表》第三类物品，海关按照规定的限值、限量予以征税或免税放行。

短期旅客中的其他非居民携带进境属于《分类表》第三类物品，海关

附件：旅检案件常用法律法规及进境物品归类表、
进境物品完税价格表、文物出境审核标准

按本办法第九条规定办理。

经常进出境的边境居民，边境邮政、运输机构工作人员和边境运输工具服务人员，以及其他经常进出境的人员，携带进出境的物品，除另有规定者外，应以旅途必须应用的物品为限。未经海关批准，不准带进属于《分类表》第三、四、五类物品。

持特殊通行证件来往香港、澳门地区的短期旅客进出境行李物品的管理规定，海关依据本办法另行制订的规定办理。

## 第三章　长期旅客

**第十八条**　长期旅客中的非居民进境后，在规定期限内报运进境其居留期间自用物品或安家物品，应事先向主管海关提出书面申请，海关凭中华人民共和国政府主管部门签发的长期居留证件（或常驻户口登记证件）、其他批准文件和身份证件，办理审批验放手续。

上述人员在办妥上述手续前进出境或在境内居留期间临时出、进境携带的物品，海关依照本办法第十七条规定办理。

**第十九条**　长期旅客中的居民进出境行李物品的管理规定，根据本办法另行制订。

## 第四章　定居旅客

**第二十条**　获准进境定居的旅客在规定期限内报运进境安家物品，应事先向主管海关提出书面申请，并向海关交验中华人民共和国政府主管部门签发的定居证明或批准文件办理审批手续。经核准，其在境外拥有并使用过的数量合理的自用物品，准予免税进境；自用小汽车准予每户征税进境一辆。旅客持主管海关的书面通知，到物品进境地海关办理验放手续。

193

进境定居旅客自进境之日起，居留时间不满二年，再次出境定居的，其免税携运进境的安家物品应复运出境，或向海关补税。

第二十一条  获准出境定居的旅客携运出境的安家物品，除国家禁止或限制出境的物品需按有关规定办理外，均可予以放行。

## 第五章  过境旅客

第二十二条  过境旅客未经海关批准，不得将物品留在境内。

第二十三条  进境后不离开海关监管下的交通工具或海关监管区直接出境的旅客，海关一般不对其行李物品进行查验，但必要时，海关可以查验。

第二十四条  过境旅客获准离开海关监管区，转换交通工具出境的，海关依照本办法第十七条规定办理。

## 第六章  附  则

第二十五条  享有外交特权和豁免的人员携运进出境的行李物品，另按中华人民共和国海关总署制定的有关规定办理。

第二十六条  本办法的附件，由中华人民共和国海关总署根据具体情况修订发布实行。

第二十七条  本办法下列用语含义："非居民"指进境居留后仍回到境外其通常定居地者。"居民"指出境居留后仍回到境内其通常定居地者。"旅客"指进出境的居民或非居民。"短期旅客"指获准进境或出境暂居留不超过一年的旅客。"长期旅客"指获准进境或出境连续居留时间在一年以上（含一年）的旅客。"定居旅客"指取得中华人民共和国主管部门签发的进境或出境定居证明或批准文件，移居境内或境外的旅客。"过境旅客"指

附件：旅检案件常用法律法规及进境物品归类表、
进境物品完税价格表、文物出境审核标准

持有效过境签证，从境外某地，通过境内，前往境外另一地的旅客。"行李物品"指旅客为其进出境旅行或者居留的需要而携运进出境的物品。"自用"指旅客本人自用、馈赠亲友而非为出售或出租。"合理数量"指海关根据旅客旅行目的和居留时间所规定的正常数量。"旅客行李物品监管时限"指非居民本次进境之日始至最近一次出境之日止，或居民本次出境之日始至最近一次进境之日止的时间。"分离运输行李"指旅客在其进境后或出境前的规定期限内以托运方式运进或运出的本人行李物品。"征免税"指征收或减免进出口关税（即进口旅客行李物品和个人邮递物品税）。"担保"指以向海关缴纳保证金或提交保证函的方式，保证在规定期限内履行其承诺的义务的法律行为。

第二十八条　本办法由中华人民共和国海关总署解释。

第二十九条　本办法自一九八九年十二月一日起实施。原对外贸易部1958年9月29日（58）关行林字第985号命令发布的《海关对进出国境旅客行李物品监管办法》同时废止。

# 中华人民共和国海关
# 关于过境旅客行李物品管理规定

(海关总署 1991 年 9 月 2 日发布)

第一条 根据《中华人民共和国海关法》和《中华人民共和国海关对进出境旅客行李物品监管办法》制定本规定。

第二条 本规定所称过境旅客系指持有效过境签证（与我互免签证国家的旅客，凭其有效护照）从境外某地，通过境内，前往境外另一地的旅客；包括进境后不离开海关监管区或海关监管下的交通工具，直接出境的旅客。

第三条 在进境口岸不离开海关监管区或海关监管下的交通工具的过境旅客，可以免填"旅客行李申报单"，海关对其行李物品均准许过境，一般不予查验，但是海关认为必要时除外。

第四条 在过就期限内离开海关监管区的过境旅客，携带的行李物品应以旅行需用为限，海关依照对进出境非居民短期旅客行李物品的规定办理，其中属于《旅客行李物品分类表》第三类的物品，在规定范围内的，经海关核准可予登记暂时免税放行，过境旅客出境时必须将原物复带出境。超出规定范围的，除按本规定第五条办理外，均不准进境。

第五条 过境旅客携运物品超出本规定第四条所述准予放行范围的，有旅客自行委托经海关批准和指定的报关运输公司代理承运，比照海关监管货物，按有关规定办理手续，将监管过境物品交有关海关监管出境；否则，海关不准进境。

第六条 对于不准进境的物品，除经海关总署特准征税或者担保放行

附件：旅检案件常用法律法规及进境物品归类表、
进境物品完税价格表、文物出境审核标准

的以外，应当自物品申报进境之日起三个月内由物品所有人或其代理人办理退运、结案手续，逾期不办的，由海关按照《中华人民共和国海关法》第五十一条的规定办理。

**第七条** 海关准予过境的物品及经海关登记暂时免税放行的旅行需用物品，未经海关批准，均不得擅自留在境内，因丢失、被盗或其它不可抗力的原因而无法复带出境的，应提供公安部门的证明文件，向海关办理结案手续，不能提供证明文件的，过境旅客应照章补税。

**第八条** 过境旅客不论其是否离开海关监管区，均不得携带《中华人民共和国禁止进出境的物品表》所列物品。

**第九条** 对过境旅客违反本规定有关条款的行为，海关将依照《中华人民共和国海关法》和《中华人民共和国海关行政处罚实施条例》的有关规定予以处罚。

**第十条** 本规定自一九九一年九月十日起实施。

# 中华人民共和国海关
# 对进出境旅客旅行自用物品的管理规定

**第一条** 为了照顾旅客在旅途中的实际需要,为其进出境提供必要的便利,根据《中华人民共和国海关法》和《中华人民共和国对进出境旅客行李物品监管办法》,制订本规定。

**第二条** 本规定所称"进出境旅客旅行自用物品"系指本次旅行途中海关准予旅客随身携带的暂时免税进境或者复带进境的在境内、外使用的自用物品。

**第三条** 进出境旅客旅行自用物品的范围:(一)照相机、便携式收录音机、小型摄影机、手提式摄录机、手提式文字处理机;(二)经海关审核批准的其它物品。

**第四条** 进境旅客(包括持有前往国家或地区签发的再入境签证的中国籍居民旅客)携带本规定第三条之物品。每种限一件。旅客应主动向海关申报,海关方可准予暂时免税放行。

**第五条** 海关准予暂时免税的本次进境物品,须由旅客在回程时复带出境。由于特殊原因不能在本次回程时复带出境的,应事先报请出境地海关办结有关手续。

**第六条** 中国籍居民、中国籍或外国籍非居民长期旅客携带本规定第三条之物品出境,如需复带进境,应在本次出境时,主动报请海关验核。复带进境时,海关验凭本次出境的有关单、证放行。

**第七条** 进出境旅客旅行自用物品的具体申报手续、适用单证及本规定未尽事宜,按其它有关规定办理。

**第八条** 本规定不适用于当天或短期内多次往返的进出境旅客旅行自

附件：旅检案件常用法律法规及进境物品归类表、
　　　进境物品完税价格表、文物出境审核标准

用物品。

**第九条**　进出境旅客违反本规定或者未将海关暂准免税放行物品复带出境的，海关依照《中华人民共和国海关行政处罚实施条例》第十五条规定处理。

**第十条**　本规定自一九九二年十月十五日起实施。

# 中华人民共和国海关
# 关于进出境旅客通关的规定

**第一条** 根据《中华人民共和国海关法》和其它有关法规、规定，制定本规定。

**第二条** 本规定所称"通关"系指进出境旅客向海关申报，海关依法查验行李物品并办理进出境物品征税或免税验放手续，或其它有关监管手续之总称。

本规定所称"申报"，系指进出境旅客为履行中华人民共和国海关法规规定的义务，对其携运进出境的行李物品实际情况依法向海关所作的书面申明。

**第三条** 按规定向海关办理申报手续的进出境旅客通关时，应首先在申报台前向海关递交《中华人民共和国海关进出境旅客行李物品申报单》或海关规定的其它申报单证，如实申报其所携运进出境的行李物品。

进出境旅客对其携运的行李物品以上述以外的其它任何方式或在其它任何时间、地点所做出的申明，海关均不视为申报。

**第四条** 申报手续应由旅客本人填写申报单证向海关办理，如委托他人办理，应由本人在申报单证上签字。接受委托办理申报手续的代理人应当遵守本规定对其委托人的各项规定，并承担相应的法律责任。

**第五条** 旅客向海关申报时，应主动出示本人的有效进出境旅行证件和身份证件，并交验中华人民共和国有关主管部门签发的准许有关物品进出境的证明、商业单证及其它必备文件。

**第六条** 经海关办理手续并签章交由旅客收执的专用申报单证，在有效期内或在海关监管时限内，旅客应是妥善保存，并在申请提取分离运输

附件：旅检案件常用法律法规及进境物品归类表、
进境物品完税价格表、文物出境审核标准

行李物品或购买征、免税外汇商品或办理其它有关手续时，主动向海关出示。

第七条 在海关监管场所，海关在通道内设置专用申报台供旅客办理有关进出境物品的申报手续。

经中华人民共和国海关总署批准实施双通道制的海关监管场所，海关设置"申报"通道（又称"红色通道"）和"无申报"通道（又称"绿色通道"）供进出境旅客依本规定选择。

第八条 下列进境旅客应向海关申报，并将申报单证交由海关办理物品进境手续：

（一）携带需经海关征税或限量免税的《旅客进出境行李物品分类表》第二、三类物品（不含免税限量内的烟酒）者；

（二）非居民旅客及持有前往国家（地区）再入境签证的居民旅客携带途中必需的旅行自用物品超出照相机、便携式收录音机、小型摄影机、手提式摄录机、手提式文字处理机每种一件范围者；

（三）携带人民币现钞6000元以上，或金银及其制品50克以上者；

（四）非居民旅客携带外币现钞折合5000美元以上者；

（五）居民旅客携带外币现钞折合1000美元以上者；

（六）携带货物、货样以及携带物品超出旅客个人自用行李物品范围者；

（七）携带中国检疫法规规定管制的动、植物及其产品以及其它须办理验放手续的物品者。

第九条 下列出境旅客应向海关申报，并将申报单证交由海关办理物品出境手续：

（一）携带需复带进境的照相机、便携式收录音机、小型摄影机、手提式摄录机、手提式文字处理机等旅行自用物品者；

（二）未将应复带出境物品原物带出或携带进境的暂时免税物品未办结海关手续者；

（三）携带外币、金银及其制品未取得有关出境许可证明或超出本次进

201

境申报数额者；

（四）携带人民币现钞 6000 元以上者；

（五）携带文物者；

（六）携带货物、货样者；

（七）携带出境物品超出海关规定的限值、限量或其它限制规定范围的；

（八）携带中国检疫法规规定管制的动、植物及其产品以及其它须办理验放手续的物品者。

**第十条** 在实施双通道制的海关监管场所，本规定第八条、第九条所列旅客应当选择"申报"通道通关。

**第十一条** 不明海关规定或不知如何选择通道的旅客，应选择"申报"通道，向海关办理申报手续。

**第十二条** 本规定第八条、第九条、第十一条所列旅客以外的其他旅客可不向海关办理申报手续。在海关实施双通道制的监管场所，可选择"无申报"通道进境或出境。

**第十三条** 持有中华人民共和国政府主管部门给予外交、礼遇签证的进出境非居民旅客和海关给予免验礼遇的其他旅客，通关时应主动向海关出示本人护照（或其它有效进出境证件）和身份证件。

**第十四条** 旅客进出境时，应遵守本规定和中华人民共和国海关总署授权有关海关为实施本规定所制定并公布的其它补充规定。

**第十五条** 旅客携带物品、货物进出境未按规定向海关申报的，以及本规定第八条、第九条、第十一条所列旅客未按规定选择通道通关的，海关依据《中华人民共和国海关法》及《中华人民共和国海关行政处罚实施条例》的有关规定处理。

**第十六条** 本规定自一九九六年一月一日起实施。

附件：旅检案件常用法律法规及进境物品归类表、
　　　进境物品完税价格表、文物出境审核标准

# 中华人民共和国海关对中国籍旅客
# 进出境行李物品的管理规定

**第一条** 根据《中华人民共和国海关法》及其他有关法规，制定本规定。

**第二条** 本规定适用于持中华人民共和国护照等有效旅行证件出入境的旅客，包括公派出境工作、考察、访问、学习和因私出境探亲、访友、旅游、经商、学习等中国籍居民旅客和华侨、台湾同胞、港澳同胞等中国籍非居民旅客。

**第三条** 中国籍旅客携运进境的行李物品，在本规定所附《中国籍旅客带进物品限量表》规定的征税或免税物品品种、限量范围内的，海关准予放行，并分别验凭旅客所持有效出入境旅行证件及其他有关证明文件办理物品验放手续。

对不满16周岁者，海关只放行其旅途需用的《限量表》第一类物品。

**第四条** 中国籍旅客携运进境物品，超出规定免税限量仍属自用的，经海关核准可征税放行。

**第五条** 中国籍旅客携带旅行自用物品进出境，按照《中华人民共和国海关对进出境旅客旅行自用物品的管理规定》办理验放手续。

**第六条** 获准进境定居的中国籍非居民旅客携运进境其在境外拥有并使用过的自用物品及车辆，应在获准定居后三个月内持中华人民共和国有关主管部门签发的定居证明，向定居地主管海关一次性提出申请。上述自用物品中，除本规定所附《定居旅客应税自用及安家物品清单》所列物品需征税外，经海关审核在合理数量范围内的准予免税进境。其中完税价格在人民币1,000元以上，5,000元以下（含5,000元）的物品每种限1件。自用小汽车和摩托车准予每户进境各1辆，海关照章征税。

获准进境的自用物品及车辆,应自海关批准之日起六个月内从批准的口岸运进,物品进境地海关凭定居地主管海关的批准文件,对其中的机动交通工具,同时凭旅客填具的"进口货物报关单"办理验放手续。

第七条 定居旅客自进境之日起,居留时间不满二年,再次出境定居的,其免税携运进境的自用物品应复运出境,或依照相关规定向海关补缴进口税。

再次出境定居的旅客,在外居留不满二年,重新进境定居者,海关对其携运进境的自用物品均按本规定第三条办理。

第八条 进境长期工作、学习的中国籍非居民旅客,在取得长期居留证件之前,海关按照本规定验放其携运进出境的行李物品;在取得长期居留证件之后,另按海关对非居民长期旅客和常驻机构进出境公、私用物品的规定办理。

第九条 对短期内多次来往香港、澳门地区的旅客和经常出入境人员以及边境地区居民,海关只放行其旅途必需物品。具体管理规定授权有关海关制订并报中华人民共和国海关总署批准后公布实施。

前款所述"短期内多次来往"和"经常出入境"指半个月(15日)内进境超过1次。

第十条 除国家禁止和限制出境的物品另按有关规定办理外,中国籍旅客携运出境的行李物品,经海关审核在自用合理数量范围内的,准予出境。

第十一条 中国籍旅客进出境行李物品,超出自用合理数量及规定的限量、限值或品种范围的,除另有规定者外,海关不予放行。除本人声明放弃外,应在三个月内由本人或其代理人向海关办理退运手续;逾期不办的,由海关按《中华人民共和国海关法》第五十一条规定处理。

第十二条 旅客进出境时应遵守本规定和中华人民共和国海关总署授权有关海关为实施本规定所公告的其它补充规定。违者,海关将依照《中华人民共和国海关法》和《中华人民共和国海关行政处罚实施条例》的有关规定处理。

第十三条 本规定由中华人民共和国海关总署负责解释。

第十四条 本规定自1996年8月15日起实施。

附件：旅检案件常用法律法规及进境物品归类表、
　　　进境物品完税价格表、文物出境审核标准

# 旅客进出境行李物品分类表

（中华人民共和国海关总署1994年11月25日修订）

| 第一类物品 | 第二类物品 | 第三类物品 | 第四类物品 |
|---|---|---|---|
| 衣料、衣着、鞋、帽、工艺美术品和价值人民币500元（含500元）以下的其它生活用品 | 烟草制品 酒精饮料 | 价值人民币1000元以上，5000元（含5000元）以下的生活用品 | 价值人民币500元以上，1000元（含1000元）以下的生活用品 |

注：1. 本表所称进境物品价值以海关审定的完税价格为准，出境物品价值以国内法定商业发票所列价格为准；

2. 准许各类旅客携运本表所列物品进出境的具体征、免税限量由中华人民共和国海关总署另行规定；

3. 超出本表所列最高限值的物品不视为旅客行李物品，但另有规定者除外。

海关行政处罚案例精解

# 中华人民共和国海关
# 对非居民长期旅客进出境自用物品监管办法

## 第一章 总 则

**第一条** 为规范海关对非居民长期旅客进出境自用物品的管理,根据《中华人民共和国海关法》和其它有关法律、行政法规,制定本办法。

**第二条** 非居民长期旅客进出境自用物品应当以个人自用、合理数量为限。其中,常驻人员可以进境机动车辆,每人限1辆,其他非居民长期旅客不得进境机动车辆。

非居民长期旅客进出境自用物品,应当由本人或其委托的报关企业向主管海关提交书面申请。经主管海关审核批准后,进出境地海关凭主管海关的审批单证和其它相关单证予以验放。

**第三条** 非居民长期旅客取得境内长期居留证件后方可申请进境自用物品,首次申请进境的自用物品海关予以免税,但按照本规定准予进境的机动车辆和国家规定应当征税的20种商品除外。再次申请进境的自用物品,一律予以征税。

对于应当征税的非居民长期旅客进境自用物品,海关按照《中华人民共和国进出口关税条例》的有关规定征收税款。

根据政府间协定免税进境的非居民长期旅客自用物品,海关依法免征税款。

附件：旅检案件常用法律法规及进境物品归类表、
　　　进境物品完税价格表、文物出境审核标准

## 第二章　进境自用物品监管

**第四条**　非居民长期旅客申请进境自用物品，应当向主管海关交验下列单证：

（一）身份证件；

（二）长期居留证件；

（三）《中华人民共和国海关进出境自用物品申请表》；

（四）提（运）单、装箱单等相关单证。

主管海关自接受申请之日起3个工作日内答复。

专家以外的常驻人员申请进境机动车辆时，除交验前款规定的单证外，还应当提交身份证件及长期居留证件的复印件，交验所在常驻机构的《中华人民共和国海关常驻机构备案证》或者所在外商投资企业的《进出口货物收发货人注册登记证明书》，主管海关自接受申请之日起5个工作日内答复。

**第五条**　非居民长期旅客在进境地海关办理自用物品报关手续时，应当由本人或其委托的报关企业提交经主管海关审批的《申请表》，并交验提（运）单、装箱单等相关单证。

进境地海关应当将物品验放结果在《申请表》回执联上批注，并退主管海关备核。

**第六条**　进境机动车辆因事故、不可抗力等原因遭受严重损毁或因损耗、超过使用年限等原因丧失使用价值，经报废处理后，常驻人员凭公安交通管理部门出具的机动车辆注销证明，经主管海关同意办理机动车辆结案手续后，可重新申请进境机动车辆1辆。

进境机动车辆有丢失、被盗、转让或出售给他人、超出监管期限等情形的，常驻人员不得重新申请进境机动车辆。

**第七条**　常驻人员进境机动车辆，应当自海关放行之日起10个工作日内,向主管海关申领《中华人民共和国海关监管车辆进/出境领/销牌照通知书》,办理机动车辆牌照申领手续。其中免税进境的机动车辆,常驻人员还应当自取得《领/销牌照通知书》之日起10个工作日内,持公安交通管理部门颁发的《机动车辆行驶证》向主管海关申领《中华人民共和国海关监管车辆登记证》。

## 第三章 出境自用物品监管

**第八条** 非居民长期旅客将原进境的自用物品复运出境,应当持身份证件、长期居留证件、《申请表》等有关单证向主管海关提出申请,主管海关自接受申请之日起3个工作日内答复。其中,常驻人员申请将原进境机动车辆复运出境的,主管海关在审核批准后开具《领/销牌照通知书》,常驻人员凭此向公安交通管理部门办理注销牌照手续。主管海关收到《领/销牌照通知书》回执联后应将牌照注销情况在《申请表》上批注。

**第九条** 非居民长期旅客在出境地海关办理自用物品报关手续时,应当提交经主管海关批注的《申请表》等相关单证。

出境地海关应当将物品验放结果在《申请表》回执联上批注,并退主管海关备核。

## 第四章 进境免税机动车辆后续监管

**第十条** 常驻人员依据本办法第三条第三款规定免税进境的机动车辆属于海关监管机动车辆,主管海关对其实施后续监管,监管期限为自海关放行之日起6年。

未经海关批准,进境机动车辆在海关监管期限内不得擅自转让、出售、出租、抵押、质押或者进行其他处置。

第十一条　海关对常驻人员进境监管机动车辆实行年审制度。常驻人员应当根据主管海关的公告，在规定时间内，将进境监管机动车辆驶至指定地点，持本人身份证件、长期居留证件、《监管车辆登记证》、《机动车辆行驶证》到主管海关办理机动车辆海关年审手续。年审合格后，主管海关在《监管车辆登记证》上加盖年审印章。

第十二条　常驻人员任期届满后，经主管海关批准，可以按规定将监管机动车辆转让给其他常驻人员或者常驻机构，或者出售给特许经营单位。受让方的机动车辆进境指标相应扣减。

机动车辆受让方同样享有免税进境机动车辆权利的，受让机动车辆予以免税，受让方主管海关在该机动车辆的剩余监管年限内实施后续监管。

第十三条　常驻人员转让进境监管机动车辆时，应当由受让方向主管海关提交经出、受让双方签章确认的《中华人民共和国海关公/自用车辆转让申请表》及其他相关单证。受让方主管海关审核批注后，将《转让申请表》转至出让方主管海关。出让方主管海关批准后，出让方凭其主管海关开具的《领/销牌照通知书》向公安交通管理部门办理机动车辆牌照注销手续；出让方主管海关办理机动车辆结案手续后，将机动车辆进境原始档案及《转让申请表》回执联转至受让方主管海关。受让方凭其主管海关出具的《领/销牌照通知书》向公安交通管理部门办理机动车辆牌照申领手续。应当补税的机动车辆由受让方向其主管海关依法补缴税款。

常驻人员进境监管机动车辆出售时，应当由特许经营单位向常驻人员的主管海关提交经常驻人员签字确认的《转让申请表》，主管海关审核无误后，由特许经营单位参照前款规定办理机动车辆注销牌照等结案手续，并依法向主管海关补缴税款。

第十四条　机动车辆海关监管期限届满的，常驻人员应当持《中华人民共和国海关公/自用车辆解除监管申请表》、本人身份证件、长期居留证件、《监管车辆登记证》和《机动车辆行驶证》向主管海关申请解除监管。主管海关核准后，开具《中华人民共和国海关监管车辆解除监管证明书》，常驻人员凭此向公安交通管理部门办理有关手续。

**第十五条** 海关监管期限内的机动车辆因法院判决抵偿他人债务或者丢失、被盗的，机动车辆原所有人应当凭有关证明向海关申请办理机动车辆解除监管手续，并依法补缴税款。

**第十六条** 任期届满的常驻人员，应当在离境前向主管海关办理海关监管机动车辆的结案手续。

## 第五章 法律责任

**第十七条** 非居民长期旅客未按照本办法规定向海关办理监管机动车辆年审手续，擅自转让、出售监管机动车辆，或者有其它走私、违反海关监管规定行为的，海关依照《中华人民共和国海关法》、《中华人民共和国海关行政处罚实施条例》予以处罚；构成犯罪的，依法追究刑事责任。

## 第六章 附　　则

**第十八条** 本办法下列用语的含义：

"非居民长期旅客"是指经公安部门批准进境并在境内连续居留一年以上（含一年），期满后仍回到境外定居地的外国公民、港澳台地区人员、华侨。

"常驻人员"是指非居民长期旅客中的下列人员：

（一）境外企业、新闻机构、经贸机构、文化团体及其他境外法人经中华人民共和国政府主管部门批准，在境内设立的并在海关备案的常设机构内的工作人员；

（二）在海关注册登记的外商投资企业内的人员；

（三）入境长期工作的专家。

"身份证件"是指中华人民共和国主管部门颁发的《外国（地区）企

业常驻代表机构工作证》、《中华人民共和国外国人就业证》、《中华人民共和国外国专家证》等证件,以及进出境使用的护照、《港澳居民来往内地通行证》、《台湾居民往来大陆通行证》等。

"长期居留证件"是指中华人民共和国主管部门签发的《中华人民共和国外国人长期居留证》、《华侨、港澳地区人员暂住证》等准予在境内长期居留的证件。

"主管海关"是指非居民长期旅客境内居留所在地的直属海关或者经直属海关授权的隶属海关。

"自用物品"是指非居民长期旅客在境内居留期间日常生活所必需的《中华人民共和国海关旅客进出境行李物品分类表》所列物品(烟、酒除外)及机动车辆。

"机动车辆"是指摩托车、小轿车、越野车、9座及以下的小客车。

"20种商品"是指电视机、摄像机、录像机、放像机、音响设备、空调器、电冰箱(柜)、洗衣机、照相机、复印机、程控电话交换机、微型计算机、电话机、无限寻呼系统、传真机、电子计算器、打印机及文字处理机、家具、灯具和餐料。

第十九条 外国驻中国使馆、领馆人员,联合国及其专门机构以及其它与中国政府签有协议的国际组织驻中国代表机构人员进出境物品,不适用本办法,另按有关法律、行政法规办理。

第二十条 本办法由海关总署负责解释。

第二十一条 本办法自 2004 年 8 月 1 日起施行。

# 海关总署公告2016年第25号
## (关于《中华人民共和国进境物品归类表》和《中华人民共和国进境物品完税价格表》的公告)

根据《国务院关税税则委员会关于调整进境物品进口税有关问题的通知》(税委会〔2016〕2号),海关总署决定对2012年第15号公告公布的《中华人民共和国进境物品归类表》(详见附件1)及《中华人民共和国进境物品完税价格表》(详见附件2)的归类和税率进行相应调整,归类原则和完税价格确定原则不变,现予以公布,自2016年4月8日起执行。

特此公告。

附件:1. 中华人民共和国进境物品归类表
   2. 中华人民共和国进境物品完税价格表

海关总署
2016年4月6日

附件：旅检案件常用法律法规及进境物品归类表、
　　　进境物品完税价格表、文物出境审核标准

## 附件1　中华人民共和国进境物品归类表

| 税号 | 物品类别 | 范围 | 税率 |
|---|---|---|---|
| 01000000 | 食品、饮料 | 食品：包括乳制品、糖制品、调味品、冬虫夏草、高丽参、红参、西洋参、人参、鹿茸、阿胶、奶粉及其他保健品、补品等；<br>饮料：包括矿泉水、汽水、咖啡、茶，其他无酒精饮料。 | 15% |
| 02000000 | 酒 | 包括啤酒、葡萄酒（香槟酒）、黄酒、果酒、清酒、米酒、白兰地、威士忌、伏特加、朗姆酒、金酒、白酒、药酒、保健酒、鸡尾酒、利口酒、龙舌兰、柯迪尔酒、梅子酒等用粮食、水果等含淀粉或糖的物质发酵或配制而制成的含乙醇的酒精饮料。 | 60% |
| 03000000 | 烟 | 包括卷烟、雪茄烟、再造烟草、均化烟草、其他烟草及烟草代用品的制品，烟丝、斗烟、水烟、烟末等。 | 60% |
| 04000000 | 纺织品及其制成品 | 衣着：包括外衣、外裤、内衣裤、衬衫/T恤衫、其他衣着等；<br>配饰：包括帽子、丝巾、头巾、围巾、领带、腰带、手套、袜子、手帕等；<br>家纺用品：包括毛毯、被子、枕头、床罩、睡袋、蚊帐等；<br>其他：包括毛巾、浴巾、桌布、窗帘、地毯等。 | 30% |
| 05000000 | 皮革服装及配饰 | 包括各式皮革服装及皮质配饰。 | 30% |
| 06000000 | 箱包及鞋靴 | 箱：包括各种材质的箱子；<br>挎包、背包、提包：包括各种材质的挎包、背包、提包；<br>钱包、钥匙包：包括各种材质的钱包、钥匙包、卡片包；<br>其他：包括化妆包、包装袋（盒、箱）等。 | 30% |
| | | 鞋靴：包括皮鞋、皮靴、运动鞋、其他鞋靴等。 | |
| 07000000 | 表、钟及其配件、附件 | 高档手表：完税价格在人民币10000元及以上的手表。 | 60% |
| | | 表：包括高档手表外其他各种表；<br>钟：包括座钟、挂钟、台钟、落地钟等；<br>配件附件：包括各种表、钟的配件、附件。 | 30% |

213

续表

| 税号 | 物品类别 | 范围 | 税率 |
|---|---|---|---|
| 08000000 | 金银、贵重首饰及珠宝玉石 | 贵重首饰及珠宝玉石（不含钻石）：包括天然或养殖珍珠、宝石或半宝石（不含钻石），用天然或养殖珍珠、宝石或半宝石（不含钻石）制成的物品，以贱金属为底的非镶嵌钻石的包贵金属首饰。 | 60% |
| | | 钻石及钻石首饰。 | 30% |
| | | 金银：包括金、银、铂等贵金属及包贵金属，贵金属及包贵金属制的首饰（以贱金属为底的非镶嵌钻石的包贵金属首饰除外）、金银器和其他制品。 | 15% |
| 09000000 | 化妆品、洗护用品 | 化妆品：包括芳香类化妆品、唇用化妆品、眼用化妆品、指（趾）甲化妆品、粉状化妆品和特殊功能类化妆品等。<br>芳香类化妆品：香水和花露水；<br>唇用化妆品：唇膏、唇彩、唇线笔等；<br>眼用化妆品：睫毛膏（液、油）、眼线笔（液）、眉笔、眼影、眼睑膏等；<br>指（趾）甲化妆品：洗甲（趾）液、去指（趾）甲油、指（趾）甲油、指（趾）甲膏等；<br>粉状化妆品：粉底、粉饼、扑面粉、胭脂（粉）、腮红（粉）等；<br>特殊功能类化妆品：用于消除皱纹、美化唇型的皮内注射美容制品。 | 60% |
| | | 洗护用品：包括清洁用品、护肤用品、护发用品和其他洗护用品。<br>清洁用品：洗面奶（乳、皂）、洁面霜（露、蜜、粉、者哩）、卸妆水（乳、膏、液、油）、鼻贴膜、去黑头膏（液）、剃须膏（泡沫）、磨砂膏、按摩膏、去角质膏（粉）、牙膏、牙粉、牙线、漱口水、香皂、浴液、洗手液；<br>护肤用品：化妆水（含爽肤水、柔肤水、紧肤水、护肤水、收缩水）、须后水、面霜、眼霜、日霜、晚霜、冷霜、防晒霜（油）、晒黑油、祛斑霜、护肤膏（霜、露、乳液、喷雾）、精油、隔离霜、面膜、面膜膏（粉）、眼膜、颈膜、护手霜、润唇膏、痱子粉、爽身粉、防蚊液、皮肤护理软膏；<br>护发用品：洗/护发液、发乳、发油、发蜡、焗油膏、发胶、发泥、定型水（啫哩、摩丝）、烫发剂、染发剂；<br>其他用品：丰（美、健）乳霜、纤体霜（膏）、健美霜、紧致霜、除臭露（剂）等。 | 30% |

附件：旅检案件常用法律法规及进境物品归类表、
进境物品完税价格表、文物出境审核标准

续表

| 税号 | 物品类别 | 范围 | 税率 |
|---|---|---|---|
| 10000000 | 家用医疗、保健及美容器材 | 医疗器材：包括呼吸器具、矫形器具、夹板及其他骨折用具，血糖计、血糖试纸、电动洗眼器、红外线耳探热针、空气制氧机、治疗用雾化机、电动血压计、病人用拐杖、病人用轮椅等及上述物品的配件、附件；<br>保健器材：包括按摩床、按摩椅等及上述物品的配件、附件；<br>美容器材：包括蒸汽仪、喷雾器、化妆/美容专用工具等及上述物品的配件、附件。 | 30% |
| 11000000 | 厨卫用具及小家电 | 厨房用具：包括各种材料制的餐具、刀具、炊具、灶具，锅、壶、杯、盘、碗、筷子、勺、铲、餐刀、餐叉、切菜刀、案板、削皮刀、绞肉机、食品研磨机、搅拌器、净水器、煤气灶、煤气点火器等；电饭煲、微波炉、电磁炉、抽油烟机、消毒碗柜、家用洗碗机、电烤箱、面包机、豆浆机、酸奶机、榨汁机、咖啡机、制冰机、饮水机、食品调理机、煮蛋器等厨房用具及配件、附件；<br>卫生用具、洁具：包括热水器、水龙头、淋浴用具、座便器及配件、附件等。<br>小家电：包括灯具、风扇、电暖器、电热毯、电烫斗、电吹风机、电动剃须刀、电动毛发推剪器，增湿机、除湿机、增除湿一体机、空气清新机、家用吸尘器、扫地机器人、地板打蜡机、电动剪草机等电器及上述物品的配件、附件等。 | 30% |
| | | 电话机等信息技术产品：包括固定电话机、手持移动电话机、可视电话机、寻呼机等。 | 15% |
| 12000000 | 家具 | 包括各种材料制的沙发、组合式家具、柜、橱、台、桌、椅、书架、床、床垫、坐具等。 | 15% |
| 13000000 | 空调及其配件、附件 | 包括空气调节器及其配件、附件等。 | 30% |
| 14000000 | 电冰箱及其配件、附件 | 包括各式电冰箱、冰柜、红酒柜及其配件、附件等。 | 30% |
| 15000000 | 洗衣设备及其配件、附件 | 包括波轮式洗衣机、滚筒式洗衣机、干衣机/烘干机、脱水机、家用地毯洗涤机等及上述物品的配件、附件。 | 30% |
| 16000000 | 电视机及其配件、附件 | 包括各式电视机、电视收音联合机、电视收音录音联合机、电视录像联合机等及上述物品的配件、附件。 | 30% |

215

续表

| 税号 | 物品类别 | 范围 | 税率 |
|---|---|---|---|
| 17000000 | 摄影（像）设备及其配件、附件 | 包括电视摄像机、照相机（数字照相机除外）、照相制版机、放大机，胶卷、胶片、感光纸、镜箱、闪光灯、滤色镜、测光表、曝光表、遮光罩、水下摄影罩、半身镜、接镜环、取景器、自拍器、洗像盒、显影罐等。 | 30% |
| | | 视频摄录一体机、数字照相机、数码存储卡等信息技术产品。 | 15% |
| 18000000 | 影音设备及其配件、附件 | 包括录音笔、录音机、收音机、MP3播放机、MP4播放机、收录音机、数码录放音器、电唱机、激光电唱机、放像机、录像机、激光视盘机、（单）功能座、音箱、自动伴唱机、卡拉OK混音器等及上述物品的配件、附件。 | 30% |
| | | 耳机及耳塞机、磁盘、磁带、半导体媒体以及其他影音类信息技术产品。 | 15% |
| 19000000 | 计算机及其外围设备 | 包括个人计算机及其存储、输入、输出设备和附件、零部件。 | 15% |
| 20000000 | 书报、刊物及其他各类印刷品 | 包括书报、刊物及其他各类印刷品。 | 15% |
| 21000000 | 教育用影视资料 | 包括教育专用的电影片、幻灯片，原版录音带、录像带、磁盘、磁带、光学媒体、半导体媒体、唱片，地球仪、解剖模型、人体骨骼模型、教育用示意牌等。 | 15% |
| 22000000 | 文具用品、玩具、游戏品、节日或其他娱乐用品 | 文具用品：包括各种书写用具及材料、照像簿、集邮簿、印刷日历、月历、放大镜、望远镜、绘图用颜料、装订用具、誊写钢板等各种文具用品。 | 30% |
| | | 玩具：包括三轮车、单脚滑行车、踏板车及类似的带轮玩具；玩偶车；玩偶；缩小（按比例缩小）的模型及类似娱乐用模型；智力玩具等及上述物品的配件及附件。 游戏品（视频游戏控制器及设备、桌上或室内游戏用品）：包括电子游戏机和视频游戏控制器、扑克牌、中国象棋、国际象棋、跳棋等棋类用品、麻将及类似桌上游戏用品等，及其上述游戏的配件、附件。 节日或其他娱乐用品：包括圣诞节、狂欢节等节日用品、魔术道具及嬉戏品等。 | 15% |

附件：旅检案件常用法律法规及进境物品归类表、
进境物品完税价格表、文物出境审核标准

续表

| 税号 | 物品类别 | 范围 | 税率 |
|------|---------|------|------|
| 23000000 | 邮票、艺术品、收藏品 | 包括中国大陆及境外各种邮票、小型张、纪念封等，纪念币，以及艺术品、收藏品。 | 30% |
| 24000000 | 乐器 | 包括各种键盘类、弓弦类、拨弦类、打击类、管乐类等乐器及节拍器、音叉、定音器等器具及上述乐器的配件、附件。 | 30% |
| 25000000 | 运动用品、钓鱼用品 | 高尔夫球及球具：包括高尔夫球杆和高尔夫球。 | 60% |
| | | 除高尔夫球以外各种球类，各种棋类、健身器具、航空和航海模型、钓鱼用品等，一般体育活动、体操、竞技、游泳、滑冰、滑雪及其他户内外活动用具及其配件、附件。 | 30% |
| 26000000 | 自行车 | 包括不带发动机、电动机的自行车、三轮脚踏车、婴孩车及其他非机动脚踏车，及上述物品的配件、附件。 | 30% |
| 27000000 | 其他物品 | 其他不能归入上述类别的物品。 | 30% |

## 附件 2　中华人民共和国进境物品完税价格表

### 目　录

| | |
|---|---|
| 食品、饮料 | 223 |
| 　　—食品 | 223 |
| 　　—饮料 | 223 |
| 酒 | 223 |
| 　　—啤酒 | 223 |
| 　　—葡萄酒 | 224 |
| 　　—清酒 | 224 |
| 　　—白兰地 | 224 |
| 　　—威士忌 | 224 |
| 　　—伏特加 | 224 |
| 　　—白酒 | 224 |
| 　　—药酒 | 224 |
| 　　—其他酒 | 224 |
| 烟 | 224 |
| 　　—卷烟 | 224 |
| 　　—雪茄烟 | 225 |
| 　　—烟丝 | 225 |
| 　　—其他烟 | 225 |
| 纺织品及其制成品 | 225 |
| 　　—衣着 | 225 |
| 　　—配饰 | 225 |
| 　　—家纺用品 | 225 |
| 　　—其他纺织品及其制成品 | 225 |
| 皮革服装及配饰 | 225 |

—皮革服装 ································· 225

　　　—皮革配饰 ································· 226

　　　—其他皮革制品（箱包和鞋靴除外） ············ 226

箱包和鞋靴 ······································ 226

　　　—箱包 ····································· 226

　　　—鞋靴 ····································· 226

表、钟及其配件、附件 ···························· 226

　　　—表 ······································· 226

　　　—钟 ······································· 227

　　　—钟表配件、附件 ··························· 227

金银、贵重首饰及珠宝玉石 ························ 227

　　　—金银 ····································· 227

　　　—贵重首饰及珠宝玉石 ······················· 227

　　　化妆品、洗护用品 ··························· 227

　　　—化妆品 ··································· 227

　　　—洗护用品 ································· 228

家用医疗、保健及美容器材 ························ 229

　　　—家用医疗器材 ····························· 229

　　　—家用保健器材 ····························· 229

　　　—家用美容器材 ····························· 229

厨卫用具及小家电 ································ 229

　　　—厨房用具 ································· 229

　　　—卫生用具、洁具 ··························· 230

　　　—小家电 ··································· 230

家具 ············································ 231

　　　—实木家具 ································· 231

　　　—皮质家具 ································· 231

　　　—藤、竹质家具 ····························· 231

219

—其他家具 ································································ 231
空调及其配件、附件 ···························································· 231
　　—空调 ······································································ 231
　　—空调配件、附件 ······················································ 231
　　—其他空调 ································································ 231
电冰箱及其配件、附件 ························································ 231
　　—电冰箱、冰柜 ·························································· 231
　　—红酒柜 ···································································· 232
　　—电冰箱配件、附件 ··················································· 232
　　—其他电冰箱 ····························································· 232
洗衣设备及其配件、附件 ····················································· 232
　　—洗衣机 ···································································· 232
　　—干衣机/烘干机 ························································ 232
　　—洗衣设备配件、附件 ················································ 232
　　—其他洗衣设备 ·························································· 232
电视机及其配件、附件 ························································ 232
　　—电视机 ···································································· 232
　　—电视机配件、附件 ··················································· 233
　　—其他电视机 ····························································· 233
摄影（像）设备及其配件、附件 ··········································· 233
　　—照相机 ···································································· 233
　　—摄像机 ···································································· 233
　　—其他摄影（像）设备 ················································ 233
　　—摄影（像）设备配件、附件 ······································· 234
影音设备及其配件、附件 ····················································· 234
　　—便携式影音设备 ······················································· 234
　　—音响设备 ································································ 234
　　—影音设备配件、附件 ················································ 235

附件：旅检案件常用法律法规及进境物品归类表、
　　　进境物品完税价格表、文物出境审核标准

| | |
|---|---|
| —其他影音设备 | 235 |
| 计算机及其外围设备 | 235 |
| 　—计算机 | 235 |
| 　—计算机外围设备 | 236 |
| 书报、刊物及其他各类印刷品 | 237 |
| 教育用影视资料 | 237 |
| 　—幻灯片 | 237 |
| 　—录音带 | 237 |
| 　—录像带 | 237 |
| 　—其他教育专用影视资料 | 237 |
| 文具用品、玩具、游戏品、节日或其他娱乐用品 | 237 |
| 　—文具用品 | 237 |
| 　—玩具 | 238 |
| 　—游戏品 | 238 |
| 　—节日或其他娱乐用品 | 238 |
| 邮票、艺术品、收藏品 | 239 |
| 　—邮票 | 239 |
| 　—艺术品、收藏品 | 239 |
| 乐器 | 239 |
| 　—钢琴 | 239 |
| 　—电子琴 | 239 |
| 　—萨克斯 | 239 |
| 　—电子吉他 | 239 |
| 　—数码小提琴 | 239 |
| 　—长、短笛 | 239 |
| 　—单簧管 | 239 |
| 　—双簧管 | 239 |
| 　—古筝 | 240 |

221

| | |
|---|---|
| —其他乐器 | 240 |
| 运动用品、钓鱼用品 | 240 |
| —高尔夫球及球具 | 240 |
| —运动器具 | 240 |
| —多功能健身器具 | 240 |
| —钓鱼用具 | 240 |
| —其他运动用品 | 240 |
| 自行车 | 240 |
| —自行车 | 240 |
| —三轮车 | 240 |
| —婴孩车 | 240 |
| —自行车配件、附件 | 240 |
| 其他物品 | 240 |

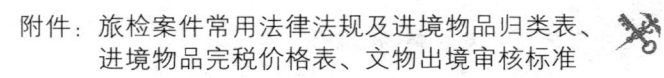

附件：旅检案件常用法律法规及进境物品归类表、
进境物品完税价格表、文物出境审核标准

| 税号 | 品名及规格 | 单位 | 完税价格（人民币：元） | 税率 |
|---|---|---|---|---|
| **01000000** | **食品、饮料** | | | |
| **01010000** | 一食品 | | | |
| 01010100 | ——水产品 | | | |
| 01010110 | ———干鱼翅 | 千克 | 3000 | 15% |
| 01010120 | ———干鲍鱼 | 千克 | 5000 | 15% |
| 01010130 | ———干海参 | 千克 | 1500 | 15% |
| 01010140 | ———干瑶柱 | 千克 | 700 | 15% |
| 01010150 | ———干海马、干海龙 | 千克 | 1500 | 15% |
| 01010160 | ———鱼肚（花胶） | 千克 | 1500 | 15% |
| 01010190 | ———其他水产品 | 千克 | 另行确定 | 15% |
| 01010200 | ——燕窝 | | | |
| 01010210 | ———燕盏 | 千克 | 30000 | 15% |
| 01010220 | ———燕饼（燕丝、燕条） | 千克 | 15000 | 15% |
| 01010230 | ———燕碎 | 千克 | 5000 | 15% |
| 01010290 | ———其他燕窝制品 | 千克 | 另行确定 | 15% |
| 01010300 | ——冬虫夏草 | 千克 | 100000 | 15% |
| 01010400 | ——参 | 千克 | 1500 | 15% |
| 01010500 | ——鹿茸 | 千克 | 2000 | 15% |
| 01010600 | ——阿胶 | 千克 | 250 | 15% |
| 01010700 | ——奶粉 | 千克 | 200 | 15% |
| 01010800 | ——调味品 | 千克 | 200 | 15% |
| 01019900 | ——其他食品 | 盒、瓶 | 另行确定 | 15% |
| **01020000** | 一饮料 | | | |
| 01020100 | ——茶叶 | 千克 | 200 | 15% |
| 01020200 | ——咖啡 | 千克 | 200 | 15% |
| 01029900 | ——其他饮料 | 千克 | 另行确定 | 15% |
| **02000000** | **酒** | | | |
| **02010000** | 一啤酒 | | | |

续表

| 税号 | 品名及规格 | 单位 | 完税价格（人民币：元） | 税率 |
|---|---|---|---|---|
| 02010100 | ——12度以下（不含12度） | 瓶（不超过750毫升） | 5 | 60% |
| 02010200 | ——12度至22度（不含22度） | 瓶（不超过750毫升） | 10 | 60% |
| 02020000 | —葡萄酒 | | | |
| 02020100 | ——12度以下（不含12度） | 瓶（不超过750毫升） | 100 | 60% |
| 02020200 | ——12度至22度（含22度） | 瓶（不超过750毫升） | 200 | 60% |
| 02030000 | —清酒 | | | |
| 02030100 | ——12度以下（不含12度） | 瓶（不超过750毫升） | 30 | 60% |
| 02030200 | ——12度至22度（不含22度） | 瓶（不超过750毫升） | 50 | 60% |
| 02030300 | ——22度及以上 | 瓶（不超过750毫升） | 80 | 60% |
| 02040000 | —白兰地 | 瓶（不超过750毫升） | 500 | 60% |
| 02050000 | —威士忌 | 瓶（不超过750毫升） | 300 | 60% |
| 02060000 | —伏特加 | 瓶（不超过750毫升） | 100 | 60% |
| 02070000 | —白酒 | 瓶（不超过750毫升） | 300 | 60% |
| 02080000 | —药酒 | 瓶（不超过750毫升） | 200 | 60% |
| 02990000 | —其他酒 | 瓶（不超过750毫升） | 另行确定 | 60% |
| 03000000 | 烟 | | | |
| 03010000 | —卷烟 | 支 | 0.5 | 60% |

附件：旅检案件常用法律法规及进境物品归类表、
进境物品完税价格表、文物出境审核标准

续表

| 税号 | 品名及规格 | 单位 | 完税价格（人民币：元） | 税率 |
|---|---|---|---|---|
| 03020000 | —雪茄烟 | 支 | 10 | 60% |
| 03030000 | —烟丝 | 克 | 0.5 | 60% |
| 03990000 | —其他烟 | 克、支 | 另行确定 | 60% |
| **04000000** | **纺织品及其制成品** | | | |
| **04010000** | —衣着 | | | |
| 04010100 | ——外衣 | 件 | 300 | 30% |
| 04010200 | ——外裤 | 条 | 200 | 30% |
| 04010300 | ——内衣裤 | 条/件 | 100 | 30% |
| 04010400 | ——衬衫/T恤衫 | 件 | 200 | 30% |
| 04019900 | ——其他衣着 | 件 | 另行确定 | 30% |
| **04020000** | —配饰 | | | |
| 04020100 | ——帽子 | 件 | 100 | 30% |
| 04020200 | ——丝巾、头巾、围巾 | 条 | 100 | 30% |
| 04020300 | ——领带 | 条 | 100 | 30% |
| 04020400 | ——腰带 | 条 | 100 | 30% |
| 04020500 | ——手套 | 双 | 100 | 30% |
| 04029900 | ——其他配饰 | 件 | 另行确定 | 30% |
| **04030000** | —家纺用品 | | | |
| 04030100 | ——毛毯、被子、床罩、睡袋 | 床、件 | 400 | 30% |
| 04030200 | ——枕头、床单、毛巾被、被套 | 条、件 | 100 | 30% |
| 04030300 | ——地毯 | 平方米 | 200 | 30% |
| 04030400 | ——窗帘 | 千克 | 100 | 30% |
| 04039900 | ——其他家纺用品 | 件 | 另行确定 | 30% |
| **04990000** | —其他纺织品及其制成品 | 件 | 另行确定 | 30% |
| **05000000** | **皮革服装及配饰** | | | |
| **05010000** | —皮革服装 | | | |
| 05010100 | ——裘皮衣 | 件 | 另行确定 | 30% |

225

续表

| 税号 | 品名及规格 | 单位 | 完税价格（人民币：元） | 税率 |
|---|---|---|---|---|
| 05010200 | ——皮大衣 | 件 | 2000 | 30% |
| 05010300 | ——皮上衣 | 件 | 1500 | 30% |
| 05010400 | ——皮背心 | 件 | 1000 | 30% |
| 05010500 | ——皮裤 | 件 | 1000 | 30% |
| 05010600 | ——皮裙 | 件 | 1000 | 30% |
| 05019900 | ——其他皮革服装 | 件 | 另行确定 | 30% |
| **05020000** | —皮革配饰 | | | |
| 05020100 | ——皮帽 | 件 | 200 | 30% |
| 05020200 | ——皮带 | 条 | 100 | 30% |
| 05020300 | ——皮手套 | 双 | 100 | 30% |
| 05029900 | ——其他皮革配饰 | 件 | 另行确定 | 30% |
| 05990000 | —其他皮革制品（箱包和鞋靴除外） | 件 | 另行确定 | 30% |
| **06000000** | 箱包和鞋靴 | | | |
| **06010000** | —箱包 | | | |
| 06010100 | ——箱 | 个 | 500 | 30% |
| 06010200 | ——挎包、背包、提包 | 个 | 200 | 30% |
| 06010300 | ——钱包、钥匙包 | 个 | 100 | 30% |
| 06019900 | ——其他箱包 | 个 | 另行确定 | 30% |
| **06020000** | —鞋靴 | | | |
| 06020100 | ——皮鞋 | 双 | 300 | 30% |
| 06020200 | ——皮靴 | 双 | 400 | 30% |
| 06020300 | ——运动鞋 | 双 | 200 | 30% |
| 06029900 | ——其他鞋靴 | 双 | 另行确定 | 30% |
| **07000000** | 表、钟及其配件、附件 | | | |
| **07010000** | —表 | | | |
| 07010100 | ——高档手表（审定价格在人民币10000元及以上） | 块 | 另行确定 | 60% |

附件：旅检案件常用法律法规及进境物品归类表、
进境物品完税价格表、文物出境审核标准

续表

| 税号 | 品名及规格 | 单位 | 完税价格（人民币：元） | 税率 |
|---|---|---|---|---|
| 07010200 | ——其他表 | | | |
| 07010210 | ———石英表（电子表） | 块 | 200 | 30% |
| 07010220 | ———机械表 | 块 | 500 | 30% |
| 07010290 | ———其他表 | 块 | 另行确定 | 30% |
| 07020000 | —钟 | | | |
| 07020100 | ——座钟、挂钟、台钟 | 个、台 | 200 | 30% |
| 07020200 | ——落地钟 | 台 | 600 | 30% |
| 07029900 | ——其他钟 | 台 | 另行确定 | 30% |
| 07030000 | —钟表配件、附件 | 件 | 另行确定 | 30% |
| 08000000 | **金银、贵重首饰及珠宝玉石** | | | |
| 08010000 | —金银 | 件 | 另行确定 | 15% |
| 08020000 | —贵重首饰及珠宝玉石 | | | |
| 08020100 | ——钻石及钻石首饰 | 件 | 另行确定 | 30% |
| 08020200 | ——贵重首饰及珠宝玉石 | 件 | 另行确定 | 60% |
| 09000000 | **化妆品、洗护用品** | | | |
| 09010000 | —化妆品 | | | |
| 09010100 | ——芳香类化妆品 | | | |
| 09010110 | ———香水 | 瓶 | 300 | 60% |
| 09010190 | ———其他芳香类化妆品 | 件 | 另行确定 | 60% |
| 09010200 | ——唇用化妆品 | | | |
| 09010210 | ———唇膏、唇彩 | 支 | 150 | 60% |
| 09010220 | ———唇线笔 | 支 | 100 | 60% |
| 09010290 | ———其他唇用化妆品 | 件 | 另行确定 | 60% |
| 09010300 | ——眼用化妆品 | | | |
| 09010310 | ———睫毛膏（液、油） | 支 | 100 | 60% |
| 09010320 | ———眼线笔（液） | 支 | 100 | 60% |
| 09010330 | ———眉笔（眉粉） | 支 | 100 | 60% |

227

续表

| 税号 | 品名及规格 | 单位 | 完税价格（人民币：元） | 税率 |
|---|---|---|---|---|
| 09010340 | ———眼影 | 盒 | 100 | 60% |
| 09010390 | ———其他眼用化妆品 | 件 | 另行确定 | 60% |
| 09010400 | ——指（趾）甲化妆品 | | | |
| 09010410 | ———洗甲（趾）液 | 支 | 50 | 60% |
| 09010420 | ———指（趾）甲油 | 支 | 20 | 60% |
| 09010490 | ———其他指（趾）甲化妆品 | 件 | 另行确定 | 60% |
| 09010500 | ——粉状化妆品 | | | |
| 09010510 | ———粉底及粉底液 | 盒、支 | 200 | 60% |
| 09010520 | ———粉饼 | 盒 | 150 | 60% |
| 09010530 | ———扑面粉 | 盒 | 150 | 60% |
| 09010540 | ———胭脂（粉）、腮红（粉） | 盒、支 | 100 | 60% |
| 09010590 | ———其他粉状化妆品 | 件 | 另行确定 | 60% |
| 09010600 | ——特殊功能类化妆品 | 件 | 另行确定 | 60% |
| **09020000** | **—洗护用品** | | | |
| 09020100 | ——清洁用品 | | | |
| 09020110 | ———洗面奶、洁面霜 | 支、瓶 | 100 | 30% |
| 09020120 | ———卸妆水 | 支、瓶 | 150 | 30% |
| 09020190 | ———其他清洁用品 | 支、瓶 | 另行确定 | 30% |
| 09020200 | ——护肤用品 | | | |
| 09020210 | ———化妆水 | 支、瓶 | 150 | 30% |
| 09020220 | ———眼霜 | 支、瓶 | 200 | 30% |
| 09020230 | ———面霜及乳液 | 支、瓶 | 200 | 30% |
| 09020240 | ———精华液（素） | 支、瓶 | 300 | 30% |
| 09020250 | ———防晒霜（露、乳液） | 支 | 150 | 30% |
| 09020260 | ———面膜 | 张、瓶 | 20 | 30% |
| 09020270 | ———润唇膏 | 支 | 20 | 30% |
| 09020280 | ———护手霜 | 支、瓶 | 50 | 30% |

附件：旅检案件常用法律法规及进境物品归类表、
进境物品完税价格表、文物出境审核标准

续表

| 税号 | 品名及规格 | 单位 | 完税价格（人民币：元） | 税率 |
|---|---|---|---|---|
| 09020290 | ———其他护肤用品 | 支、瓶 | 另行确定 | 30% |
| 09020300 | ——护发用品 | | | |
| 09020310 | ———洗/护发液 | 支、瓶 | 30 | 30% |
| 09020390 | ———其他护发用品 | 支、瓶 | 另行确定 | 30% |
| 09029900 | ——其他清洁护理品 | 件 | 另行确定 | 30% |
| **10000000** | **家用医疗、保健及美容器材** | | | |
| **10010000** | **—家用医疗器材** | | | |
| 10010100 | ——血糖计 | 个 | 500 | 30% |
| 10010200 | ——血糖试纸 | 张 | 5 | 30% |
| 10010300 | ——红外线耳探热针 | 个 | 200 | 30% |
| 10010400 | ——家用雾化机 | 台 | 2000 | 30% |
| 10010500 | ——血压计 | 个 | 500 | 30% |
| 10019900 | ——其他家用医疗器材 | 件 | 另行确定 | 30% |
| **10020000** | **—家用保健器材** | | | |
| 10020100 | ——按摩床 | 张 | 10000 | 30% |
| 10020200 | ——按摩椅 | 张 | 5000 | 30% |
| 10029900 | ——其他家用保健器材 | 件 | 另行确定 | 30% |
| **10030000** | **—家用美容器材** | | | |
| 10030100 | ——蒸汽仪 | 台 | 200 | 30% |
| 10030200 | ——喷雾器 | 台 | 400 | 30% |
| 10039900 | ——其他家用美容器材 | 台 | 另行确定 | 30% |
| **11000000** | **厨卫用具及小家电** | | | |
| **11010000** | **—厨房用具** | | | |
| 11010100 | ——餐具/刀具 | 个、把 | 20 | 30% |
| 11010200 | ——炊具 | 件 | 100 | 30% |
| 11010300 | ——灶具 | 件 | 1000 | 30% |
| 11010400 | ——净水器（含过滤芯） | 个 | 500 | 30% |

229

续表

| 税号 | 品名及规格 | 单位 | 完税价格（人民币：元） | 税率 |
|---|---|---|---|---|
| 11010500 | ——净水器过滤芯 | 个 | 200 | 30% |
| 11011100 | ——电饭煲 | 个 | 500 | 30% |
| 11011200 | ——微波炉 | 台 | 600 | 30% |
| 11011300 | ——电磁炉 | 台 | 800 | 30% |
| 11011400 | ——抽油烟机 | 台 | 1000 | 30% |
| 11011500 | ——家用洗碗机 | 台 | 1500 | 30% |
| 11011600 | ——电动榨汁机 | 台 | 100 | 30% |
| 11011700 | ——咖啡机 | 台 | 4000 | 30% |
| 11019900 | ——其他厨房用具 | 件、个 | 另行确定 | 30% |
| **11020000** | —卫生用具、洁具 | | | |
| 11020100 | ——热水器 | 台 | 1000 | 30% |
| 11021120 | ——电吹风机 | 个 | 200 | 30% |
| 11021130 | ——电动剃须刀 | 个 | 200 | 30% |
| 11020400 | ——电动牙刷 | 个 | 200 | 30% |
| 11029900 | ——其他卫生间用具 | 件、个 | 另行确定 | 30% |
| **11030000** | —小家电 | | | |
| 11030100 | ——电话机 | | | |
| 11030110 | ———普通电话机 | 台 | 200 | 15% |
| 11030120 | ———手持移动电话机 | | | |
| 11030121 | ————键盘式手持移动电话机 | 台 | 1000 | 15% |
| 11030122 | ————触屏式手持移动电话机 | 台 | 另行确定 | 15% |
| 11030130 | ———电话传真机 | 台 | 1000 | 15% |
| 11030140 | ———可视电话机 | 台 | 1000 | 15% |
| 11030150 | ———电话机配件、附件 | 件 | 另行确定 | 15% |
| 11030190 | ———其他电话机 | 台 | 另行确定 | 15% |
| 11031200 | ——电风扇 | 台 | 400 | 30% |
| 11031300 | ——电熨斗 | 台 | 200 | 30% |

续表

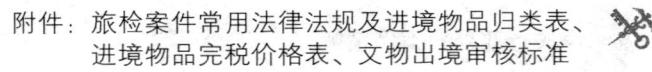

| 税号 | 品名及规格 | 单位 | 完税价格（人民币：元） | 税率 |
|---|---|---|---|---|
| 11031400 | ——电暖器 | 台 | 400 | 30% |
| 11031500 | ——增/除湿机、增除湿一体机 | 台 | 1500 | 30% |
| 11031600 | ——空气清新机 | 台 | 1000 | 30% |
| 11031700 | ——吸尘器 | 台 | 500 | 30% |
| 11031800 | ——地板打蜡机 | 台 | 500 | 30% |
| 11031900 | ——电动剪草机 | 台 | 2000 | 30% |
| 11032000 | ——电缝纫机、编织机 | 台 | 2000 | 30% |
| 11032100 | ——灯具 | 台、件 | 另行确定 | 30% |
| 11039900 | ——其他小家电 | | | |
| 11039910 | ——其他家电类信息技术产品 | 件、个 | 另行确定 | 15% |
| 11039990 | ——其他小家电 | 件、个 | 另行确定 | 30% |
| **12000000** | **家具** | | | |
| 12010000 | —实木家具 | 件 | 另行确定 | 15% |
| 12020000 | —皮质家具 | 件 | 1000 | 15% |
| 12030000 | —藤、竹质家具 | 件 | 600 | 15% |
| 12990000 | —其他家具 | 件 | 另行确定 | 15% |
| **13000000** | **空调及其配件、附件** | | | |
| 13010000 | —空调 | | | |
| 13010100 | ——1匹及以下 | 台 | 2000 | 30% |
| 13010200 | ——1匹以上2匹以下（含2匹） | 台 | 4000 | 30% |
| 13010300 | ——2匹以上3匹以下（含3匹） | 台 | 6000 | 30% |
| 13010400 | ——3匹以上 | 台 | 另行确定 | 30% |
| 13020000 | —空调配件、附件 | 个 | 另行确定 | 30% |
| 13990000 | —其他空调 | 台 | 另行确定 | 30% |
| **14000000** | **电冰箱及其配件、附件** | | | |
| 14010000 | —电冰箱、冰柜 | | | |
| 14010100 | ——100公升及以下 | 台 | 1000 | 30% |

海关行政处罚案例精解

续表

| 税号 | 品名及规格 | 单位 | 完税价格（人民币：元） | 税率 |
|---|---|---|---|---|
| 14010200 | ——101－200 公升 | 台 | 2000 | 30% |
| 14010300 | ——201－250 公升 | 台 | 3000 | 30% |
| 14010400 | ——251－300 公升 | 台 | 5000 | 30% |
| 14010500 | ——301－400 公升 | 台 | 10000 | 30% |
| 14010600 | ——401－500 公升 | 台 | 15000 | 30% |
| 14010700 | ——501 公升及以上 | 台 | 另行确定 | 30% |
| **14020000** | —红酒柜 | | | |
| 14020100 | ——12 瓶及以下 | 台 | 1000 | 30% |
| 14020200 | ——13－18 瓶 | 台 | 2000 | 30% |
| 14020300 | ——19－45 瓶 | 台 | 3000 | 30% |
| 14020400 | ——46－75 瓶 | 台 | 4000 | 30% |
| 14020500 | ——76－120 瓶 | 台 | 5000 | 30% |
| 14020600 | ——121 瓶及以上 | 台 | 另行确定 | 30% |
| 14030000 | —电冰箱配件、附件 | 件 | 另行确定 | 30% |
| 14990000 | —其他电冰箱 | 台 | 另行确定 | 30% |
| **15000000** | **洗衣设备及其配件、附件** | | | |
| 15010000 | —洗衣机 | | | |
| 15010100 | ——波轮式 | 台 | 1000 | 30% |
| 15010200 | ——滚筒式 | 台 | 3000 | 30% |
| 15020000 | —干衣机/烘干机 | 台 | 2000 | 30% |
| 15030000 | —洗衣设备配件、附件 | 件 | 另行确定 | 30% |
| 15990000 | —其他洗衣设备 | 台 | 另行确定 | 30% |
| **16000000** | **电视机及其配件、附件** | | | |
| 16010000 | —电视机 | | | |
| 16010100 | ——22 英寸及以下 | 台 | 1000 | 30% |
| 16010200 | ——23 英寸至 32 英寸 | 台 | 2000 | 30% |
| 16010300 | ——33 英寸至 39 英寸 | 台 | 4000 | 30% |

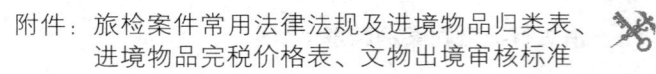

附件：旅检案件常用法律法规及进境物品归类表、
进境物品完税价格表、文物出境审核标准

续表

| 税号 | 品名及规格 | 单位 | 完税价格（人民币：元） | 税率 |
|---|---|---|---|---|
| 16010400 | ——40英寸至42英寸 | 台 | 6000 | 30% |
| 16010500 | ——43英寸至45英寸 | 台 | 8000 | 30% |
| 16010600 | ——46英寸至49英寸 | 台 | 10000 | 30% |
| 16010700 | ——50英寸至54英寸 | 台 | 20000 | 30% |
| 16010800 | ——55英寸至59英寸 | 台 | 30000 | 30% |
| 16010900 | ——60英寸至64英寸 | 台 | 35000 | 30% |
| 16011000 | ——65英寸以上 | 台 | 另行确定 | 30% |
| **16020000** | —电视机配件、附件 | 件、个 | 另行确定 | 30% |
| 16990000 | —其他电视机 | 台 | 另行确定 | 30% |
| **17000000** | **摄影（像）设备及其配件、附件** | | | |
| **17010000** | —照相机 | | | |
| 17010100 | ——数字照相机 | | | |
| 17010110 | ———一体式数字照相机 | 台 | 2000 | 15% |
| 17010120 | ———镜头可拆卸式数字照相机 | | | |
| 17010121 | ————可拆卸式数字照相机机身 | 台 | 5000 | 15% |
| 17010122 | ————可拆卸式数码照相机镜头 | 个 | 2000 | 30% |
| 17010200 | ——照相机（非数字照相机） | | | |
| 17010210 | ———反光式胶片照相机 | 台 | 5000 | 30% |
| 17010220 | ———一次成像照相机 | 台 | 1000 | 30% |
| 17010290 | ———其他照相机 | 台 | 另行确定 | 30% |
| **17020000** | —摄像机 | | | |
| 17020100 | ——电视摄像机 | 台 | 另行确定 | 30% |
| 17020200 | ——视频摄录一体机 | 台 | 4000 | 15% |
| 17029900 | ——其他摄像机 | 台 | 另行确定 | 30% |
| **17030000** | —其他摄影（像）设备 | | | |
| 17030100 | ——其他摄影（像）类信息技术产品 | 台、件 | 另行确定 | 15% |
| 17030200 | ——其他摄影（像）设备 | 台、件 | 另行确定 | 30% |

233

续表

| 税号 | 品名及规格 | 单位 | 完税价格（人民币：元） | 税率 |
|---|---|---|---|---|
| **17990000** | 一摄影（像）设备配件、附件 | | | |
| 17990100 | ——数码存储卡 | | | |
| 17990110 | ———存储容量8G及以下 | 个 | 50 | 15% |
| 17990120 | ———存储容量8G以上 | 个 | 200 | 15% |
| 17990200 | ——闪光灯 | 个 | 500 | 30% |
| 17990300 | ——支架 | 个 | 300 | 30% |
| 17990400 | ——胶卷 | 个 | 20 | 30% |
| 17999900 | ——其他摄影（像）设备配件、附件 | 件 | 另行确定 | 30% |
| **18000000** | 影音设备及其配件、附件 | | | |
| **18010000** | 一便携式影音设备 | | | |
| 18010100 | ——录音笔 | 台 | 200 | 30% |
| 18010200 | ——录音机 | 台 | 200 | 30% |
| 18010300 | ——收音机 | 台 | 200 | 30% |
| 18010400 | ——MP3播放器（音频多媒体播放器） | 台 | 100 | 30% |
| 18010500 | ——MP4播放器（视频多媒体播放器） | 台 | 500 | 30% |
| 18019900 | ——其他便携式影音设备 | 台 | 另行确定 | 30% |
| **18020000** | 一音响设备 | | | |
| 18020100 | ——电唱机（含便携式激光唱机） | 台 | 500 | 30% |
| 18020200 | ——放像机 | 台 | 500 | 30% |
| 18020300 | ——录像机 | 台 | 800 | 30% |
| 18020400 | ——激光视盘机（LD、VCD、DVD等） | 台 | 500 | 30% |
| 18020500 | ——（单）功能座（功放、调谐、均衡等） | 台 | 1000 | 30% |
| 18020600 | ——音箱 | 个 | 1000 | 30% |
| 18020700 | ——便携式收音、录音、激光唱盘一体机 | 台 | 1000 | 30% |
| 18029900 | ——其他音响设备 | 件 | 另行确定 | 30% |

附件：旅检案件常用法律法规及进境物品归类表、
进境物品完税价格表、文物出境审核标准

续表

| 税号 | 品名及规格 | 单位 | 完税价格（人民币：元） | 税率 |
|---|---|---|---|---|
| 18030000 | 一影音设备配件、附件 | | | |
| 18030100 | ——耳机及耳塞机 | 个 | 50 | 15% |
| 18030200 | ——磁盘 | 盘 | 30 | 15% |
| 18030300 | ——磁带 | | | |
| 18030310 | ———重放声音或图像信息的磁带 | 盘 | 50 | 30% |
| 18030320 | ———其他磁带 | 盘 | 10 | 15% |
| 18030400 | ——半导体媒体 | 张 | 30 | 15% |
| 18030500 | ——唱片 | | | |
| 18030510 | ———已录制唱片 | 张 | 50 | 30% |
| 18030520 | ———其他唱片 | 张 | 50 | 15% |
| 18039900 | ——其他影音设备配件、附件 | 个、件 | 另行确定 | 30% |
| 18990000 | 一其他影音设备 | | | |
| 18990100 | ——其他影音类信息技术产品 | 台、件 | 另行确定 | 15% |
| 18990200 | ——其他影音设备 | 个、台 | 另行确定 | 30% |
| 19000000 | 计算机及其外围设备 | | | |
| 19010000 | 一计算机 | | | |
| 19010100 | ——台式个人计算机主机 | 台 | 2000 | 15% |
| 19010200 | ——主机、显示器一体机 | 台 | 3000 | 15% |
| 19010300 | ——笔记本电脑（含平板电脑、掌上电脑、上网本等） | | | |
| 19010310 | ———键盘式笔记本电脑 | 台 | 2000 | 15% |
| 19010320 | ———触屏式笔记本电脑 | 台 | 另行确定 | 15% |
| 19010400 | ——计算机配件 | | | |
| 19010410 | ———主板 | 块 | 500 | 15% |
| 19010420 | ———中央处理器（CPU） | 个 | 500 | 15% |
| 19010430 | ———内存条 | | | |
| 19010431 | ————4G及以下 | 条 | 200 | 15% |

续表

| 税号 | 品名及规格 | 单位 | 完税价格（人民币：元） | 税率 |
|---|---|---|---|---|
| 19010432 | —————4G 以上 | 条 | 300 | 15% |
| 19010440 | ————功能卡 | 块 | 300 | 15% |
| 19010490 | ————其他计算机配件 | 块、个 | 另行确定 | 15% |
| 19019900 | ———其他计算机 | 台 | 另行确定 | 15% |
| **19020000** | —计算机外围设备 | | | |
| 19020100 | ——鼠标 | 个 | 50 | 15% |
| 19020200 | ——键盘 | 个 | 80 | 15% |
| 19020300 | ——音箱 | 个 | 50 | 15% |
| 19020400 | ——显示器 | | | |
| 19020410 | ———液晶显示器 | | | |
| 19020411 | ————19 英寸及以下 | 台 | 800 | 15% |
| 19020412 | ————19 英寸以上，24 英寸及以下 | 台 | 1200 | 15% |
| 19020413 | ————24 英寸以上 | 台 | 另行确定 | 15% |
| 19020420 | ———显像管（CRT）显示器 | | | |
| 19020421 | ————17 英寸及以下 | 台 | 300 | 15% |
| 19020422 | ————17 英寸以上 | 台 | 500 | 15% |
| 19020490 | ———其他显示器 | 台 | 另行确定 | 15% |
| 19020500 | ——打印机 | | | |
| 19020510 | ———激光打印机 | | | |
| 19020511 | ————黑白激光打印机 | 台 | 1000 | 15% |
| 19020512 | ————彩色激光打印机 | 台 | 3000 | 15% |
| 19020520 | ———喷墨打印机 | 台 | 500 | 15% |
| 19020530 | ———针式打印机 | 台 | 1000 | 15% |
| 19020540 | ———多功能一体打印机 | | | |
| 19020541 | ————喷墨多功能一体打印机 | 台 | 600 | 15% |
| 19020542 | ————激光多功能一体打印机 | 台 | 1500 | 15% |
| 19020590 | ———其他打印机 | 台 | 另行确定 | 15% |

附件：旅检案件常用法律法规及进境物品归类表、
进境物品完税价格表、文物出境审核标准

续表

| 税号 | 品名及规格 | 单位 | 完税价格（人民币：元） | 税率 |
|---|---|---|---|---|
| 19020600 | ——扫描仪 | 台 | 1000 | 15% |
| 19020700 | ——视频投影仪 | 台 | 5000 | 15% |
| 19020800 | ——驱动器 | | | |
| 19020810 | ———CD | 台 | 100 | 15% |
| 19020820 | ———DVD | 台 | 200 | 15% |
| 19020890 | ———其他驱动器 | 台 | 另行确定 | 15% |
| 19020900 | ——存储器 | | | |
| 19020910 | ———硬盘/移动硬盘 | | | |
| 19020911 | ————1T 及以下 | 个 | 300 | 15% |
| 19020912 | ————1T 以上 2T 以下（含2T） | 个 | 500 | 15% |
| 19020913 | ————2T 以上 | 个 | 另行确定 | 15% |
| 19020920 | ———U 盘 | 个 | 50 | 15% |
| 19020990 | ———其他存储器 | 个、盒 | 另行确定 | 15% |
| 19029900 | ——其他计算机外围设备 | 台 | 另行确定 | 15% |
| **20000000** | **书报、刊物及其他各类印刷品** | | 另行确定 | 15% |
| **21000000** | **教育用影视资料** | | | |
| 21010000 | —幻灯片 | 片 | 10 | 15% |
| 21020000 | —录音带 | 盘 | 10 | 15% |
| 21030000 | —录像带 | 盘 | 50 | 15% |
| 21990000 | —其他教育专用影视资料 | 件 | 另行确定 | 15% |
| **22000000** | **文具用品、玩具、游戏品、节日或其他娱乐用品** | | | |
| 22010000 | —文具用品 | | | |
| 22010100 | ——电子计算器 | 个 | 200 | 15% |
| 22010200 | ——电子字典/记事簿 | 个 | 300 | 15% |
| 22010300 | ——电子（纸）书 | 台 | 800 | 15% |
| 22010400 | ——笔 | 支 | 50 | 30% |

237

续表

| 税号 | 品名及规格 | 单位 | 完税价格（人民币：元） | 税率 |
|---|---|---|---|---|
| 22019900 | ———其他文具用品 | 件 | 另行确定 | 30% |
| **22020000** | —玩具 | | | |
| 22020100 | ——带轮玩具 | | | |
| 22020110 | ———单脚滑行车、踏板车 | 个 | 100 | 15% |
| 22020190 | ———其他带轮玩具 | 个 | 另行确定 | 15% |
| 22020200 | ——玩偶 | 个 | 100 | 15% |
| 22020300 | ——缩小（按比例缩小）的模型及类似娱乐用模型 | 套 | 300 | 15% |
| 22020400 | ——智力玩具 | 套 | 100 | 15% |
| 22020500 | ——玩具乐器 | 个 | 100 | 15% |
| 22029900 | ——其他玩具 | 件 | 另行确定 | 15% |
| **22030000** | —游戏品 | | | |
| 22030100 | ——游戏机 | | | |
| 22030110 | ———便携式游戏机 | 台 | 1000 | 15% |
| 22030120 | ———电脑游戏机 | 台 | 2000 | 15% |
| 22030130 | ———其他游戏机 | 台 | 另行确定 | 15% |
| 22030190 | ——游戏机配件、附件 | | | |
| 22030191 | ———游戏碟、盘、卡 | 张、个 | 60 | 15% |
| 22030192 | ———游戏机遥控器、控制器 | 个 | 200 | 15% |
| 22030199 | ———其他游戏机配件、附件 | 件 | 另行确定 | 15% |
| 22030200 | ——桌上或室内游戏用品 | | | |
| 22030210 | ———纸牌游戏用品 | 套 | 50 | 15% |
| 22030220 | ———棋类产品 | 套 | 50 | 15% |
| 22030290 | ———其他桌上或室内游戏用品 | 件、套 | 另行确定 | 15% |
| 22030900 | ——游戏品的配件、附件 | 件 | 另行确定 | 15% |
| **22040000** | —节日或其他娱乐用品 | | | |
| 22040100 | ——节日用品 | | | |

附件：旅检案件常用法律法规及进境物品归类表、
进境物品完税价格表、文物出境审核标准

续表

| 税号 | 品名及规格 | 单位 | 完税价格（人民币：元） | 税率 |
|---|---|---|---|---|
| 22040110 | ———节日装饰品 | 件 | 30 | 15% |
| 22040120 | ———圣诞节传统用品 | 件 | 50 | 15% |
| 22040130 | ———化装舞会及类似场合用品 | 件 | 20 | 15% |
| 22040190 | ———其他节日用品 | 件 | 另行确定 | 15% |
| 22040200 | ——魔术道具及嬉戏品 | 件 | 另行确定 | 15% |
| 22040900 | ——其他娱乐用品 | 件 | 另行确定 | 15% |
| **23000000** | **邮票、艺术品、收藏品** | | | |
| 23010000 | —邮票 | | | |
| 23010100 | ——中国邮票、小型张、纪念封 | 张 | 另行确定 | 30% |
| 23010200 | ——港澳台、外国邮票 | 张 | 5 | 30% |
| 23010300 | ——港澳台、外国小型张、纪念封 | 张 | 10 | 30% |
| 23020000 | —艺术品、收藏品 | 件 | 另行确定 | 30% |
| **24000000** | **乐器** | | | |
| 24010000 | —钢琴 | | | |
| 24010100 | ——三角钢琴 | 架 | 90000 | 30% |
| 24010200 | ——立式钢琴 | 架 | 15000 | 30% |
| 24010300 | ——电子钢琴 | 架 | 5000 | 30% |
| 24019900 | ——其他钢琴 | 架 | 另行确定 | 30% |
| 24020000 | —电子琴 | | | |
| 24020100 | ——49键以下 | 台 | 800 | 30% |
| 24020200 | ——49键及以上 | 台 | 3000 | 30% |
| 24030000 | —萨克斯 | 把 | 10000 | 30% |
| 24040000 | —电子吉他 | 把 | 2000 | 30% |
| 24050000 | —数码小提琴 | 把 | 5000 | 30% |
| 24060000 | —长、短笛 | 支 | 5000 | 30% |
| 24070000 | —单簧管 | 支 | 4000 | 30% |
| 24080000 | —双簧管 | 支 | 10000 | 30% |

239

续表

| 税号 | 品名及规格 | 单位 | 完税价格（人民币：元） | 税率 |
| --- | --- | --- | --- | --- |
| 24090000 | —古筝 | 架 | 2000 | 30% |
| 24990000 | —其他乐器 | 件 | 另行确定 | 30% |
| 25000000 | 运动用品、钓鱼用品 | | | |
| 25010000 | —高尔夫球及球具 | | | |
| 25010100 | ——球杆 | 根 | 1000 | 60% |
| 25010200 | ——球 | 个 | 20 | 60% |
| 25019900 | ——其他高尔夫球具 | 件 | 另行确定 | 60% |
| 25020000 | —运动器具 | | | |
| 25020100 | ——网球拍 | 个 | 500 | 30% |
| 25020200 | ——羽毛球拍 | 个 | 300 | 30% |
| 25029900 | ——其他运动器具 | 件 | 另行确定 | 30% |
| 25030000 | —多功能健身器具 | | | |
| 25030100 | ——跑步机 | 件 | 2000 | 30% |
| 25030200 | ——健身车 | 件 | 1000 | 30% |
| 25030300 | ——综合训练器 | 件 | 3000 | 30% |
| 25039900 | ——其他多功能健身器具 | 件 | 另行确定 | 30% |
| 25040000 | —钓鱼用品 | 件 | 另行确定 | 30% |
| 25990000 | —其他运动用品 | 件 | 另行确定 | 30% |
| 26000000 | 自行车 | | | |
| 26010000 | —自行车 | 辆 | 500 | 30% |
| 26020000 | —三轮车 | 辆 | 500 | 30% |
| 26030000 | —婴孩车 | 辆 | 200 | 30% |
| 26090000 | —自行车配件、附件 | 件 | 另行确定 | 30% |
| 27000000 | 其他物品 | 件 | 另行确定 | 30% |

备注：
对02000000税号项下的各类酒，单瓶容量超出750毫升的，每满750毫升按照1瓶计征税赋，超出部分不足750毫升的不予计算。

附件：旅检案件常用法律法规及进境物品归类表、
进境物品完税价格表、文物出境审核标准

# 文物出境审核标准

| 审核类别 | | 禁　限 |
|---|---|---|
| 1. 化石 | | |
| | 古猿化石、古人类化石以及与人类活动有关的第四纪古脊椎动物化石 | 一律禁止出境 |
| 2. 建筑物的实物资料 | | |
| 2.1 建筑模型、图样 | 建筑的木制模型、纸制烫样、平面立面图、内部装修画样及工程作法等 | 一九一一年以前的禁止出境 |
| | 具有重要历史、艺术、科学价值的 | 一九四九年以前的禁止出境 |
| 2.2 建筑物装修、构件 | 包括园林建筑构件 | 一九一一年以前的禁止出境 |
| | 具有重要历史、艺术、科学价值的 | 一九四九年以前的禁止出境 |
| 3. 绘画、书法 | | |
| 3.1 中国画及书法 | | 一九一一年以前的禁止出境  一九一一年后参照名单执行 |
| | 肖像、影像、画像、风俗画、战功图、纪事图、行乐图等 | 一九四九年以前的禁止出境  属于本人或其亲属的肖像、影像、画像等不在此限 |

241

续表

| 审核类别 | | 禁 限 |
|---|---|---|
| 3.2 油画、水彩画、水粉画 | 包括素描（含速写）、漫画、版画的原作和原版等 | 一九四九年以前的禁止出境<br>一九四九年后参照名单执行 |
| | 具有重大历史、艺术价值，产生广泛社会影响的 | 一律禁止出境 |
| 3.3 壁画 | 宫殿、庙宇、石窟、墓葬中的壁画等 | 一九四九年以前的禁止出境 |
| | 近现代著名壁画的原稿、设计方案及图稿 | 一律禁止出境 |
| 4. 碑帖、拓片 | | |
| | 碑碣、墓志、造像题记、摩崖等拓片及套帖 | 一九四九年以前的禁止出境 |
| | 古器物拓片，包括铭文、纹饰及全形拓片 | 一九四九年以前的禁止出境 |
| | 新发现的重要的或原作已毁损的石刻等拓片 | 一律禁止出境 |
| 5. 雕塑 | | |
| | 人像、佛像、动植物造型及摆件等 | 一九一一年以前的禁止出境 |
| | 名家作品 | 参照名单执行 |
| | 具有重大历史、艺术价值，产生广泛社会影响的 | 一律禁止出境 |
| 6. 铭刻 | | |
| 6.1 甲骨 | 包括残破、无字或后刻文字及花纹的甲骨和卜骨 | 一律禁止出境 |

附件：旅检案件常用法律法规及进境物品归类表、
进境物品完税价格表、文物出境审核标准

续表

| 审核类别 | | 禁 限 |
|---|---|---|
| 6.2 玺印 | | 一九一一年以前的禁止出境 |
| | 名家制印 | 参照名单执行 |
| | 历代官印，包括玺、印、戳记等 | 一律禁止出境 |
| | 各类军政机构、党派、群众团体使用过的，以及其他有特殊意义的印章、关防、印信等；著名人物使用过的有代表性的个人印章 | 一九四九年以前的禁止出境 |
| 6.3 封泥 | | 一律禁止出境 |
| 6.4 符契 | 包括符节、铁券、铅券、腰牌等 | 一九一一年以前的禁止出境 |
| 6.5 勋章、奖章、纪念章 | | 一九一一年以前的禁止出境 |
| | 反映重大历史事件，有特殊意义的；颁发给著名人物的；有重要艺术价值的 | 一九四九年以前的禁止出境 属于本人或其亲属的不在此限 |
| 6.6 碑刻 | 历代石经、刻石、碑刻、经幢、墓志等 | 一九四九年以前的禁止出境 |
| 6.7 版片 | 书版、图版、画版、印刷版等 | 一九四九年以前的禁止出境 |
| 7. 图书文献 | | |
| 7.1 竹简、木简 | 包括无字的 | 一律禁止出境 |
| 7.2 书札 | | 一九一一年以前的禁止出境 |
| | 名人书札 | 一九四九年以前的禁止出境 属于本人或其亲属的一般来往函件不在此限 |

243

续表

| 审核类别 | | 禁　限 |
|---|---|---|
| 7.3 手稿 | | 一九一一年以前的禁止出境 |
| | 涉及重大历史事件的或著名人物撰写的重要文件、电报、信函、题词、代表性著作的手稿等 | 一律禁止出境 属于本人的信函、题词、代表性著作的手稿等不在此限 |
| 7.4 书籍 | | 一九一一年以前的禁止出境 |
| | 存量不多的木板书及石印、铅印的完整的大部丛书，如图书集成、四部丛刊、丛书集成、万有文库等 | 一九四九年以前的禁止出境 |
| | 有重要历史、学术价值的报刊、教材、图册等 | 一九四九年以前的禁止出境 |
| | 有重大影响的出版物的原始版本或最早版本 | 一九四九年以前的禁止出境 |
| | 有领袖人物重要批注手迹的 | 一律禁止出境 |
| | 地方志、家谱、族谱 | 一九四九年以前的禁止出境 |
| 7.5 图籍 | 各种方式印刷和绘制的天文图、舆地图、水道图、水利图、道里图、边防图、战功图、盐场图、行政区划图等 | 一九四九年以前的禁止出境 |
| | 非公开发售的各种地图等 | 一律禁止出境 |
| 7.6 文献档案 | | 一九一一年以前的禁止出境 |
| | 有重要历史价值的 | 一律禁止出境 |
| | 重大事件或历次群众性运动中散发、张贴的传单、标语、漫画等 | 一律禁止出境 |
| | 重要战役的战报及相关宣传品等 | 一律禁止出境 |

附件：旅检案件常用法律法规及进境物品归类表、
进境物品完税价格表、文物出境审核标准

续表

| 审核类别 | | 禁　限 |
|---|---|---|
| 8. 钱币 | | |
| 8.1 古钱币 | 各种实物货币、金属称量货币、压胜钱、金银钱等 | 一九一一年以前的禁止出境 |
| 8.2 古钞 | 宝钞、银票、钱票、私钞等 | 一九一一年以前的禁止出境 |
| 8.3 近现代机制币 | 金、银、铜、镍等金属币和纪念币 | 一九四九年以前的禁止出境 |
| 8.4 近现代钞票 | 具有重要历史、艺术、科学价值的 | 一九四九年以前的禁止出境 |
| 8.5 钱范 | 古代各种钱范和近代各种硬币的模具 | 一律禁止出境 |
| 8.6 钞版 | 各时期各种材质的钞版 | 一律禁止出境 |
| 8.7 钱币设计图稿 | 包括样钱、雕母、母钱等 | 一律禁止出境 |
| 9. 舆服 | | |
| 9.1 车船舆轿 | 包括零部件 | 一九一一年以前的禁止出境 |
| 9.2 车具、马具 | 包括零部件 | 一九一一年以前的禁止出境 |
| 9.3 鞋帽 | | 一九一一年以前的禁止出境 |
| 9.4 服装 | | 一九一一年以前的禁止出境 |
| 9.5 首饰 | | 一九一一年以前的禁止出境 |
| 9.6 佩饰 | | 一九一一年以前的禁止出境 |

海关行政处罚案例精解

续表

| 审核类别 | | 禁　限 |
|---|---|---|
| 10. 器具 | | |
| 10.1 生产工具 | | 一九一一年以前的禁止出境 |
| | 反映近现代生产力发展的代表性实物，如工业设备、仪器等 | 一九四九年以前的禁止出境 |
| 10.2 兵器 | | 一九一一年以前的禁止出境 |
| | 中国自制的各种枪炮 | 一九四九年以前的禁止出境 |
| | 名人使用过的或有记年记事铭文的 | 一律禁止出境 |
| 10.3 乐器 | 包括舞乐用具 | 一九一一年以前的禁止出境 |
| | 已故著名艺人使用过的 | 一律禁止出境 |
| 10.4 仪仗 | | 一九一一年以前的禁止出境 |
| 10.5 度量衡 | 包括附件 | 一九一一年以前的禁止出境 |
| 10.6 法器 | 包括乐器、幡、旗等 | 一九一一年以前的禁止出境 |
| 10.7 明器 | 各种材质所制的专为殉葬用的俑及器物 | 一九一一年以前的禁止出境 |
| 10.8 仪器 | 包括日晷、罗盘、天文钟、天文仪、算筹等有关天文历算的仪器和科学实验仪器及其部件 | 一九四九年以前的禁止出境 |
| 10.9 家具 | 各种材质的家具及其部件 | 一九一一年以前的禁止出境 |
| | 黄花梨、紫檀、乌木、鸡翅木、铁梨木家具 | 一九四九年以前的禁止出境 |

附件：旅检案件常用法律法规及进境物品归类表、
　　　进境物品完税价格表、文物出境审核标准

续表

| 审核类别 | | 禁　限 |
|---|---|---|
| 10.10 金属器 | 青铜器 | 一九一一年以前的禁止出境 |
| | 金、银、铜、铁、锡、铅等制品 | 一九一一年以前的禁止出境 |
| 10.11 陶瓷器 | 包括具有历史、艺术、科学价值的残片 | 一九一一年以前的禁止出境 |
| | 官窑器、民窑堂名款器，有纪年、纪事或作为历史事件标志性的器物及残件 | 一九四九年以前的禁止出境 |
| | 名家制品 | 参照名单执行 |
| 10.12 漆器 | | 一九一一年以前的禁止出境 |
| | 名家、名作坊或有名人款识的制品 | 参照名单执行 |
| 10.13 织绣品 | 各种织物、刺绣及其制成品和残片，包括附属于手卷、画轴、册页上的包首、隔水等所用织绣品 | 一九一一年以前的禁止出境 |
| | 地毯、挂毯等 | 一九一一年以前的禁止出境 |
| | 成匹的各种绸、缎、绫、罗、纱、绢、锦、棉、麻、呢、绒等织物 | 一九四九年以前的禁止出境 |
| | 织绣、印染等名家制品 | 参照名单执行 |
| | 缂丝、缂毛（包括残片） | 一九四九年以前的禁止出境 |
| 10.14 钟表 | | 一九一一年以前的禁止出境 |
| 10.15 烟壶 | | 一九一一年以前的禁止出境 |
| | 名家制品 | 参照名单执行 |

247

续表

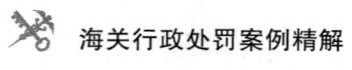

| 审核类别 | | 禁　限 |
|---|---|---|
| 10.16 扇子 | 包括扇骨、扇面 | 一九一一年以前的禁止出境 |
| | 名家制品 | 参照名单执行 |
| 11. 民俗用品 | | |
| 11.1 民间艺术作品 | 年画、神马、剪纸、泥人等各种类型的民间艺术作品 | 一九一一年以前的禁止出境 |
| | 具有重要艺术价值的 | 一九四九年以前的禁止出境 |
| 11.2 生活及文娱用品 | 灯具、锁具、餐具、茶具、棋牌、玩具等 | 一九一一年以前的禁止出境 |
| | 稀有的具有地方特色的代表性实物和民间文化用品 | 一九四九年以前的禁止出境 |
| 12. 文具 | | |
| 12.1 纸 | 素纸，包括信笺及手卷、册页所附的素纸 | 一九一一年以前的禁止出境 |
| | 腊笺、金花笺、印花笺、暗花笺等 | 一九四九年以前的禁止出境 |
| 12.2 砚 | | 一九一一年以前的禁止出境 |
| | 名家制砚或名人用砚 | 一九四九年以前的禁止出境 |
| 12.3 笔 | 包括笔杆 | 一九一一年以前的禁止出境 |
| 12.4 墨 | 包括墨模 | 一九四九年以前的禁止出境 |

附件：旅检案件常用法律法规及进境物品归类表、
进境物品完税价格表、文物出境审核标准

续表

| 审核类别 | | 禁　限 |
|---|---|---|
| 12.5 其他文具 | 各种材质的笔筒、笔架、镇纸、臂格、墨床、墨盒等 | 一九一一年以前的禁止出境 |
| | 名家制品或名人用品 | 一九四九年以前的禁止出境 |
| 13. 戏剧曲艺用品 | | |
| | 包括戏衣、皮影、木偶以及各种与戏剧曲艺有关的道具 | 一九一一年以前的禁止出境 |
| | 唱片 | 一九四九年以前的禁止出境 |
| 14. 工艺美术品 | | |
| 14.1 玉石器 | 包括翡翠、玛瑙、水晶、孔雀石、碧玺、绿松石、青金石等各种玉石及琥珀、雄精、珊瑚等制品 | 一九一一年以前的禁止出境 |
| | 材质珍稀，工艺水平高，有一定历史价值和其他特殊意义的 | 一九四九年以前的禁止出境 |
| 14.2 玻璃器 | | 一九一一年以前的禁止出境 |
| 14.3 珐琅器 | 掐丝珐琅、画珐琅等 | 一九一一年以前的禁止出境 |
| 14.4 木雕 | | 一九一一年以前的禁止出境 |
| 14.5 牙角器 | 象牙、犀角制品 | 一律禁止出境 |
| | 车渠、玳瑁等其他骨、角制品 | 一九一一年以前的禁止出境 |
| 14.6 藤竹器 | 各种藤竹制品、草编制品等 | 一九一一年以前的禁止出境 |
| 14.7 火画 | 包括通草画、纸织画等 | 一九一一年以前的禁止出境 |

249

续表

| 审核类别 | | 禁　限 |
|---|---|---|
| 14.8 玻璃油画 | 肖像画、风俗画 | 一九四九年以前的禁止出境<br>属于本人或其亲属的肖像画不在此限 |
| | 一般故事画、寿意画等 | 一九一一年以前的禁止出境 |
| 14.9 铁画 | | 一九四九年以前的禁止出境 |
| 15. 邮票、邮品 | | 一九一一年以前的禁止出境 |
| | 珍贵的邮票、实寄封、明信片、邮简等 | 一九四九年以前的禁止出境 |
| | 邮票及未发行邮票的设计原图、印样 | 一律禁止出境 |
| | 邮票的印版 | 一律禁止出境 |
| 16. 少数民族文物 | | |
| 16.1 民族服饰 | 包括各种材质的佩饰 | 一九六六年以前的禁止出境 |
| 16.2 生产工具 | 能够反映民族传统生产方式的工具 | 一九六六年以前的禁止出境 |
| 16.3 民俗生活用品 | 反映民族传统生活方式、具有民族工艺特点的 | 一九六六年以前的禁止出境 |
| 16.4 建筑物实物资料 | 具有代表性的民族建筑构件 | 一九六六年以前的禁止出境 |
| 16.5 民族工艺品 | 木雕、木刻、骨雕、漆器、陶器、银器、面具、唐卡、刺绣、织物、乐器等 | 一九六六年以前的禁止出境 |

附件：旅检案件常用法律法规及进境物品归类表、
进境物品完税价格表、文物出境审核标准

续表

| 审核类别 | | 禁　限 |
|---|---|---|
| 16.6 宗教祭祀、礼仪活动用品 | 少数民族宗教祭祀及其他民族礼仪活动的用品 | 一九六六年以前的禁止出境 |
| 16.7 文献、书画、碑帖、石刻 | 包括以少数民族语言文字记录的、有关本民族的文献档案，文艺作品的刻本、抄本，绘画、家谱、书札、碑帖、石刻等 | 一九六六年以前的禁止出境 |
| 16.8 名人遗物 | 与重要历史事件、活动相关的 | 一律禁止出境 |